全国**跨境电商**"十三五"规划教材

# 跨境电商
# 理论、操作与实务

**邓志新** / 主编

**赵秀娟 金珞欣 谭立静** / 副主编

## Cross-Border
## E-Commerce

人民邮电出版社

北　京

**图书在版编目（CIP）数据**

跨境电商：理论、操作与实务 / 邓志新主编. --
北京：人民邮电出版社，2018.7（2022.11重印）
全国跨境电商"十三五"规划教材
ISBN 978-7-115-48082-8

Ⅰ．①跨… Ⅱ．①邓… Ⅲ．①电子商务－商业经营－
高等学校－教材 Ⅳ．①F713.365.2

中国版本图书馆CIP数据核字(2018)第060739号

## 内 容 提 要

本书基于完整的跨境电商运营和操作过程编写，共 9 个项目，内容包括跨境电商概述、跨境电商第三方平台、选品与商品定价、商品发布与优化、跨境电商营销、跨境电商支付、跨境电商物流、跨境电商客户服务和进口跨境电商。

本书兼顾理论与实操，不是专门介绍某一个平台，而是介绍了跨境电商的通识内容。本书既可以作为本科院校和高职高专院校国际贸易、国际商务、电子商务、商务英语等专业的教材，也可作为其他专业相关选修课程的教材以及社会培训机构的培训用书。

◆ 主　编　邓志新
　　副主编　赵秀娟　金珞欣　谭立静
　　责任编辑　刘　琦
　　责任印制　焦志炜

◆ 人民邮电出版社出版发行　　北京市丰台区成寿寺路 11 号
　　邮编　100164　电子邮件　315@ptpress.com.cn
　　网址　http://www.ptpress.com.cn
　　山东华立印务有限公司印刷

◆ 开本：787×1092　1/16
　　印张：15　　　　　　　　　　2018 年 7 月第 1 版
　　字数：357 千字　　　　　　　2022 年 11 月山东第 13 次印刷

定价：45.00 元

读者服务热线：(010)81055256　印装质量热线：(010)81055316
反盗版热线：(010)81055315
广告经营许可证：京东市监广登字 20170147 号

在全球化和互联网的影响下，跨境电商每年以不低于 **30%** 的增长速度高速发展。2015 年，国务院和相关部委出台多项政策，改革创新对外贸易的监管方式，鼓励跨境电商发展。政府监管方式的创新探索与企业转型和商业模式创新交相辉映，构成了中国对外贸易发展的新图景。跨境电商作为一种新的经济形态，在全球配置资源，大量中小企业加入跨境电商生态圈，使"买全球"和"卖全球"成为现实，未来还会有广阔的发展空间。

由于跨境电商行业的高速发展和市场上对跨境电商人才的巨大需求，相关院校和企业培训机构迫切需要一套知识体系完整、理论与实践相结合的教材，为此，我们联合企业的相关专业人士一起编写了这本书。本书的特点如下。

（1）理论与实践相结合，采用"案例分析+实操"的模式来组织内容。

本书采用"案例分析+实操"的教学方法，有利于培养学生对该类课程的学习兴趣。本书在编写过程中特别注重跨境电商理论与跨境电商实践的结合，每一个项目都有案例分析和实操训练题，可以有效帮助教师提升教学效果。

（2）不仅针对 B2C 的内容进行了详细的介绍，而且还涵盖了 B2B 的内容。

本书不仅反映了跨境网络零售的发展状况，还反映了外贸 B2B 领域电子商务的发展状况。跨境网络零售是国际贸易的补充，B2B 跨境电商的发展具有不可估量的潜力，目前其发展格局已经初露端倪。我们在编写本书时已经考虑了这些新的发展趋势。

（3）以工作过程为主线，体现项目导向、任务驱动、工学结合的教学设计。

本书在调研跨境电商行业岗位工作任务和职业能力的基础上，依据跨境电商课程的标准，摒弃了以知识体系为线索的传统编写模式，以工作过程为主线，采用了体现项目导向、任务驱动、工学结合的编写模式。该模式以真实项目为载体，融"教、学、做、考、创业"为一体，强调对跨境电商操作环节能力的训练，紧紧围绕完成工作任务的需要来选取理论知识。

（4）企业人员为教材的编写提供了丰富的案例和教学素材。

本书在编写过程中充分发挥了学校和企业各自的优势。学校教师教学经验丰富，主要负责编写理论内容；企业专业人员实践经验丰富，主要负责编写案例和实操部分，且本书所选案例都是来自实践的真实案例。

本书由深圳信息职业技术学院的博士教师团队完成，邓志新博士担任主编，赵秀娟、金珞欣、谭立静担任副主编，具体分工：邓志新负责项目一、项目六和项目九的编写，谭立静负责项目二和项目七的编写，赵秀娟负责项目三和项目四的编写，金珞欣负责项目五和项目八的编写，郑州科技学院孟刚参与全书的修订，主编邓志新负责全书的统稿和审核。在编写过程中，跨境电商企业积极参与，提供了很多宝贵的一手资料和素材，在此特别感谢深圳头狼电子商务公司的赖文隆经理和深圳他拍档网络服务有限公司的高轩总经理。

跨境电子商务方兴未艾，未来的道路还很艰巨和漫长；跨境电商的相关概念和观点尚未成熟，理论和实践还有待发展和更新。由于编者的水平有限，书中难免存在疏漏与不当之处，望各位专家批评指正。

编者

2018 年 4 月 18 日于深圳

# 目 录

项目一　跨境电商概述 ………………… 1

　　任务一　跨境电商的概念 …………… 2
　　任务引入 ……………………………… 2
　　相关知识 ……………………………… 2
　　　1.1　跨境电商的内涵 ……………… 2
　　　1.2　跨境电商的分类 ……………… 5
　　　1.3　跨境电商的特征 ……………… 6
　　任务二　跨境电商存在的问题和发展
　　　　　　趋势 ………………………… 7
　　任务引入 ……………………………… 7
　　相关知识 ……………………………… 7
　　　2.1　跨境电商存在的问题 ………… 8
　　　2.2　跨境电商的发展趋势 ………… 9
　　　2.3　跨境电商岗位和职业素养 … 10
　　项目实训 ……………………………… 11
　　项目小结 ……………………………… 14
　　习题 …………………………………… 14

项目二　跨境电商第三方平台 ……… 16

　　任务一　跨境电商第三方平台概述 … 16
　　任务引入 ……………………………… 16
　　相关知识 ……………………………… 17
　　　1.1　跨境电商第三方平台的
　　　　　　定义 ………………………… 17
　　　1.2　跨境电商第三方平台的
　　　　　　类型 ………………………… 17
　　任务二　典型跨境电商第三方平台
　　　　　　介绍 ………………………… 18
　　任务引入 ……………………………… 18
　　相关知识 ……………………………… 18
　　　2.1　全球速卖通平台 ……………… 19
　　　2.2　亚马逊平台 …………………… 20
　　　2.3　eBay 平台 ……………………… 22
　　　2.4　敦煌网 ………………………… 24
　　　2.5　Wish 平台 ……………………… 25
　　　2.6　五大跨境电商平台对比
　　　　　　分析 ………………………… 27
　　项目实训 ……………………………… 27

项目小结 ………………………………… 34
习题 ……………………………………… 34

项目三　选品与商品定价 …………… 36

　　任务一　跨境电商选品 ……………… 36
　　任务引入 ……………………………… 36
　　相关知识 ……………………………… 37
　　　1.1　选品的考量因素及注意
　　　　　　事项 ………………………… 37
　　　1.2　选品的分类与方法 …………… 39
　　　1.3　货源的选择 …………………… 40
　　任务二　跨境电商商品的定价 ……… 46
　　任务引入 ……………………………… 46
　　相关知识 ……………………………… 47
　　　2.1　跨境电商商品的价格构成及定
　　　　　　价要点 ……………………… 47
　　　2.2　跨境电商商品的定价策略 … 50
　　项目实训 ……………………………… 56
　　项目小结 ……………………………… 58
　　习题 …………………………………… 58

项目四　商品发布与优化 …………… 59

　　任务一　商品发布 …………………… 59
　　任务引入 ……………………………… 59
　　相关知识 ……………………………… 60
　　　1.1　整理商品包 …………………… 60
　　　1.2　商品发布操作 ………………… 64
　　任务二　商品优化 …………………… 77
　　任务引入 ……………………………… 77
　　相关知识 ……………………………… 77
　　　2.1　对商品标题进行优化 ………… 77
　　　2.2　对商品详细描述进行优化 … 79
　　　2.3　对商品价格进行优化 ………… 86
　　任务三　文案策划 …………………… 90
　　任务引入 ……………………………… 90
　　相关知识 ……………………………… 91
　　　3.1　文案概述 ……………………… 91
　　　3.2　文案策划的流程 ……………… 94
　　　3.3　文案的写作技巧 ……………… 95

任务四　店铺优化及推广 …………… 104
任务引入 …………………………… 104
相关知识 …………………………… 104
　4.1　店铺优化 ………………… 104
　4.2　推广操作 ………………… 107
项目实训 …………………………… 124
项目小结 …………………………… 125
习题 ………………………………… 126

**项目五　跨境电商营销** …………… 127
任务一　跨境电商营销基础 ……… 127
任务引入 …………………………… 127
相关知识 …………………………… 128
任务二　锁定目标客户 …………… 130
任务引入 …………………………… 130
相关知识 …………………………… 130
　2.1　全球主要国家电商市场
　　　概况 ……………………… 130
　2.2　搜索目标客户 …………… 133
任务三　跨境电商营销活动 ……… 136
任务引入 …………………………… 136
相关知识 …………………………… 136
　3.1　店铺自主营销 …………… 136
　3.2　SEO 营销 ………………… 141
　3.3　SNS 营销 ………………… 142
项目实训 …………………………… 145
项目小结 …………………………… 145
习题 ………………………………… 146

**项目六　跨境电商支付** …………… 148
任务一　跨境电商支付概述 ……… 148
任务引入 …………………………… 148
相关知识 …………………………… 149
　1.1　跨境电商的主要支付方式 … 149
　1.2　跨境电商的主要支付渠道 … 149
　1.3　跨境电商的主要支付机构 … 150
　1.4　跨境电商支付的发展前景 … 150
任务二　跨境电商的支付方式 …… 151
任务引入 …………………………… 151

相关知识 …………………………… 151
　2.1　国际电汇 ………………… 151
　2.2　西联汇款 ………………… 153
　2.3　信用卡支付通道 ………… 154
　2.4　PayPal 支付与结算 ……… 156
　2.5　国际支付宝 ……………… 158
项目实训 …………………………… 159
项目小结 …………………………… 160
习题 ………………………………… 160

**项目七　跨境电商物流** …………… 163
任务一　跨境电商物流概述 ……… 163
任务引入 …………………………… 163
相关知识 …………………………… 164
　1.1　跨境电商物流的定义 …… 164
　1.2　跨境电商物流的方式 …… 164
　1.3　跨境电商物流的特征 …… 166
任务二　邮政物流 ………………… 166
任务引入 …………………………… 166
相关知识 …………………………… 166
　2.1　邮政物流介绍 …………… 167
　2.2　邮政物流类别及收费标准 … 167
任务三　商业快递 ………………… 169
任务引入 …………………………… 169
相关知识 …………………………… 170
　3.1　商业快递介绍 …………… 170
　3.2　商业快递类别及收费标准 … 170
　3.3　四大商业快递优缺点
　　　对比 ……………………… 176
任务四　专线物流 ………………… 176
任务引入 …………………………… 176
相关知识 …………………………… 177
　4.1　专线物流介绍 …………… 177
　4.2　专线物流类别及收费标准 … 177
任务五　海外仓储 ………………… 180
任务引入 …………………………… 181
相关知识 …………………………… 181
　5.1　海外仓的定义 …………… 181
　5.2　海外仓的功能 …………… 181

# 目录

　　5.3　我国海外仓的建设模式 ····· 182
　项目实训 ···································· 182
　项目小结 ···································· 188
　习题 ········································ 188

## 项目八　跨境电商客户服务 ····· 191

　任务一　客服的工作范畴 ······· 191
　任务引入 ···································· 191
　相关知识 ···································· 192
　　1.1　解答客户咨询 ················ 192
　　1.2　解决售后问题 ················ 193
　　1.3　促进销售 ······················ 194
　　1.4　管理监控职能 ················ 196
　任务二　客服的工作思路与技巧 ····· 197
　任务引入 ···································· 197
　相关知识 ···································· 198
　　2.1　对客户进行分类 ············· 198
　　2.2　常见问题与邮件回复模板 ····· 199
　　2.3　客户沟通技巧 ················ 204
　任务三　跨境电商客户关系管理 ····· 209
　任务引入 ···································· 209
　相关知识 ···································· 210
　　3.1　跨境电商客户关系管理
　　　　　基础 ························· 210
　　3.2　跨境电商老客户关系
　　　　　管理 ························· 211
　项目实训 ···································· 213
　项目小结 ···································· 214

　习题 ········································ 214

## 项目九　进口跨境电商 ············· 216

　任务一　进口跨境电商的生态圈和
　　　　　价值链 ····················· 216
　任务引入 ···································· 216
　相关知识 ···································· 217
　　1.1　进口跨境电商的生态圈 ····· 218
　　1.2　进口跨境电商的价值链 ····· 219
　　1.3　进口跨境电商的驱动力 ····· 219
　　1.4　进口跨境电商未来的
　　　　　发展 ························· 220
　任务二　进口跨境电商的模式 ····· 222
　任务引入 ···································· 222
　相关知识 ···································· 222
　任务三　进口跨境电商的流程 ····· 226
　任务引入 ···································· 226
　相关知识 ···································· 226
　　3.1　调研市场，选择商品 ········ 226
　　3.2　确定物流模式和选择支付
　　　　　方式 ························· 227
　　3.3　制定进口商品经营方案 ····· 228
　项目实训 ···································· 229
　项目小结 ···································· 232
　习题 ········································ 232

## 参考文献 ······························· 234

# 项目一

# 跨境电商概述

 **学习目标**

**【知识目标】**

掌握跨境电商的内涵、分类和特征；

了解跨境电商当前存在的问题；

了解跨境电商的发展趋势；

了解跨境电商的岗位职能。

**【能力目标】**

能够说出跨境电商的内涵、分类和特征；

能够了解跨境电商存在的问题和发展趋势。

在全球化和互联网的影响下，国际贸易的模式正在发生改变，传统的国际贸易不断线上化和网络化，越来越多的外贸企业从网上获得商机，跨境电子商务应运而生。跨境电子商务在整个国际贸易中的比重不断上升，增速超过线下贸易。随着互联网技术的进步，贸易需求的小单化和中国制造的升级，国际贸易的电商化势不可当，我们已经走入了一个"挡不住的跨境电商时代"。

在未来，"全球买，全球卖"不再是梦想，全球各地的企业和消费者都可以在互联网上形成一个贸易生态圈，电商平台上的商品流、信息流和物流将连接全球。更多的国家、企业、消费者将卷入新一轮跨境电商形态的贸易中。不仅是发达国家，新兴经济体、发展中国家也越来越多地加入到这个新兴的贸易体系中，人类历史上新的贸易阶段即将到来。

# 任务一　跨境电商的概念

## 任务引入

2014 年 12 月 5 日，跨境 B2B 电子商务平台"鑫网易商"上线，该平台给当时热门的海外代购带来了一定的冲击。

鑫网易商由世纪国际集团联合中国国际贸易促进委员会、中国银行、中国电信、银联商务有限公司等共同打造，覆盖欧美 8 国，包括德国、英国、美国、加拿大等。该交易系统将在不附加任何中间环节、不掺杂伪劣商品的前提下，以在线方式将数万种境外原产地商品安全送达中国零售商手中。

那么，什么是跨境电子商务？它和电子商务有什么区别？它和传统的国际贸易有什么区别？带着这些问题，我们进入本节任务的学习。

## 相关知识

### 案例——"跨境电商"成为APEC热词

2014 年 11 月，随着 APEC 会议在中国举行，跨境电商又一次成为人们关注的热点。中央电视台在新闻报道中称，"跨境电商"已成为 APEC 期间会内会外探讨的热词。

推动区域经济一体化（重点推进亚太自贸区建设）是这次 APEC 会议 100 多项议题中由中国倡导的一项议题，也是围绕着经济创新发展主题与会成员代表讨论最多的话题之一，他们不仅在研究如何通过亚太自贸区建设推动跨境电商的实践，还在讨论如何制定规则，因为这不仅会让中国的经济获益，而且会让亚太经济体的经济获益，最终让消费者获益。

## 1.1　跨境电商的内涵

### 1. 跨境电子商务的概念

跨境电子商务（Cross-border E-commerce），简称跨境电商（本书中有时使用简称），是指分属不同关境的交易主体，通过电子商务手段达成信息交流、商品交易、提供服务的国际商业活动。跨境电商将传统进出口贸易中的合同磋商、合同订立、合同履行等环节电子化，并通过跨境物流及异地仓储送达商品、完成交易。

跨境电子商务分为跨境零售和跨境批发两种模式。

跨境零售包括 B2C（Business-to-Customer）和 C2C（Customer-to-Customer）两种模式。跨境 B2C 是指分属不同关境的企业直接面向消费个人开展在线销售商品和服务，通过电商平台达成交易、进行支付结算，并通过跨境物流送达商品、完成交易的一种国际商业活动。跨境 C2C 是指分属不同关境的个人卖方对个人买方开展在线销售商品和服务，由个人卖家通过第三方电商平台（见图 1-1）发布商品和服务的信息和价格等内容，个人买方进行筛选，最终通过电商平台达成交易、进行支付结算，并通过跨境物流送达商品、完成交易的一种国际商业活动。

跨境批发也就是跨境 B2B（Business-to-Business），是指分属不同关境的企业对企业，通过电商平台达成交易、进行支付结算，并通过跨境物流送达商品、完成交易的一种国际商业活动。

图 1-1　跨境电商平台分类

### 2. 跨境电子商务的生态圈

为了更好地理解跨境电子商务的概念，我们通过跨境电子商务的生态圈来认识跨境电子商务。在全球化和互联网的影响下，国际贸易不再是传统的链状结构，而是呈现网状结构。在不同国家和地区的贸易活动中，由于地理距离、市场和法律制度的不同，跨境电子商务通常要由多种商业角色来完成，一个典型的跨境电商生态圈以跨境电商平台为中心，由卖家、买家、跨境电商服务商、政府监管机构 5 个方面的参与者构成，如图 1-2 和图 1-3 所示。

图 1-2　跨境电商生态圈

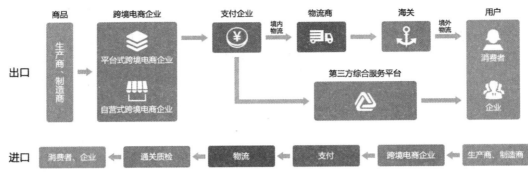

图 1-3　跨境电商流程图

### 3. 跨境电子商务与国内电子商务的区别（见表1-1）

表 1-1　　　　　　　　　　　跨境电子商务与国内电子商务的区别

| 区别 | 跨境电子商务 | 国内电子商务 |
| --- | --- | --- |
| 业务环节 | 业务环节复杂，需要经过海关通关、检验检疫、外汇结算、出口退税、进口征税等环节。在货物运输上，跨境电商通过邮政小包、快递方式出境，货物从售出到送达国外消费者手中的时间更长，因路途遥远，货物容易损坏，且各国邮政派送的能力相对有限，急剧增长的邮包量也容易引起贸易摩擦 | 业务环节简单，以快递方式将货物直接送达消费者，路途近、到货速度快，货物损坏概率低 |
| 交易主体 | 跨境电子商务的交易主体是不同关境的主体，可能是国内企业对境外企业、国内企业对境外个人或者国内个人对境外个人。交易主体遍及全球，有不同的消费习惯、文化心理、生活习俗，这要求跨境电商对国际化的流量引入、广告推广营销、国外当地品牌认知等有更深入的了解，需要对国外贸易、互联网、分销体系、消费者行为有很深的了解，要有"当地化/本地化"思维 | 国内电子商务交易主体一般在国内，国内企业对企业、国内企业对个人或者国内个人对个人 |
| 交易风险 | 跨境电子商务行为发生在不同的国家，每个国家的法律都不相同，当前有很多低附加值、无品牌、质量不高的商品和假货仿品充斥跨境电子商务市场，侵犯知识产权等现象时有发生，很容易引起知识产权纠纷，后续的司法诉讼和赔偿十分麻烦 | 国内电子商务行为发生在同一国家，交易双方对商标、品牌等知识产权的认识比较一致，侵权纠纷较少，即使产生纠纷，处理时间较短，处理方式也较为简单 |
| 适用规则 | 跨境电子商务需要适应的规则多、细、复杂。例如平台规则，跨境电商经营的平台很多，各个平台均有不同的操作规则，跨境电商需要熟悉不同海内外平台的操作规则，具有针对不同需求和业务模式进行多平台运营的技能。跨境电商还需要遵循国际贸易规则，如双边或多边贸易协定，需要有很强的政策、规则敏感性，及时了解国际贸易体系、规则、进出口管制、关税细则、政策的变化，对进出口形势也要有更深入的了解和分析能力 | 国内电子商务只需遵循一般的电子商务规则 |

### 4. 跨境电子商务与传统国际贸易的区别

　　跨境电子商务与传统国际贸易模式相比，受地理范围的限制较少，受各国贸易保护措施影响较小，交易环节涉及中间商少，因而价格低廉，利润率高。但同时也存在明显的通关、结汇和退税障碍，贸易争端处理不完善等劣势（见表1-2）。

表 1-2 传统国际贸易与跨境电子商务的区别

| 区别 | 传统国际贸易 | 跨境电子商务 |
|------|------------|------------|
| 运作模式 | 基于商务合同的运作模式 | 借助互联网电子商务平台 |
| 订单类型 | 大批量、少批次、订单集中、周期长 | 小批量、多批次、订单分散、周期相对较短 |
| 交易环节 | 复杂（生产商——贸易商——进口商——批发商——零售商——消费者），涉及中间商众多 | 简单（生产商——零售商——消费者或者生产商——消费者），涉及中间商较少 |
| 运输方式 | 多通过海运和空运完成，物流因素对交易主体影响不明显 | 通常借助第三方物流企业，一般以航空小包的形式完成，物流因素对交易主体影响明显 |
| 通关、结汇 | 海关监管，规范，可以享受正常的通关、结汇和退税政策 | 通关缓慢或有一定限制，易受政策变动影响，无法享受退税和结汇政策 |
| 争议处理 | 健全的争议处理机制 | 争议处理不畅，效率低 |

## 1.2 跨境电商的分类

基于不同的标准，跨境电商可以分为以下几类，如表 1-3 所示。

表 1-3 跨境电商的分类

| 分类标准 | 类型 | 特征 |
|---------|------|------|
| 1. 按照交易主体分类 | B2B 跨境电商 | B2B 跨境电商是企业对企业的电子商务，是企业与企业之间通过互联网进行的商品、服务及信息的交换。中国跨境电商市场交易规模中 B2B 跨境电商市场交易规模占总交易规模的 90%以上。在跨境电商市场中，企业级市场始终处于主导地位，代表企业有阿里巴巴国际站、环球资源网、中国制造网等 |
| | B2C 跨境电商 | B2C 跨境电商是企业针对个人开展的电子商务活动，企业为个人提供在线商品购买、在线医疗咨询等服务。由于消费者可以直接从企业买到商品，减少了中间环节，通常价格较低，但是物流成本较高。中国 B2C 跨境电商的市场规模在不断扩大，代表企业有速卖通、亚马逊、兰亭集势、米兰网、大龙网等 |
| | C2C 跨境电商 | C2C 跨境电商是通过第三方交易平台实现个人对个人的电子交易活动，代表企业有 eBay 等 |
| 2. 按照服务类型分类 | 信息服务平台 | 信息服务平台主要为境内外会员商户提供网络营销平台，传递供应商或采购商等商家的商品或服务信息，促成双方完成交易。代表企业有阿里巴巴国际站、环球资源网、中国制造网等 |
| | 在线交易平台 | 在线交易平台不仅提供企业、商品、服务等多方面信息展示，还可以通过平台线上完成搜索、咨询、对比、下单、支付、物流、评价等全购物物链环节。在线交易平台模式正逐渐成为跨境电商中的主流模式。代表企业有敦煌网、速卖通、米兰网、大龙网 |
| | 外贸综合服务平台 | 外贸综合服务平台可以为企业提供通关、物流、退税、保险、融资等一系列的服务，帮助企业完成商品进口或者出口的通关和流通环节，还可以通过融资、退税等帮助企业资金周转。代表企业有阿里巴巴一达通 |
| 3. 按照平台运营方式分类 | 第三方开放平台 | 平台型电商通过线上搭建商城，并整合物流、支付、运营等服务资源，吸引商家入驻，为其提供跨境电商交易服务。同时，平台以收取商家佣金以及增值服务佣金作为主要盈利手段。代表企业有速卖通、敦煌网、环球资源网、阿里巴巴国际站等 |

| 分类标准 | 类型 | 特征 |
|---|---|---|
| 3. 按照平台运营方式分类 | 自营型平台 | 自营型电商在线上搭建平台，平台方整合供应商资源，通过较低的进价采购商品，然后以较高的售价出售商品。自营型平台主要通过赚取商品差价盈利。代表企业有兰亭集势、米兰网、大龙网等 |
| | 外贸电商代运营服务商模式 | 在这种模式中，服务提供商是不直接参与任何电子商务买卖过程的，而只为从事跨境外贸电商的中小企业提供不同的服务模块，如"市场研究模块""营销商务平台建设模块""海外营销解决方案模块"等。这些企业以电子商务服务商身份帮助外贸企业建设独立的电子商务网站平台，并提供全方位的电子商务解决方案，使其直接把商品销售给国外零售商或消费者。服务提供商能够提供一站式电子商务解决方案，并能帮助外贸企业建立定制的个性化电子商务平台，其主要是靠赚取企业支付的服务费用盈利。代表企业有四海商舟、锐意企创等 |

## 1.3 跨境电商的特征

跨境电子商务融合了国际贸易和电子商务两方面的特征，具有更大的复杂性，这主要表现在三个方面：一是信息流、资金流、物流等多种要素必须紧密结合，任何一方面的不足或衔接不够，都会阻碍整体跨境电子商务活动的完成；二是流程繁杂，法规不完善，电子商务作为国际贸易的新兴交易方式，在通关、支付、税收等领域的法规还不完善；三是风险触发因素较多，容易受到国际政治经济宏观环境和各国政策的影响。具体而言，跨境电子商务具有以下特征。

### 1. 全球性

跨境电子商务依附于网络，具有全球性和非中心化的特性。任何人只要具备了一定的技术手段，在任何时候、任何地方都可以让信息进入网络，相互联系进行交易。跨境电子商务是基于虚拟的网络空间展开的，丧失了传统交易方式下的地理因素要素，跨境电子商务中的制造商可以隐匿其实际位置，而消费者对制造商的所在地也是漠不关心的。例如，一家很小的爱尔兰在线公司通过一个可供世界各地的消费者单击观看的网页，就可以在互联网上销售其商品和服务，消费者只需接入互联网就可以完成交易。

### 2. 可追踪性

跨境电子商务在整个交易过程中，议价、下单、物流、支付等信息都会有记录，消费者可以实时追踪自己的商品发货状态和运输状态。例如，对跨境进口商品，我国对跨境电商企业建立了源头可追溯、过程可控制、流向可追踪的闭环检验、检疫监管体系，这样既提高了通关效率，又保障了进口商品的质量。

### 3. 无纸化

跨境电子商务主要采取无纸化操作的方式，电子计算机通信记录取代了一系列的纸面交易文件，用户主要发送或接收电子信息。电子信息以字节的形式存在和传送，这就使整个信息发送和接收过程实现了无纸化。无纸化使信息传递摆脱了纸张的限制，但由于传统法律的规范是以"有纸交易"为出发点的，因此，无纸化也带来了一定程度上的法律混乱。

### 4. 多边化

跨境电子商务整个贸易过程的信息流、商流、物流、资金流已经由传统的双边逐步向多边的方向演进，呈网状结构。跨境电商可以通过 A 国的交易平台、B 国的支付结算平台、C 国的物流平台，实现与国家间的直接贸易。跨境电子商务从链条逐步进入网状时代，中小微企业不再简单依附于单向的交易或是跨国大企业的协调，而是形成一种互相动态连接的生态系统。依托于跨境电商生态圈，中小微企业之间可以不断达成可能的新交易，不断以动态结网的形态来组织贸易，也可以从中不断分享各类商务知识和经验。未来跨境电商的制高点是"基于云和数据的全球电商生态圈"，中小企业能够便利地获取跨境贸易所需要的各种服务，而通过各种服务，中小企业将会不断积累数据和信用。

### 5. 透明化

跨境电子商务不仅可以通过电子商务交易与服务平台，实现多国企业之间、企业与最终消费者之间的直接交易，而且在跨境电子商务模式下，供求双方的贸易活动可以采取标准化、电子化的合同、提单、发票和凭证，使得各种相关单证在网上即可实现瞬间传递，增加贸易信息的透明度，减少信息不对称造成的贸易风险。这将传统贸易中一些重要的中间角色被弱化甚至替代了，使国际贸易供应链更加扁平化，形成了制造商和消费者的"双赢"局面。通过电子商务平台，跨境电子商务大大降低了国际贸易的门槛，使得贸易主体更加多样化，大大丰富了国际贸易的主体阵营。

## 任务二  跨境电商存在的问题和发展趋势

 **任务引入**

跨境电子商务行业市场研究报告显示，B2B 电子商务占跨境电子商务交易额的83.5%，网络购物占 14.3%，在线旅游占 2.2%。但由于 B2B 电子商务无法完成在线交易，所以，其实际商业价值和赢利空间无法和在线购物电子商务相比，这也是 Taobao、Amazon、eBay 等在线购物公司能做到几百亿美元市值，而全球都没有特别大的 B2B 电子商务公司的原因所在。在线购物由于能完成信息、沟通、支付等整个交易过程，所以在线购物电子商务成为近几年增长最快的电子商务类型。

你认为未来几年跨境电商的发展会和以淘宝为典型的内贸电商平台一样进入黄金发展期吗？

 **相关知识**

### 案例——二胎潮推动母婴跨境电商迅猛发展

国家"全面放开二胎"政策推出，很多已经生育了一胎的夫妻都积极进入到二胎备孕的阶段，可以预见一大波生育潮即将来临。随着拥有自主平台的母婴跨境电商兴起，母婴电商行业生态将会发生根本性变化。最初母婴商品从海外进入国内的主要渠道是海淘，通过在国外电商网站下单，然后将货物发回国内。然而，与国内网购相比，海淘的确还有一定的"门槛"。

在海淘之后，海外代购逐渐兴起，母婴行业专家表示，海淘和代购无法解决的两个重要问题，一个是假货，另一个是烦琐流程。

而现在，随着国内母婴跨境电商的崛起，这种个人的非正式代购形式将逐渐被取代。母婴跨境电商企业依托公司背景，相比较个人而言更加正规，货源品质从根本上得到保障。

## 2.1　跨境电商存在的问题

随着跨境电商的飞速发展，跨境电商平台、跨境电商物流、跨境电商支付、跨境电商通关和融资等相关的外贸综合服务诞生，贸易的便利化程度大大提高，但是在商品、物流、通关和法律法规等方面也存在一些行业性难题，这些难题成为制约跨境电商发展的重要因素。

### 1.　商品同质化严重，品牌意识不强

跨境电商发展迅速，吸引了大量商家的涌入，行业竞争加剧。一些热销且利润空间较大的商品，众多跨境电商公司都在销售，商品同质化严重，行业内甚至出现恶性的价格战。跨境电商的发展在很大程度上要依靠价格低廉的商品来吸引消费者。大部分跨境电商企业还未进入品牌化建设阶段，知识产权意识不够，导致很多商品因为知识产权问题不能出口。

### 2.　通关结汇难，物流时间长

随着跨境贸易逐渐向小批量碎片化发展，小额贸易存在难以快速通关、规范结汇、享受退税等问题。虽然目前国家针对跨境电商零售出口实行"清单核放、汇总申报"的通关模式，但该政策仅针对 B2C 企业，大量从事小额 B2B 的外贸中小企业仍存在通关困难的问题。在进口过程中，存在进口商品品质难以鉴别、消费者权益得不到保障等问题。

跨境电商由于涉及跨境和路途遥远，而且各国间政策差异较大，因此物流时间较长，商品从我国到美国和部分欧洲国家一般要 7～15 天，到南美、俄罗斯需要 30 天左右。除了物流时间长，收货时间波动也很大，消费者有时 7 天可收到商品，有时 20 天才能收到。

### 3.　信息网络安全体系不完善

电子商务的运作涉及多方面的安全问题，如资金安全、信息安全、货物安全、商业机密等，特别是有关网上支付结算的信息安全性和可靠性，一直困扰着电子商务的发展。网络安全是发展电子商务的基础，网络传输的误码以及网络连接的故障率都应尽可能低。当前我国一些电子商务网站在安全体系上没有设防，很容易受到计算机病毒和网络黑客的攻击，为电子商务的发展带来很多安全隐患。跨境电商还面临交易安全的挑战，在跨境电子商务活动中，合约、价格等信息事关商业机密，而网络病毒和黑客侵袭会导致商务诈骗、单据伪造等行为。许多外贸公司不敢上网签约或交易结算，严重影响了跨境电子商务的发展。

### 4. 电子商务法律制度不健全

虽然在跨境电商方面，国家出台了一些政策和法规，但是在跨境电商征税、网上争议解决、消费者权益保护等方面的法律法规还较为缺乏。跨境电子商务是一项复杂的系统工程，它不仅涉及参加贸易的双方，而且涉及不同地区、不同国家的工商管理、海关、保险、税收、银行等部门。跨境物流存在运费高、关税高且安全性低等问题，支付环节则涉及外汇兑换和资金风险，如何公平仲裁、保障贸易纠纷双方利益，需要有统一的法律和政策框架以及强有力的跨地区、跨部门的综合协调机制。但是，目前我国有关电子商务的法律并不健全，如知识产权保护问题、信息资源与网络安全问题、电子合同的效力和执行问题等都需要法律方面的进一步完善。此外，在跨国家、跨地区、跨部门协调方面也存在一些问题，需要不断完善。

### 5. 跨境电商人才缺口大

跨境电子商务在快速发展的同时，逐渐暴露出综合型外贸人才缺口严重等问题。主要原因一方面是语言方面的限制，当前做跨境电商的人才主要来自外贸行业，英语专业人才居多，一些小语种跨境电商人才缺乏。另一方面是对跨境电商人才综合能力的要求高，跨境电商从业者除了要熟悉电商和外贸的基本知识外，还要了解国外的市场、交易方式、消费习惯以及各大平台的交易规则和交易特征。基于这两方面，符合跨境电商要求的人才很少，跨境电商人才缺乏已经成为业内常态。

## 2.2　跨境电商的发展趋势

从 2011 年开始，中国的跨境电商经历了一轮高速增长，从跨境电商交易规模结构来看，以 B2B 为主，占 90%左右，B2C 规模逐年递增，占 10%左右；从跨境电商进出口规模结构来看，以跨境出口为主，占 85%左右，跨境进口逐年递增，占 15%左右；跨境电商规模占整个进出口贸易总额的比例在不断攀升，已经占到 20%左右。跨境电商出口使中国商家直接面对外国消费者，这种结构的改变将有效地提升中国相关行业的制造与服务水平；而跨境电商进口让中国消费者购买到更多物美价廉的商品。随着中国与韩国、澳大利亚等国签订自由贸易协定，大批商品都将实现零关税，未来的跨境电商商品流动数量恐怕远超想象，将创造出更多的需求。

### 1. 商品品类和销售市场更加多元化

随着跨境电商的发展，跨境电商交易商品向多品类延伸、交易对象向多区域拓展。从销售商品品类看，跨境电商销售的商品品类主要为服装服饰、电子商品、计算机及配件、家居园艺、珠宝、汽车配件、食品药品等方便运输的商品。不断拓展销售品类已成为跨境电商业务扩张的重要手段，品类的不断拓展，不仅使"中国商品"和全球消费者的日常生活联系更加紧密，而且也有助于跨境电商抓住最具消费力的全球跨境网购群体。

从销售目标市场看，以美国、英国、德国、澳大利亚为代表的成熟市场，由于跨境网购观念普及、消费习惯成熟、整体商业文明规范程度较高、物流配套设施完善等优势，在未来仍是跨境电商零售出口产业的主要目标市场，且将持续保持快速增长。与此同时，不断崛起的新兴市场正成为跨境电商零售出口产业增长的新动力：俄罗斯、巴西、印度等国家的本土企业并不发达，但消费需求旺盛，中国制造的商品物美价廉，在这些国家的市场上优势巨大。在中东欧、拉丁美洲、中东和非洲等地区，电子商务的渗透率依然较低，有望在未来获得较大突破。

### 2. 交易结构上，B2C占比提升，B2B和B2C协同发展

跨境电商 B2C 这种业务模式逐渐受到企业重视，近两年出现了爆发式增长，究其原因，主要是跨境电商 B2C 具有一些明显的优势。相对于传统跨境模式，B2C 模式可以跳过传统贸易的所有中间环节，打造从工厂到商品的最短路径，从而赚取高额利润。在 B2C 模式下，企业直接面对终端消费者，有利于更好地把握市场需求，为客户提供个性化的定制服务。与传统商品和市场单一的大额贸易相比，小额的 B2C 贸易更为灵活，商品销售不受地域限制，可以面向全球 200 多个国家和地区，可以有效地降低单一市场竞争压力，市场空间巨大。

### 3. 交易渠道上，移动端成为跨境电商发展的重要推动力

移动技术的进步使线上与线下商务之间的界限逐渐模糊，以互联、无缝、多屏为核心的"全渠道"购物方式将快速发展。从 B2C 方面看，移动端购物使消费者能够随时、随地、随心购物，极大地拉动了市场需求，增加了跨境零售出口电商企业的机会。从 B2B 方面看，全球贸易小额、碎片化发展的趋势明显，移动技术可以让跨国交易无缝完成，卖家可随时随地做生意。基于移动端媒介，买卖双方的沟通变得非常便捷。

### 4. 在大数据时代，产业生态更为完善，各环节协同发展

跨境电子商务涵盖商检、税务、海关、银行、保险、运输各个部门，产生物流、信息流、资金流、单据流等数据，在大数据时代，这些都是可利用的信息，企业通过对数据的分析，为信用、融资、决策提供了依据。随着跨国电子商务经济的不断发展，软件公司、代运营公司、在线支付公司、物流公司等配套企业都开始围绕跨境电商进行集聚，其服务内容涵盖网店装修、图片翻译描述、网站运营、营销、物流、售后服务、金融服务、质量检验、保险等，整个行业生态体系越来越健全，分工更清晰，并逐渐呈现出生态化的特征。

## 2.3 跨境电商岗位和职业素养

目前，跨境电商岗位从业人员主要是在跨境电商企业或者外贸企业从事外贸电子商务和网络营销相关的工作，典型职业岗位以及对应的具体工作内容如表 1-4 所示。

表 1-4　　　　　　　　　　跨境电子商务职业岗位和职业素养

| 岗位级别 | 职业岗位 | 职业素养 |
|---|---|---|
| 初级岗位 | 客户服务 | 能运用邮件、电话等沟通渠道，熟练运用英语以及法语、德语等小语种和客户进行交流 |
| | 视觉营销 | 既精通设计美学又精通视觉营销，能拍出合适的商品图片和设计美观的页面 |
| | 网络推广 | 熟练运用信息技术编辑、上传、发布商品，能利用搜索引擎优化、交换链接、网站检测等技术和基本的数据分析方法进行商品推广 |
| 中级岗位 | 市场运营管理 | 既精通互联网，又精通营销推广，了解当地消费者的思维方式和生活方式，能够运用网络营销手段进行商品推广，包括活动策划、商品编辑、商业大数据分析和用户体验分析等 |

续表

| 岗位级别 | 职业岗位 | 职业素养 |
|---|---|---|
| 中级岗位 | 采购与供应链管理 | 所有电商平台的成功都是供应链管理的成功。跨境电商从商品方案制订、采购、生产、运输、库存、出口到物流配送等一系列环节都需要专业的供应链管理人才 |
| | 国际结算管理 | 灵活掌握和应用国际结算中的各项规则,能有效控制企业的国际结算风险,切实提升贸易、出口、商品及金融等领域的综合管理能力和应用法律、法规水准 |
| 高级岗位 | 高级职业经理人 | 具有管理和掌控跨境电商企业的综合素质 |
| | 跨境电商领军人物 | 具有前瞻性思维,引领跨境电子商务产业发展 |

目前,跨境电商企业多处于初创阶段,客服人员、网络推广人员、视觉设计人员等是其最迫切需要的初级人才。随着企业向纵深发展,竞争不断加剧,企业对负责跨境业务运营的商务型中级人才的需求会越来越迫切。而有 3～5 年大型跨境电商企业管理经验,能引领企业国际化发展的战略管理型高级综合人才却是一将难求。

# 项目实训

## 跨境电商的十大模式分析

【模式一】“自营+招商”模式

典型案例:苏宁海外购

模式概述:“自营+招商”模式就相当于发挥最大的企业内在优势,在内在优势缺乏或比较弱的方面就采取外来招商以弥补自身不足。苏宁选择该模式可以在传统电商方面发挥它供应链、资金链的内在优势,同时通过全球招商来弥补其国际商用资源上的不足。苏宁进入跨境电商,也是继天猫、亚马逊之后该市场迎来的又一位强有力的竞争者。

分析师点评:中国电子商务研究中心网络零售部高级分析师莫岱青认为,苏宁如能利用好国际快递牌照的优势建立完善的海外流通体系,充分利用自有的支付工具以及众多门店优势,苏宁进军跨境电商市场的前景就更加值得期待。另外,国外品牌商借助苏宁进军中国市场也会有更大空间。

【模式二】“直营+保税区”模式

典型案例:聚美海外购

模式概述:“直营+保税区”模式就是跨境电商企业直接参与到采购、物流、仓储等海外商品的买卖流程,其物流监控和支付都有自己的一套体系。

目前,河南保税物流区已为聚美优品开建上万平方米自理仓,其进口货物日处理规模预计在 2015 年年底可达 8 万包,聚美优品和河南保税物流中心在 2014 年 9 月完成对接。保税物流模式的开启会大大压缩消费者从订单到接货的时间,加之海外直发服务的便捷性,聚美海外购的购买周期较常规“海淘商品”购买周期,可由 15 天压缩到 3 天,甚至更短,且其物流信息全程可跟踪。

分析师点评：中国电子商务研究中心主任曹磊认为，聚美做海淘有三大优势：用户优势（黏性、消费习惯、消费能力、高购买频率）、品类优势（体积小、毛利率高、保质期久、仓储物流成本低）和品牌优势（上市公司、资本、品牌商整合）。对此，中国电子商务研究中心网络零售部高级分析师莫岱青认为，在物流上打速度战，聚美海外购整合全球供应链的优势，直接参与到采购、物流、仓储等海外商品的买卖流程当中，或独辟"海淘""自营"模式。聚美利用保税区建立可信赖的跨境电子商务平台，提升供应链管理效率，破解仓储物流难题，是对目前传统海淘模式的一次革命，让商品流通不再有渠道和国家之分。

【模式三】"保税进口+海外直邮"模式

典型案例：天猫国际

模式概述：在跨境这方面，天猫通过和自贸区的合作，在各地保税物流中心建立了各自的跨境物流仓。它在宁波、上海、重庆、杭州、郑州、广州6个城市试点跨境电商贸易保税区，与产业园签约跨境合作，全面铺设跨境网点，获得了法律保障，压缩了消费者从下订单到接货的时间，提高了海外直发服务的便捷性。据中国跨境电商网监测显示，2014年"双11"，天猫国际一半以上的国际商品就是以保税模式进入国内消费者手中的，这是跨境电商的一次重要尝试。

分析师点评：这种模式可以大幅降低物流成本，提高物流效率，给中国消费者带来更具价格优势的海外商品。但值得一提的是，目前"保税进口"模式的政策还不算特别明朗，因此未来走向还有待观察。

【模式四】"自营而非纯平台"模式

典型案例：京东海外购

模式概述：京东在2012年年底时上线了英文版，直接面向海外买家出售商品。直到2014年年初，刘强东宣布京东国际化提升，采用自营而非纯平台的方式发展，京东海外购成为京东海淘业务的主要方向。京东控制所有的商品品质，确保发出的包裹能够得到消费者的信赖。京东初期可能会依靠品牌的海外经销商拿货，今后会尽量和国外品牌商直接合作。

分析师点评：京东海外购从目前来看已经布局完成，仍在等待未来进一步的发力。京东的海外购并不是走全品类路线，而是根据京东会员需求来选择商品品类的。与其他电商，如天猫国际、亚马逊、1号店相比，京东在开展海淘业务方面的优势还未显现，京东将继续"深耕细作"海淘业务，等待收获。

【模式五】"自营跨境B2C平台"模式

典型案例：亚马逊海外购、1号海购、顺丰海淘

模式概述：亚马逊要在上海自贸区设立仓库，以自贸模式（即保税备货）将商品销往中国，这种模式目前还在推进中。海外电商在中国的保税区内自建仓库的模式，可以极大地改善跨境网购的速度体验，因此备受电商期待。据中国跨境电商网发布的信息，1号店是通过上海自贸区的保税进口模式或海外直邮模式入境，可以提前将海外商品进口至上海自贸区备货。除此之外，1号店的战略投资方沃尔玛在国际市场的零售和采购资源整合优势将利好"1号海购"业务。2015年1月9日，顺丰主导的跨境B2C电商网站"顺丰海淘"正式上线。其提供的商品涉及美国、德国、荷兰、澳大利亚、新西兰、日本、韩国等海淘热门国家。"顺丰海淘"提供商品详情汉化、人民币支付、中文客服团队支持等服务，提供一键下单等流畅体验。目前，上线的商品锁定在母婴、食品、生活用品等品类。货物可在

5 个工作日左右送达。

分析师点评：对此，中国电子商务研究中心网络零售部高级分析师莫岱青认为，保税进口模式在备货时占用的资金量大，对组织货源的要求高，对用户需求判断的要求高。而且，这种模式会受到行业政策变动的影响。

【模式六】"海外商品闪购+直购保税"模式

典型案例：唯品会全球特卖

模式概述：2014 年 9 月，唯品会的"全球特卖"频道亮相网站首页，同时唯品会开通了首个正规海外快件进口的"全球特卖"业务。唯品会"全球特卖"全程采用海关管理模式中级别最高的"三单对接"标准，"三单对接"实现了将消费者下单信息自动生成用于海关核查备案的订单、运单及支付单，并实时同步给电商平台供货方、物流转运方、信用支付系统方等三方，形成"四位一体"的闭合全链条管理体系。

分析师点评：对此，中国电子商务研究中心网络零售部高级分析师莫岱青认为，唯品会的跨境电商模式让商品与服务更加阳光化、透明化。

【模式七】"直销、直购、直邮"的"三直"模式

典型案例：洋码头

模式概述：洋码头是一家面向中国消费者的跨境电商第三方交易平台。该平台上的卖家可以分为两类，一类是个人买手，模式是 C2C；另一类是商户，模式就是 M2C。它帮助国外的零售企业跟中国消费者直接对接，就是海外零售商直销给中国消费者，中国消费者直购，中间的物流是直邮，概括起来就是三个直："直销、直购、直邮。"

分析师点评：洋码头作为跨境电商的先行者，向第三方卖家开放，因此也面临着与亚马逊、京东、苏宁等电商的正面较量。洋码头想要立足，还是要在海外供应商、商品体验、用户体验以及物流方面下足功夫。

【模式八】"导购返利平台"模式

典型案例：55 海淘网

模式概述：55 海淘网是针对国内消费者进行海外网购的返利网站，其返利商家主要是美国、英国、德国等 B2C、C2C 网站，如亚马逊、eBay 等，返利比例 2%～10%不等，商品覆盖母婴、美妆、服饰、食品等综合品类。

分析师点评："导购返利平台"模式是一种比较新的电子商务模式，技术门槛也相对较低，可以分为引流与商品交易两部分。这就要求企业在 B 端与境外电商建立合作，在 C 端从用户中获取流量。从目前来看，55 海淘在返利额度上有一定优势，但与商家合作方面的特色还未完全体现出来。

【模式九】"垂直型自营跨境 B2C 平台"模式

典型案例：蜜芽宝贝

模式概述："垂直型自营跨境 B2C 平台"模式是指平台在选择自营品类别时会集中于某个特定的领域，如美妆、服装、护肤品、母婴等。蜜芽宝贝主打"母婴品牌限时特卖"，每天在网站推荐热门的进口母婴品牌，以低于市场价的折扣力度，在 72 小时内限量出售，致力于打开跨境电商业务。据中国母婴电商网监测数据显示，目前蜜芽宝贝用户已经超过百万，2014 年 10 月，它的 GMV 超过 1 亿元，月复购率达到 70%左右。据中国电子商务研究中心研究发现，蜜芽宝贝的供应链模式分为四种：从品牌方的国内总代采购体系

采购；从国外订货直接采购，经过各口岸走一般贸易形式；从国外订货，走宁波和广州的跨境电商试点模式；蜜芽的海外公司从国外订货，以直邮的模式报关入境。

分析师点评：对此，中国电子商务研究中心网络零售部高级分析师莫岱青认为，这类跨境电商平台因其自营性，供应链管理能力相对比较强，从采购到商品到达用户手中的整个流程比较好把控。但是值得注意的是，其前期需要比较大的资金支持。

【模式十】"跨境C2C平台"模式

典型案例：淘宝全球购、美国购物网

模式概述：全球购于2007年建立，是淘宝网奢侈品牌的时尚中心，全球购帮助会员实现"足不出户，淘遍全球"的愿望。全球购期望通过严格审核每一位卖家，精挑细选每一件商品，为淘宝网的高端用户提供服务。美国购物网专注代购美国本土品牌商品，经营范围涵盖服饰、箱包、鞋靴、保健品、化妆品、名表首饰等。该网站主打直邮代购，以批发零售为兼顾。代购的商品均由美国分公司采用统一的物流——纽约全一快递配送，由美国发货直接寄至客户手中，无须经过国内转运。

分析师点评：对此，中国电子商务研究中心网络零售部高级分析师莫岱青认为，淘宝全球购和美国购物网是国内第一批代购网站，走跨境C2C平台路线。与之类似的还有易趣全球集市等。这类网站一方面对跨境供应链的涉入较浅，难以建立充分的竞争优势，另外在消费者的信任度方面也比较欠缺。伴随着京东、苏宁、1号店、亚马逊等平台的加入，这类海外代购平台已受到巨大冲击。

思考：试分析跨境电商十种模式的特征和发展趋势。

# 项目小结

跨境电子商务是指分属不同关境的交易主体，通过电子商务平台达成交易、进行支付结算，并通过跨境物流送达商品、完成交易的一种国际商业活动。跨境电子商务具有全球性、可追踪性、无纸化、多边化和透明化的特征。当前跨境电子商务还存在不少问题，未来跨境电子商务的发展趋势是：商品品类和销售市场更加多元化；交易结构上，B2C占比提升，B2B和B2C协同发展；交易渠道上，移动端成为跨境电商发展的重要推动力；在大数据时代，产业生态更为完善，各环节协同发展。了解跨境电子商务职业岗位和职业素养对我们将来的跨境电子商务职业规划尤为重要。

# 习题

**一、判断题**

1. 跨境电子商务分为出口跨境电子商务和进口跨境电子商务。　　　　　（　　）

2. 跨境电子商务与传统国际贸易模式相比，受到地理范围的限制较少，受各国贸易保护措施影响较小，交易环节涉及中间商少，因而商品价格低廉，利润率高。　　（　　）

3. 按照交易平台分类，跨境电子商务分为 B2B、B2C 和 C2C。　　（　　）

4. 跨境电子商务在整个交易过程中，议价、下订单、物流、支付等信息都会有记录，消费者可以实时追踪自己的商品发货状态和运输状态。　　（　　）

5. 随着跨境贸易逐渐向小批量、碎片化发展，小额贸易存在难以快速通关、规范结汇、享受退税等问题。　　（　　）

二、简答题

1. 跨境电子商务与国内电子商务的区别是什么？

2. 跨境电子商务与传统国际贸易的区别是什么？

3. 跨境电子商务具有哪些特征？

4. 当前跨境电子商务存在的问题是什么？

5. 跨境电子商务的发展趋势是什么？

三、实训题

写一份自己从事跨境电子商务的职业规划书。

# 项目二

# 跨境电商第三方平台

**【知识目标】**

了解跨境电商第三方平台的分类；

了解各个平台的特征；

熟悉各个平台的特点和规则；

掌握各个平台的基本操作。

**【能力目标】**

能够根据企业自身的特点和商品的特性，选择合适的跨境电商平台；

能够在各个跨境电商平台完成账号注册；

能够掌握各个跨境电商平台的相关规则。

## 任务一 跨境电商第三方平台概述

 **任务引入**

中国电子商务研究中心发布了《2015—2016 年中国出口跨境电子商务发展报告》。报告显示，2015 年，中国跨境电商交易规模 5.4 万亿元，同比增长 28.6%。其中，出口跨境电商交易规模为 4.5 万亿元，同比增长 26%。

在出口跨境电商模式结构中，B2B 市场交易规模为 3.78 万亿元，同比增长 25%。而中国出口跨境电商网络零售市场交易规模为 7200 亿元，同比增长 33.3%。中国电子商务研究中心 B2B 与跨境电商部主任张周平分析认为，出口 B2C 电商受客群和体验限制占比小，面向海外低端客群，以 3C、服饰品类为主，增速趋于平稳。"出口 B2C 的主要市场美国、欧洲等本土零售市场高度发达，沃尔玛、亚马逊等行业巨头商品供应链效率已臻极致，散小的出口 B2C 欠缺抗衡实力。"

报告还认为，在未来趋势方面，低价倾销难以为继，企业需要提升品牌，"中国出口 B2C 赖以起家的低质低价倾销模式难以长期持续，工厂直采、OEM、ODM 采购等深度整合供应链巩固成本优势、提升商品质量，同时推动品牌化将是出口 B2C 电商胜出的核心要素。未来，速卖通、eBay 等第三方平台可能逐步天猫化（由 C2C 向 B2C 转型），同时大卖家或将脱离平台自建站点打造电商品牌。"

（来源：网易财经 2016.01.11）

 **相关知识**

B2C 跨境电商平台主要分为第三方电商平台和独立电商平台。第三方平台主要有 eBay、速卖通、亚马逊、Wish、敦煌网等，这几个平台适合个人、中小型企业入住，门槛不高，申请账户即可使用。独立电商平台主要以兰亭集势等为代表。

每个平台各有自己的优劣势，买家可根据自己的企业规模和商品特性，选择适合的电商平台。

## 1.1　跨境电商第三方平台的定义

跨境电商的模式主要有两种，一是自建跨境电商平台，二是入驻第三方跨境电商平台。目前自建跨境电商平台的企业规模达到 5000 多家，而在各类跨境电商第三方平台开展业务的企业已经超过 20 万家。所以主流跨境电商模式还是入驻第三方平台。

跨境电商第三方平台即电商销售平台，是外贸企业展示商品和进行交易的场所。其买卖双方一方是作为卖家的国内外贸企业，另一方是作为海外买家的消费者。第三方平台提供方是为外贸企业自主交易提供信息流、资金流和物流服务的中间平台，它们不参与物流、支付等中间交易环节，其盈利方式是在交易价格的基础上增加一定比例的佣金作为收益。

跨境电商第三方平台是互联网时代下的产物，相比传统贸易方式有着巨大的优势和市场活力，现已成为对外贸易的新锐力量，也推动着跨境零售出口成为新的外贸交易增长点。

当前跨境出口领域比较有代表性的平台有 eBay、速卖通、Wish、亚马逊等。

## 1.2　跨境电商第三方平台的类型

按交互类型，跨境电商平台主要分为 B2B（Business-to-Business）模式跨境电商平台、B2C（Business-to-Customer）模式跨境电商平台、C2C（Customer-to-Customer）模式跨境电商平台三类。

B2B 跨境电商主要是指通过互联网进行企业与企业之间的贸易往来与交易，大多是大宗贸易往来。B2B 模式跨境电商平台为不同国家或地区的企业提供商品的展示与营销平台，从而帮助企业最终达成交易。B2B 模式跨境电商平台的订单金额比较大，目前在跨境电商市场上占有重要地位。B2B 模式跨境电商平台的代表是阿里巴巴集团的国际站。

B2C 跨境电商通常是指分属于不同国家或地区的企业和消费者，借助互联网技术，实现商品的查询、选择、购买、支付，最后企业将商品用物流的方式运送到消费者手中的过程。B2C 模式跨境电商平台利用互联网技术为企业与消费者搭建一个交易的平台，在这个平台上，企业直接将商品卖给消费者，平台通过提供支付、物流、营销展示等服务获得利润。B2C 模式跨境电商平台通过互联网将商品信息发布到电商平台，全球消费者也通过电商平台选择来自全世界各地的商品，减少了原有的批发商、零售商等一些中间环节，使得跨境交易更加便捷。B2C 模式跨境电商平台的代表是全球速卖通。

C2C 跨境电商同目前盛行的"海淘"模式比较相像。C2C 模式跨境电商平台上聚集了世界各地的买家，是一个供个体与个体进行交易的场所，在这个平台上，大部分卖家都是个人。C2C 模式跨境电商平台同传统的海外代购相比也有着较大的优势：跨境电商平台会审核并提供相应保障来增加交易双方的信任度，同时又满足了不同消费者个性化的需求。C2C 模式跨境电商平台的代表是 eBay。

## 任务二　典型跨境电商第三方平台介绍

 **任务引入**

2010 年 3 月，小茗成立一家名为"小茗同学"的服饰公司，注册资本为人民币 30 万元。该公司集网上销售、订单加工和商贸合作为一体，承接童装加工、贴牌加工以及 OEM & ODM 订单，商品主要目标对象是 4～6 岁的儿童。目前"小茗同学"同时进行线下销售和线上直营，线下销售主要以代加工和批发销售为主，线上直营主要以零售为主。在国内业务方面，该公司不仅设有自建电商平台，而且针对批发业务在阿里巴巴 1688 平台开店，针对零售业务在京东、淘宝经营和销售商品。在外贸方面，该公司还设有自己的工厂，主要与品牌合作商合作进行贴牌生产。但是近年来，随着人力成本以及原材料成本的增加，该公司在代加工上的利润越来越低。因此，小茗决定公司走自创品牌之路。2017 年 1 月，"小茗同学"首次推出自创品牌"有机 T 恤"1 万件，该商品在一个星期内通过线上和线下销售方式被销售一空。

现在，跨境电子商务发展迅速，小茗作为公司的总经理，看到同行在跨境电商上做得风生水起，迫切想选择一个适合本公司的跨境电子商务平台推广公司的"有机 T 恤"。面对众多跨境电子商务平台，小茗该如何选择？

 **相关知识**

近年来，我国对跨境电商的支持政策不断出台，我国的跨境电商平台数量不断增加。

截至 2013 年，我国电子商务平台就有 5000 多家，其中表现比较活跃的 10 余家跨境电商平台也各有自己的特点和优劣势，企业如何结合自身的条件以及经营商品的特点，选择合适的跨境电商平台，做出战略决策和竞争策略，是赢得更多市场的第一步。

## 2.1　全球速卖通平台

### 一、速卖通平台的介绍

全球速卖通，简称速卖通，是阿里巴巴集团旗下覆盖全球的跨境电商平台，在这个平台上，你可以把商品卖到你可以想到的几乎任何国家去。从 2010 年开始，经过 7 年的飞速发展，速卖通已拥有 44 个品类，18 个语种站点，业务遍及全球 220 多个国家和地区，成为全球最活跃的跨境电商平台之一，也是我国最大的国际 B2C 交易平台。

速卖通面向的客户群体广泛，但是主要针对的是新兴市场，俄罗斯和巴西的客户是平台的主要客户。同为阿里巴巴旗下的平台，最初的速卖通与淘宝共用大量的用户，并继续沿袭淘宝低价的营销策略，且绝大多数商品采用平邮小包的物流方式，商品利润低，客户体验差。但是，经过几年的不断改进，速卖通对于招商和用户考核的标准不断提高和完善，服务水平不断提高。2015 年，其出台的个人卖家转企业卖家策略，在 2016 年已完成，该策略要求所有商家必须是企业并且要有自己的品牌。速卖通可以短期吸引大批卖家的原因之一是操作起来很简易，规则不多，很适合跨境电商"小白"，并且速卖通平台上有许多的线上视频培训课程，基本上涵盖了卖家会遇到的所有问题，这更为跨境新人入门创造了条件。

### 二、速卖通平台的注册

登录速卖通平台，按照注册流程，逐步完成账号的注册和认证（见图 2-1）。

图 2-1　速卖通注册页面

### 三、速卖通平台的特点

速卖通平台及其业务具有以下特点。

（1）进入门槛低，能满足众多小企业做出口业务的愿望。阿里巴巴的速卖通平台对卖家没有企业组织形式与资金的限制，方便进入。

（2）交易流程简单，买卖双方的订单生成、发货、收货、支付等，全在线上完成。

（3）双方的操作模式如同国内的淘宝平台操作，非常简便。商品选择品种多，价格低廉。

（4）速卖通平台上的商品具有较强的价格竞争优势，跟传统国际贸易业务相比，具有较强的市场竞争优势。

### 四、速卖通平台的运营模式

（1）信息流运作模式：一个市场能否正常和有效地运作，首先取决于交易双方能够获取的信息量和信息的可靠程度，掌握大量真实可靠的信息是任何交易进行的第一步。速卖通为交易提供了便捷的交流工具，开发了"Trade Message"软件，可以确保买卖双方信息的高效传递。

（2）速卖通物流运作模式：速卖通支持四大商业快递、速卖通合作物流以及邮政大小包等多种国际快递方式。小卖家作为独立的经营主体，可以自行联系物流并进行发货。除了个体单独发货之外，卖家可以借助速卖通的平台在线发货。此外，速卖通正式开启了美国、英国、德国、西班牙、法国、意大利、俄罗斯、澳大利亚、印度尼西亚 9 个国家的海外仓服务。

（3）速卖通资金流运作模式：速卖通的资金流动方式与淘宝相似，速卖通只充当中介的作用。类似于淘宝的支付宝，速卖通开发了阿里巴巴国际支付宝 Escrow。目前，国际支付宝 Escrow 支持多种支付方式，包括信用卡、T/T 银行汇款、MoneyBookers 和借记卡等，并在继续开拓更多的支付方式。除了 Escrow，速卖通也同时支持电汇和其他跨国在线支付方式。

（4）速卖通的盈利模式：速卖通平台的收入来源主要包括技术服务费年费和交易服务费两种。除此之外，速卖通也会对卖家使用的广告营销服务收取服务费。

技术服务费年费：速卖通平台将各行业划分为八大经营范围，每个经营范围分设不同的经营大类，每个速卖通账号只准选取一个经营范围，并可在该经营范围下跨经营大类经营，2018 年不同经营大类的技术服务费年费在 10000 元人民币～30000 元人民币不等（共享类无技术服务费年费）；交易服务费（交易佣金）：速卖通就提供的交易服务收取服务费，服务费只在交易完成后对卖家收取，买家不需支付任何费用。

## 2.2 亚马逊平台

### 一、亚马逊平台的介绍

Amazon，中文名亚马逊，是美国最大的一家网络电子商务公司，位于华盛顿州的西雅图，是最早开始经营电子商务的公司之一。亚马逊成立于 1995 年，一开始只经营网上书籍销售业务，现在已成为全球商品品种最多的网上零售商。亚马逊在全球共有 10 个站点，拥有跨越全球的 109 个运营中心所组成的物流体系，物流配送覆盖 185 个国家和地区，全球活跃用户超过 2.85 亿人。

亚马逊"全球开店"是专门针对中国卖家通过亚马逊在网上向全球消费者销售商品的项目，目前该项目已扩展至美国、日本、英国等 8 个国家。亚马逊美国网站和英国网站已推出全中文化的操作平台，这也是亚马逊美国网站首次推出非英文的卖家支持工具。

## 二、亚马逊平台的特点

（1）亚马逊重商品轻店铺：亚马逊一直以来都是重商品轻店铺，亚马逊上的每件商品只有一个详情页面。相对其他平台，亚马逊的搜索结果清晰明了，每个商品只会出现一次。如果多个卖家销售同一款商品，不同卖家的报价会在商品的卖家列表上显示，消费者不需要在大量重复的商品列表里大海捞针。

（2）亚马逊物流（Fulfillment by Amazon，FBA）："亚马逊物流"是"亚马逊全球开店"的一项重要服务，卖家只需将商品发送到当地的亚马逊运营中心，亚马逊就会提供商品的拣货、包装、配送、客服以及退换货等服务。加入 FBA 的卖家能够提高商品的曝光率，直接接触到亚马逊的 Prime 用户。卖家只需专注于如何提升商品质量和打造品牌，由亚马逊提供快捷方便的物流服务。平台也为使用亚马逊物流的卖家提供用所在国语言回答买家的订单疑问服务，这为卖家提供了强大的支持后盾。

（3）支持货到付款的方式。

（4）亚马逊不卖仿品。

（5）一台计算机只能登录同一个账号。账号基本不会有太大的安全问题。

## 三、亚马逊平台的注册

1. 首先进入亚马逊首页，拉到页面底部（见图 2-2）。

图 2-2　亚马逊首页

2. 进入注册入口：单击 Sell on Amazon（见图 2-3）。

图 2-3　亚马逊注册入口

3．完成注册及认证：按照网站的注册提示（见图 2-4），完善信息，逐步完成新账号的注册及认证。

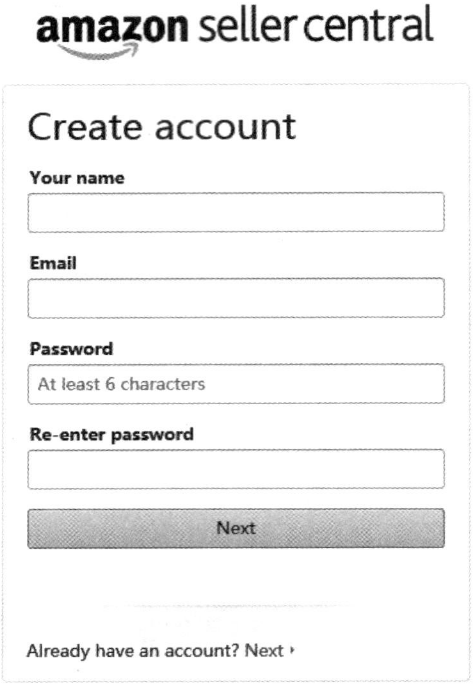

图 2-4　注册提示

### 四、亚马逊平台的盈利模式

亚马逊的收入来源于自营商品的销售收入和平台的服务费。针对使用亚马逊平台的卖家，亚马逊一般收取 5%～15%的佣金，如果卖家使用亚马逊物流，亚马逊还会额外收取物流费和仓储费。

## 2.3　eBay平台

### 一、eBay平台的介绍

eBay 是一个可让全球民众上网买卖物品的线上拍卖及购物网站。eBay 集团于 1995 年 9 月成立于美国加州硅谷。eBay 是全球最大的 C2C 平台，其在全球范围内拥有 3.8 亿海外买家，1.52 亿活跃用户，以及 8 亿多件由个人或商家刊登的商品，其本地站点覆盖了全球 38 个国家和地区。eBay 对卖家的要求很严格，对商品质量要求较高，有价格优势，能做到真正的物美价廉。

### 二、eBay平台的特点

（1）卖家可通过两种方式在该网站上销售商品，一种是拍卖，另一种是一口价。其中拍卖模式是这个平台的最大特色。一般卖家通过设定商品的起拍价以及在线时间开始拍卖，然后看下线时谁的竞拍金额最高，最高者获得拍卖物品。

（2）二手货交易占较大比重。

## 三、eBay平台的注册

1. 首先进入 eBay 首页，找到注册入口（见图 2-5）。

图 2-5 eBay 首页

2. 注册账号：按照网站要求，逐步完成注册（见图 2-6）。

图 2-6 完成注册

3. 认证账号（见图 2-7）。

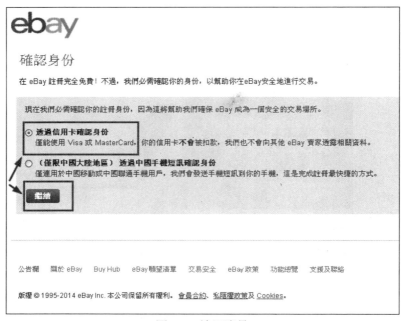

图 2-7  认证账号

## 四、eBay平台的运营模式

（1）eBay 信息流运作模式：eBay 提供了"站内信"的功能，使卖家能够轻松管理买家的电子邮件，与买家进行沟通。

（2）eBay 物流运作模式：国际 e 邮宝为 eBay 中国寄件人提供发向美国等国家的包裹寄递服务。此外，2014 年 eBay 与万邑通签署战略合作协议，万邑通以海外仓为基础，依靠大数据，为 eBay 卖家提供海外仓管理和最后一千米派送的服务。

（3）eBay 资金流运作模式：PayPal 是 eBay 推荐的收付款工具。PayPal 在全球范围内拥有超过 1.57 亿活跃用户，服务遍及全球 193 个国家及地区，共支持 26 种货币收付款交易。PayPal 可以让中国卖家无须在海外设立账户就能进行收付款。

（4）eBay 盈利模式：eBay 的收费项目繁多，当卖家在 eBay 上刊登物品时，eBay 会收取一定比例的刊登费；物品售出以后，卖家需要缴纳小额比例的成交费。因此在 eBay 上交易所产生的基本费用为刊登费加上成交费。此外，为物品添加特殊功能和买家工具的使用还需缴纳相应的功能费。开设 eBay 店铺的卖家，每月还需额外支付相应的店铺月租费，根据所选的店铺级别不同，其月租费也不尽相同。

## 2.4  敦煌网

### 一、敦煌网的介绍

敦煌网创建于 2004 年，是我国首家为中小企业提供 B2B 网上交易服务的网站，是为国外众多的中小采购商有效提供采购服务的全天候国际网上批发交易平台。目前，敦煌网已经实现 120 多万国内供应商在线、在售 3000 多万种商品、业务遍布全球 224 个国家和地区以及达到了 1000 万买家在线购买的规模。敦煌网每小时有 10 万买家实时在线采购，每 3 秒就产生一张订单。

### 二、敦煌网的特点

（1）敦煌网在交易成功的基础上，根据不同的行业特点，向海外买家收取不同比例的服务费佣金，一般在交易额的 7%左右，而一般传统的 B2B 电子商务网站普遍是向国内卖家收取会员费。

（2）敦煌网提供诚信担保机制，实现了小制造商、贸易商与零售卖家之间的对接。

（3）敦煌网针对一些已经接触过电子商务、有货源但是技能跟不上的企业，推出了外贸管家服务。针对这些企业，敦煌网会定期与企业见面，将客户对商品的样式、质量的反馈以及要怎么样推广这些商品与企业及时交流，以保证企业的交易成功率。

### 三、敦煌网账号的注册

详细步骤参见项目实训。

### 四、敦煌网的运营模式

（1）敦煌网信息流运作模式：敦煌网针对买卖双方分别开设中英文站点，并且提供了相应的翻译工具。敦煌通是为了方便买卖双方即时在线沟通交流的一种聊天工具，可以让卖家更加方便快捷地了解客户的需求及问题，简单快捷地管理买家信息。

（2）敦煌网物流运作模式：敦煌网携手各大第三方物流和货运代理公司，为卖家推出了"仓库发货"物流服务。卖家只需在线填写发货预报，将货物线下发货至合作仓库，并在线支付运费，即可由平台直接提供国际物流的配送。此外，敦煌网在西班牙、俄罗斯、葡萄牙、意大利、德国、法国 6 国开启了海外仓服务。

（3）敦煌网资金流运作模式：DHpay 是敦煌网旗下独立的第三方支付工具，至今已支持全球 224 个国家和地区 400 万规模的买家实现在线跨境支付。除此之外，敦煌网支持 Visa、MasterCard 信用卡、西联支付、MoneyBookers、BankTransfer 等国际化支付方式。这些支付方式可以很好地覆盖并服务全世界买家。

（4）敦煌网盈利模式：敦煌网采取佣金制，免注册费，只有买卖双方交易成功后才收取费用。平台采用统一佣金率，实行"阶梯佣金"政策，平台的佣金规则为：当订单金额 ≥300 美元时，平台佣金=订单金额×佣金率（4.5%）；当订单金额<300 美元时，平台佣金= 订单金额×佣金率（按类目不同为 8%或 12%）。

## 2.5　Wish平台

### 一、Wish平台的介绍

Wish 平台创办于 2013 年，是一家新兴的移动 B2C 跨境电商平台，2014 年成为跨境电商界的黑马。Wish 不同于前 4 家跨境电商平台，移动端是其客户的主要来源。Wish 日均活跃用户超过 100 万，日均新用户超 9 万，超过 90%的用户来自移动端。其 App 上销售的商品物美价廉，包括非品牌服装、珠宝、手机、淋浴喷头等，大部分商品都直接从中国发货。Wish 擅长用户数据的深度挖掘，采用数据算法进行商品推荐，紧密结合用户特征进行精准营销。

Wish 低调、飞速的崛起可以说是科技、广告和折扣策略完美应用的结果。与传统购物网站不同的是，Wish 一开始就十分注重智能手机的购物体验，通过商品图片给用户提供视觉享受。同时，Wish 的大幅折扣刺激了用户的购买欲。作为一个电商新手，Wish 完全没有 PC 端购物平台的设计经验，这也使 Wish 能够不带任何思想包袱地开拓移动端市场。

### 二、Wish平台的注册

通过移动客户端下载 Wish App，根据页面提示，完成账户的注册。

1. 进入 Wish 平台 App（见图 2-8）。
2. 按照平台要求逐步完成注册（见图 2-9）。

图 2-8　Wish 平台 App

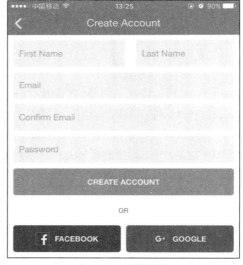

图 2-9　注册平台

### 三、Wish平台的特点

（1）平台针对不同顾客，推送个性化的商品信息。

平台注重用户的购物体验，具有更多的娱乐感和用户黏性，呈现给用户的商品大都是用户关注的、喜欢的，每一个用户看到的商品信息是不一样的，同一用户在不同时间看到的商品信息也不一样。

（2）不依附于其他购物网站，本身就能直接实现闭环的商品交易。

在 Wish 平台上，用户在浏览到喜欢的商品图片后，可以直接在站内实现购买。Wish 淡化了品类的浏览和搜索，去掉了促销功能，专注关联推荐。Wish 会随时跟踪用户的浏览轨迹以及使用习惯，以了解用户的偏好，进而再推荐相应的商品给用户。

## 2.6　五大跨境电商平台对比分析[①]（见表2-1）

表 2-1　　　　　　　　　　　　　　五大跨境电商平台对比

| 平台<br>项目 | 亚马逊 | eBay | 速卖通 | 敦煌网 | Wish |
|---|---|---|---|---|---|
| 创建时间 | 1995 | 1995 | 2010 | 2004 | 2013 |
| 跳出率 | 29.68% | 27.43% | 59.87% | 77.02% | 24.98% |
| 入驻难度 | 难 | 难 | 难 | 容易 | 一般 |
| 佣金 | 5%～15% | 10% | 5% | 4.5%～12% | 15% |
| 物流 | FBA | 国际 e 邮宝<br>万邑通 | 线上发货 | DHLink | 海外仓：美国 |
| 主要收款方式 | 银行转账 | Paypal | 国际版支付宝，电汇 | DHpay，银行自动转账 | PayEco |

# 项目实训

作为卖家，针对企业现状和商品特性选择合适的跨境电商平台后，还应该做哪些准备工作以完成商品的交易？下面以敦煌网为例，进行详细说明。

第一步：创建 DHgate 交易账户。

（1）登录敦煌网卖家页面（见图 2-10）。

（2）单击"免费开店"按钮。

图 2-10　敦煌网首页

---

① 资料来源：黄莉玲. 中小企业选择第三方跨境电商平台影响因素研究[D]. 东华大学，2016.

（3）填写基本注册信息（见图 2-11）。

图 2-11　填写基本注册信息

┃小知识┃

账户名称注册规则（含以下信息不能作为账户名）。

1. 含有各种联系方式，包括邮箱地址、网址、电话号码、QQ 号、MSN 地址等，举例如下。

（1）含有@和 com 的或者只含有 com 的账户名，如 aaa@163com、aaa163com。

（2）含有 www 和 com 的账户名，如 wwwaaacom。

（3）全部是数字的账户名，如 0102545254613845255544。

（4）两个 Q 连在一起后边是数字的账户名，如 QQ21554358。

（5）含有 MSN 和 Hotmail 的或者只含有 Hotmail 的账户名，如 MSNaaa@hotmail、MSNaaahotmail、aaahotmail。

2. 含有品牌名称或类似品牌名称，如 CHANEL、NIKE、ROLEX、LV、GUCCI、AMANI、Dunhill 等。

3. 含有不文明词汇。

此外，建议不要一人注册多个用户名，以免影响将来的使用。

（4）邮箱认证。

① 注册后，根据注册成功提示直接进入邮箱认证（见图 2-12）。

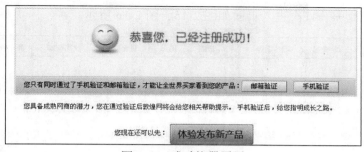

图 2-12　成功注册页面

② 登录进入卖家后台，根据提示再完成邮箱验证（见图 2-13）。

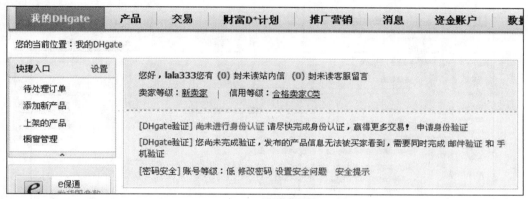

图 2-13　完成邮箱验证

（5）个人身份认证。

第二步：创建店铺。

（1）店铺建立——进入方法如图 2-14 所示。

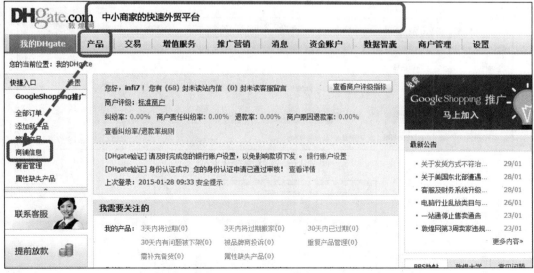

图 2-14　进入店铺建立页面

（2）店铺建立——首次进入页面如图 2-15、图 2-16 所示。

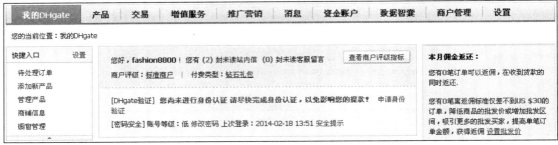

图 2-15　首次进入页面（1）

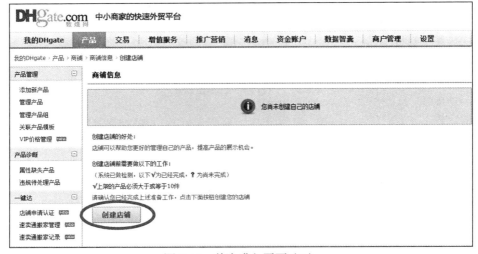

图 2-16　首次进入页面（2）

（3）店铺建立——开放条件如图 2-17～图 2-19 所示。

图 2-17　开放条件（1）

图 2-18　开放条件（2）

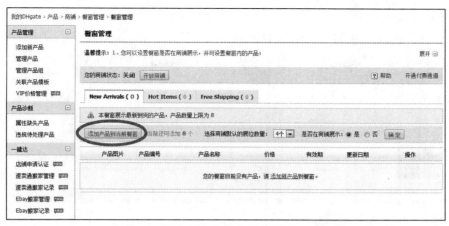

图 2-19　开放条件（3）

（4）店铺建立——开放商铺页面如图 2-20 所示。

图 2-20　开放商铺页面

（5）店铺建立——营业中页面如图 2-21 所示。

图 2-21　营业中页面

第三步：优化店铺。

优化模块包含以下几部分，如图2-22所示。

（1）商品目录：与商品紧密相关、多维度展示、提升店铺搜录量、提升搜索流量。

（2）商铺推广语/商铺介绍：包含主营商品/热卖商品+商家类型等，要求首字母大写。

（3）商铺关键词：与商铺商品相关、长尾词（3个以上单词；12～15个词组），能突出商品特性。

图2-22　优化页面

第四步：优化商铺信息。

（1）完善商铺信息页面如图2-23所示。

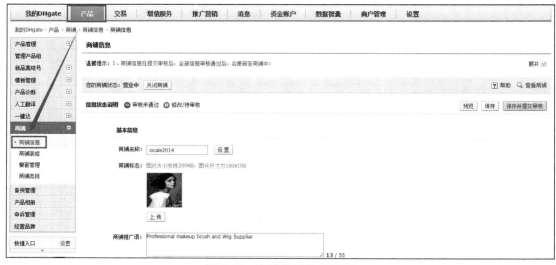

图2-23　完善商铺信息页面

（2）Banner 设计（见图 2-24）。

通过 Banner 设计体现中心意旨，从而形象鲜明地表达最主要的宣传意图。

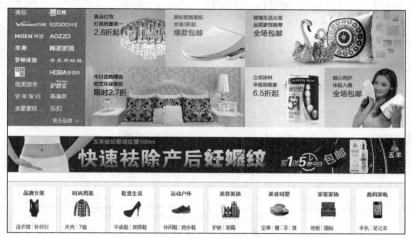

图 2-24　Banner 设计

（3）商铺装修页面如图 2-25 所示。

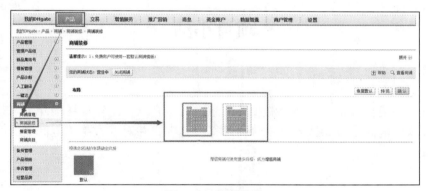

图 2-25　商铺装修

（4）橱窗管理页面如图 2-26 所示。

橱窗主图风格要统一，带店铺信息和商品型号。

图 2-26　橱窗管理

（5）商铺类目设置页面如图 2-27 所示。

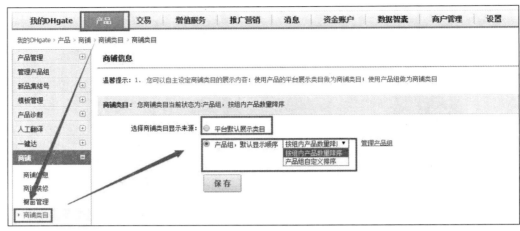

图 2-27　商铺类目设置页面

实训：根据上述介绍，以小组为单位，完成敦煌网注册账户、创建店铺、优化店铺及商铺信息的工作。

# 项目小结

本项目对跨境电商第三方平台的相关信息进行了介绍，比较详尽地介绍了行业内比较活跃的五大跨境电商平台的特点、平台的运行模式等，并对五大跨境电商平台的特点进行了比较分析。

# 习题

## 一、判断题

1. 按平台的交互类型划分，跨境电商平台主要分为 B2B、B2C、C2C 三种模式。

（　　）

2. 主流跨境电商模式是自建跨境电商平台。　　　　　　　　　　　　　　　　（　　）

3. B2C 跨境电商同目前盛行的"海淘"模式比较相像。　　　　　　　　　　　（　　）

4. 按跨境电商的经营主体划分，天猫国际属于自营型跨境电商平台。　　　　　（　　）

5. 亚马逊平台的特点是重商品轻店铺。　　　　　　　　　　　　　　　　　　（　　）

## 二、简答题

1. 简述亚马逊平台的特点。

2. 简述 eBay 平台的运营模式。

3. 简述 Wish 平台的独特之处。

4. 阐述亚马逊、eBay、速卖通、敦煌网、Wish 五大跨境电商平台的特点。

### 三、案例分析题

#### 想不到，亚马逊2015年跨境增长最快品类是厨具

2016 年 6 月 2 日消息，在 2016 亿邦跨境电子商务峰会"新政之后·如何开始"上，亚马逊中国副总裁牛英华发表了题目为《从品类到品牌：预判进口电商下半年新亮点与新趋势》的演讲。她说："跨境电商要回归贸易本质——商品与消费者。亚马逊的大数据显示，消费升级势不可当，全种类选品、大种类选品是必然。"

她透露，2015 年亚马逊跨境网购增速最快的十大品类是厨具、美妆、户外、办公用品、计算机用品、运动、手机配件、个护健康、服装、母婴。其中有很多想不到的地方，例如，化妆品消费者关注的不再是某个化妆品牌，而是工具类的商品，如瘦脸商品。

亚马逊发现的另一个趋势是"标品不标"，即标准品里面的细化商品类别更受关注，例如，亚马逊目前卖得最好的锅是红色的锅，其次是青绿色的锅。消费者需要具备个性化的设计感，可以展示其品位的商品，例如，卖得最好的开瓶器是一个外形为不锈钢小人的开瓶器。牛英华总结，"在标品的基础上做出一定改变，如加些花纹就可能成为中国消费者喜欢的商品。"

**思考：**

结合上述案例，分析亚马逊平台及其他几种活跃的跨境电商平台的新发展变化。

### 四、实训题

了解了 5 种典型跨境电商平台的相关基础知识后，小茗作为公司的总经理，想选择一个适合本公司的跨境电子商务平台推广公司的有机 T 恤。小茗该如何做出决策？

## 项目三

# 选品与商品定价

## 学习目标

**【知识目标】**

了解跨境电商选品的考量因素及注意事项；

熟悉跨境电商选品的分类和方法；

掌握跨境电商货源选择的途径和方法；

了解跨境电商商品的价格构成；

了解跨境电商商品的定价策略。

**【能力目标】**

能够选择适合不同目标市场的商品；

能够为商品找到稳定的货源；

能够对所选商品制定有利可图的价格。

# 任务一　跨境电商选品

 任务引入

　　小明在选择好跨境电商出口平台之后，随即面临着选择商品（选品）的问题。如果选择市场上销售得好的商品，因为大家都想做，竞争激烈，往往会陷入价格战；如果选择市场上销售得不好的商品，竞争对手少，但是顾客不买单，又会面临滞销风险。那么，小明要卖什么商品才好呢？

**相关知识**

小明面临的问题是选品及商品定价问题。在选品方面，小明需要了解选品的考量因素及注意事项、选品的分类与方法、货源的选择等内容。关于电商选品，业内有句话叫"在电商平台，选对商品就成功了 80%"。这句话虽然不够严谨，因为你无法将选品和运营等不同阶段工作的效果进行量化，但是，这句话也实实在在说明了电商选品的重要性。选对了商品至少有 50% 成功的可能性，而选错了肯定是 100% 失败。以下分别从选品的考量因素及注意事项、选品的分类与方法、货源的选择三方面进行分析。

## 1.1 选品的考量因素及注意事项

### 一、选品的考量因素

从市场角色关系看，选品指选品人员从供应市场中选择适合目标市场需求的商品。一方面，选品人员要把握目标需求，另一方面，选品人员还要从众多供应市场中选出质量、价格、外观最符合目标市场需求的商品。成功的选品，应该达到供应商、客户、选品人员三者共赢的结果。选品是决定跨境电商成功与否的关键。由于需求和供应处于不断变化之中，因而选品也是从事跨境电商的企业的日常工作。选品的考量因素有以下几个方面（见图 3-1）。

图 3-1　选品的考量因素

**1. 商品处于生命周期的上升期**

处于生命周期上升期的商品市场潜力大、利润率高，跨境电商的商品利润率基本上是 50% 以上，甚至 100% 以上。

**2. 便于运输**

要求商品体积较小、重量较轻、易于包装、不易破碎，这样可以大大降低物流成本和物流环节货损的概率。符合这一特征的商品包括手机壳、手机膜、手机支架、耳机等手机周边商品。

### 3. 售后简单

要求商品不需要售后服务或售后服务简单，便于操作、不需要组装或安装。需要有使用指导、安装指导等售后服务的商品不适合作为跨境电商的选品，否则会加大后期的客户服务成本，一旦处理不当，会直接影响客户的购物体验及评价。

### 4. 附加值高

价值低于运费的商品不适合单件销售，可以打包出售，以降低物流成本。

### 5. 具备独特性

有自己独特的功能或商品设计，包括独特的商品研发、包装设计等，这样的商品才能不断激发买家的好奇心和购买欲望。

### 6. 价格合理

在线交易的价格如果高于商品在目的国当地的市场价，或者偏高于其他在线卖家，就无法吸引买家在线下单。

### 7. 合规合法

不能违反平台的规定和目的国的法律法规，特别是不能销售盗版、仿冒或违禁品。这种商品不仅赚不了钱，商家甚至还要付出违反法律的代价。

## 二、选品的注意事项

有很多可在国内电商平台自由销售的商品，在跨境电子商务交易中是被禁止销售的，如减肥药。所以，卖家在选择出口跨境电商商品时，要做到以下几点。

### 1. 符合平台特色，遵循平台规则

例如，做 Wish 和亚马逊是不一样的。Wish 是一个快销平台，要快速推广商品，这个平台的特点是需要大量的、多类的商品，所以卖家要选择多种品类的商品到平台。而亚马逊平台对商品质量的要求比较高，所以卖家就要找质量比较好的商品。

另外，各个跨境电商平台的规则不同，卖家选品时就必须了解和遵循各平台不同的规则。

### 2. 最大限度地满足目标市场的需求

卖家在进行选品的时候需要以客户的需求为导向发现刚需品。关乎衣食住行的商品每个人都离不开，这类商品无处不在，卖家要关注日常小细节，深入了解目标市场消费者的实际需求。

需要注意的是，跨境电商的目标市场主要包括美国站、欧洲站、日本站、非洲站等。位于这些目标市场的消费者不同，卖家需要有针对性地采取差异化的选品策略。这里以亚马逊日本站为例进行说明。全球开店的亚马逊卖家很多，但做亚马逊日本站的卖家并不是太多，应该说亚马逊日本站目前尚属于蓝海市场。日本人的消费习惯和中国人比较接近，卖家对于日本站的选品需要考虑以下两个因素。

（1）商品认证和审核手续问题。在日本销售商品，首先要考虑的就是外观侵权、食品卫生安全认证、商品安全认证等。日本的动漫非常有名，在日本销售动漫类商品稍有不慎就会侵权，轻者下架警告，重者直接销号。其次，日本站对于进口类商品的审核非常严格。某公司销售过一款水壶，商品发到日本海关时麻烦就来了，海关要求其出示各种认证资料，大部分认证资料要求必须是日本当地的认证。这款水壶由于认证不符合要求，最后的结果

是必须被下架。在日本站销售商品，所有商品的认证资料都得准备好。

（2）商品差异化优势和质量优势。日本人非常注重商品的工艺，所以商品的细节在日本站必须处理好，低价低质在日本站行不通。如果商品各方面质量都比较好，就不用担心没有销量。具有差异化优势的商品在日本站的销量会比较好，例如，在日本销售 USB 线，1 米线的销量并不好，价格再低都不好卖；相反，15 厘米的线和 2 米的线销量却非常好，这就是差异化的优势。

## 1.2 选品的分类与方法

### 一、选品的分类

#### 1. 主动选品

主动选品指卖家通过对目标市场的了解或者对某个行业的了解，主动去研发或者寻找商品。例如，熟悉数码类消费电子商品的卖家，对数码类商品的选择肯定会精细到：数码类商品→手机周边商品→音响→蓝牙音响。

以蓝牙音响为例，进行主动选品时，卖家需要对整个市场的蓝牙音响商品都了如指掌，例如，哪款是新开发出来的，哪款是用来低价走量的，哪款是走高端高利润策略的。这个时候，卖家会针对公司的具体情况来自主选择蓝牙音响。

#### 2. 被动选品

被动选品指卖家参考大多数卖家的数据，查看其近期销量比较大的爆款是哪些，从而决定自己销售的商品。这样做会比较省事，但是永远会比别人慢一步，所以卖家在选品时如果能做到主动选品与被动选品相结合更佳。

### 二、选品的方法

#### 1. 做好目标市场分析

选品时，卖家要提前对目标市场进行分析，掌握当地人群的生活习惯、饮食习惯、业余爱好以及节假日等基本情况，同时也要参考国内外相关数据信息，为选品提供依据。

#### 2. 做好数据分析

跨境电商做得比较好的卖家，都很重视数据分析。数据分析是通过对各个业务节点业务数据的提取、分析及监控，让数据作为管理者决策、员工执行的有效依据，作为业务运营中的一个统一尺度和标准。从数据来源看，数据分为外部数据和内部数据。外部数据是指企业以外的其他公司、市场等产生的数据。内部数据指企业内部经营过程中产生的数据信息。卖家要想做出科学的、正确的决策，需要对内外部数据进行充分的调研和分析。

（1）外部数据分析。外部数据分析是指综合运用各种外部分析工具，全面掌握品类选择的数据依据。例如，通过 Google Trend 工具分析品类的周期性特点，把握商品开发先机；借助 Keywords Spy 工具发现品类搜索热度和品类关键词，同时借助 Alexa 工具选出至少 3 家以该品类作为主要目标市场的竞争对手的网站，作为目标市场商品详情页分析的依据。

（2）内部数据分析。内部数据是已上架的商品产生的销售信息，是选品成功与否的验证，也可用于以后选品方向的指导。卖家可通过平台分析工具获得已上架商品的销售信息（流量、转化率、跳出率、客单价等），分析哪些商品销售得好，从选品成功和选品失败的案例中积累经验和教训，再结合外部数据分析，一步步成长为选品高手。

**案例 1**

## 以加拿大为例进行选品分析

首先，对加拿大的重大节日进行分析。例如，圣诞节前，大家都会大量采购圣诞商品来装饰家、超市、餐饮店等，这时需求就比较明显；万圣节前，大家会采购恐怖面具、服装、道具等。节假日商品大多都会提前一个月开发及上架，另外，物流也需要预留出时间，当然这也是出于抢占市场先机的考虑。综合考虑以上因素，我们的选品方向就更明确了。

其次，对季节因素也需要分析。冬季到来前开发帽子、手套、围巾等保暖商品；夏季到来前准备迷你风扇、笔记本冰垫、散热器等降温商品。

最后，在生活习惯方面，可以根据目标市场人群的生活习惯选品。2016 年，BrandSpark 进行了"第十三届年度加拿大购物者调查"，有超过 39000 名加拿大人参与了调查，该项调查揭示了加拿大消费者在日常消费品方面的购物习惯。这项调查得出的结论如下。

（1）加拿大人喜欢创新，愿意为新商品买单。

在加拿大，无论是经济繁荣时期还是衰退时期，消费者都喜欢新商品。75%的被调查者支持创新，67%的被调查者愿意为新商品多付一些钱。报告显示，加拿大消费者在购物活动中购买首次上架新商品的概率为13%，所以卖家需清晰地向消费者展示出新商品将会给消费者带来什么好处，即新商品必须要引人注目。

（2）加拿大人对购买过程持不同意见。

52%的被调查者称寻找划算交易的过程让购物更加有趣。56%的被调查者喜欢在多个店中购物以寻求最优价格，但随着搭配价格的兴起，这一比例有所下降。仅有33%的被调查者认为一站式购物的便利比低价格更具诱惑力。45%的加拿大人不愿意多去实体店，由此可见，电商购物将成为必然趋势。

（3）大多数加拿大人喜欢"纯天然"保健品。

对于效果好的保健品，55%的被调查者愿意付出更多的钱去购买，而53%的被调查者称更愿意购买打着"天然"广告语的保健品，因为他们认为这种商品的效果更好。

（4）加拿大人信任有机食品，但却不爱买。

36%的被调查者承认有机食品更加健康，但是只有23%的被调查者定期购买有机食品。60%的被调查者称，如果有机食品没那么贵，他们愿意购买更多的有机食品。

（5）品牌忠诚度降低，加拿大人开始追求更优价格。

45%的被调查者称对品牌的忠诚度不如几年前，一部分原因是商品的价格上升以及加拿大元贬值，所以促销活动比以前更多了。75%的被调查者称会查看每周打印的宣传页，其中 40%的被调查者每周都会查看数码宣传页。

## 1.3  货源的选择

出口商品货源的选择有两种渠道：一种是线下货源，另一种是线上货源。

### 一、线下货源

线下货源是指在当地可以找到的实体店货源，包括专业批发市场和工厂货源。

## 1. 专业批发市场

如果资金比较充裕的话，卖家首先在当地专业市场进货。这样做有两个好处：一是可以亲自验看商品的质量；二是确保有库存，不会出现买家想购买某商品却断货的情况。例如，卖家要找电子商品就到深圳，要找服装类商品就到广州、虎门，要找 LED 灯饰类商品就到中山……如果能够和批发市场的老板多次交易的话，卖家还有可能拿到较低的批发价，在有新货或热销款时也会较早得到通知。但是无论选择在哪里进货，一定要记住，首次进货一定要多品类，同一款商品一件就可以了，如果销售情况好就再去进货。因此，专业批发市场货源的优点是方便、运输成本低、可见实物、可议价，且比较稳定。

## 2. 工厂货源

如果能和工厂达成合作，工厂货源是最好的货源渠道，不但可以节省成本，商品售后也有保障，而且工厂货源是人性化的，可定款、定价、定量。对于未来的发展，工厂货源是最佳选择。采用工厂货源的缺点是，如果是小批量拿货，对于工厂来说很难建立合作。

## 二、线上货源

## 1. 网上商城批发

网上商城批发是一个比较常见的渠道，因为没有地域的限制，所以进货比较方便，成本也较低，且货源比较稳定，操作简单，缺点是见不到实物。例如，阿里巴巴上聚集了各类厂家，很多厂家都提供批发业务，商品也配有图片。不过这些厂家都要求卖家大量进货。如果店铺前期资金和经验不足，卖家可以在阿里巴巴的小额批发区进货，虽然进价会高一些，但是风险低，以后销量提高再寻找好的货源就容易了。

## 2. 做网店代理或代销

现在很多电子商务网站上不仅有做批发的，很多还提供代理或代销服务。网代比较适合电商新手，不用什么成本就能将店开起来。但是卖家在找这类代理的时候一定要多对比，可以先买回一两件商品试试，因为现在很多网站提供的商品在质量上没有保障，代理了这样的商品，有问题就会遭到投诉，最后不仅亏了本，还可能会降低店铺的信誉。

### 📖 任务实施

小明在掌握了有关选品的基础知识后，开始着手进行选品。

## 一、选择目标市场

小明初入跨境电商行业，并没有稳定的客户以及货源渠道。考虑到欧美市场的购买力比较强、市场比较规范，小明决定进入美国市场。

## 二、研究目标市场的热销商品

小明通过浏览网页，发现美国市场每个月都有热销商品，但是小明仍然拿不定主意。好在他还了解到 2015—2017 年跨境电商的热销商品分别是平衡车、鱼尾毯和指尖陀螺，如图 3-2 所示。小明初步决定销售指尖陀螺。

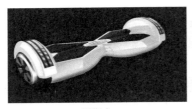
平衡车

鱼尾毯

指尖陀螺

图 3-2　2015—2017 年跨境电商的热销商品

案例 2

## 跨境电商——在美国卖什么商品好

1 月：冬季服装打折，是服装的销售旺季，卖家可以多上一些服装商品。

2 月：2 月 14 日是情人节，本月是园艺商品、时尚饰品、珠宝和手表、箱包礼品的销售旺季。

3 月：3 月 31 日是复活节，会带来园艺商品的热销；服装和家居用品的销售也会在春夏季节快速升温，美容化妆商品的销量会随着春季新品的到来而强势反弹。另外，户外用品、桌球、水上运动用品的销售在春夏比较火热，礼品的销售会随着复活节等特殊节日而火爆。

4 月：园艺商品在 4 月的美国市场销量很好，女鞋和婚庆用品的销售会随着婚礼需求而激增。

5 月：园艺商品、时尚饰品、珠宝商品、箱包商品、贺卡的销售会随着 5 月母亲节的到来而变得火热。

6 月：6 月有父亲节，6 月也是毕业季。空调等制冷电器会在 6 月开始热销，手机和消费电子商品也是销售旺季，桌球、水上运动用品在夏季比较热销。

7 月：7 月 4 日是美国的独立日。家具和家居用品会因为婚礼等需求而进入销售旺季。

8 月：学生返校采购季。返校季是服装、鞋类的一个热卖季节，也是手机、消费电子商品、办公用品、运动用品的一个热卖月。

9 月：秋天来了，秋季是服装热卖的季节之一，美容化妆品会由于秋季新品的到来而热销。

10 月：体育用品在 10 月会强劲打折，同时毛绒玩具热销。

11 月：11 月有感恩节，11 月也是园艺商品的热卖时节，一些家电用品也开始打折。美容化妆用品会随着冬季休假的来临而热卖。毛绒玩具会热销，礼品会随着冬季诸多重要节日进入热销季。

12 月：冬季是服装和鞋类热卖的季节。圣诞节期间园艺商品会热卖，取暖设备热销，时尚饰品、珠宝和手表在 12 月的销量会占到全年销量的四分之一。手机、消费电子商品热销，作为礼物或者自用的体育用品也进入热销期。冬季滑雪设备热卖，毛绒玩具热销。

资料来源：跨境电子商务企业规划师的博客

### 三、遵循平台规则进行选品

小明在考察了各种平台的成本后，决定借助敦煌网平台销售商品。首先，小明需要知道敦煌网的商品规则。

小明在浏览了敦煌网后，发现在敦煌网上销售商品要遵守"禁止销售（限售）商品规则"及"禁止销售侵权商品规则"。

（1）禁止销售（限售）商品。

查看步骤：进入敦煌网卖家主页面，单击中间的"政策规则"，进入之后再单击左侧"规则体系"栏目中的"禁止销售（限售）的商品规则"，分别查看规则、解析与案例分析两项内容（见图3-3和图3-4）。

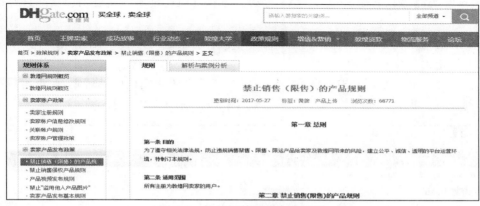

图3-3　敦煌网禁限售商品规则

图3-4　敦煌网禁限售商品解析与案例分析

从"规则"部分可知，敦煌网禁止销售的商品包括但不限于毒品类、枪支武器类、医疗药品、影响社会治安类、化学品类、色情暴力、间谍类、烟酒类、货币类、解码设备、人体器官、珍稀物种、金融类、特殊用途的电子商品、政治信息类、服务类、警用品、虚拟类商品18类商品。敦煌网限制销售的商品指需要取得商品销售的前置审批、凭证经营或授权经营等许可证明才可以发布的商品。卖家若已取得相关合法的许可证明，应在上传该类商品至敦煌网前，提前向敦煌网授权邮箱 shouquan@dhgate.com 提供授权证明。限制销售的商品包含但不仅限于以下商品。

① 弓弩：需要提供弓弩生产、销售和运输许可证；

② 隐形眼镜（普通隐形眼镜、装饰性彩色平光隐形眼镜）：需要提供该类商品医疗器械注册证书以及相应的生产、经营资质证书；

③ 等值纪念钱币（等值面额纪念币，如纪念币上写有 10 元或 10 美元）：需提供销售许可证明；

④ 食品类商品：需要提供《食品卫生许可证》《食品经营许可证》《出口食品卫生注册证书》《进出口食品标签审核证书》或《中华人民共和国出入境检验检疫卫生证书》等证明；

⑤ 茶叶类商品：需提供 QS\CNAS 等第三方认证机构证明或《进出口食品许可证》等资料。

从"解析与案例分析"部分可知敦煌网对于禁销品的种类规定及原因解释。

（2）禁止销售侵权商品。

查看步骤：单击左侧"规则体系"栏目中的"禁止销售侵权商品规则"，查看规则、解析与案例分析、相关问答等内容（见图 3-5、图 3-6、图 3-7）。

图 3-5　敦煌网禁止销售侵权商品规则

图 3-6　敦煌网禁止销售侵权商品规则解析与案例分析

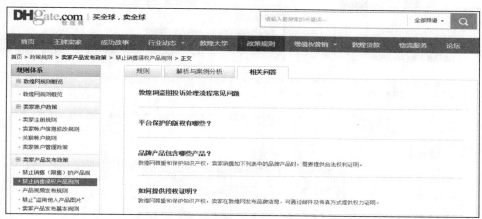

图 3-7 敦煌网禁止销售侵权商品规则相关问答

好在小明选择的指尖陀螺商品不属于平台禁止（限制）销售的商品，小明心中窃喜。之后，小明在敦煌网卖家界面输入"指尖陀螺"四个字，发现如图 3-8 所示的两条信息，第 1 条信息是"指尖陀螺商品治理公告"，第 2 条是"指尖陀螺：火爆全球的 EDC 圈时尚玩物"。

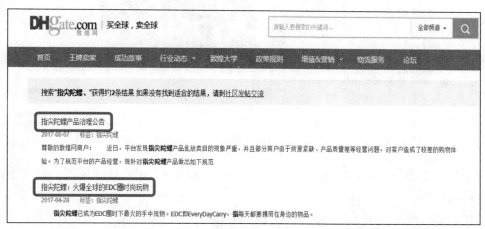

图 3-8 敦煌网卖家界面关于"指尖陀螺"的搜索结果

小明心中一惊一喜，"惊"的是敦煌网对于销售"指尖陀螺"出台了治理公告，可能限制更多了。喜的是，小明坚定了自己的选品。小明点开了"指尖陀螺商品治理公告"链接页，看到了如图 3-9 所示的内容。

小明了解到敦煌网对指尖陀螺商品的规范主要体现在 4 个方面。

（1）指尖陀螺商品上传类目规范：指尖陀螺商品只允许上传到指定类目（包括玩具与礼物、照明灯饰、运动与户外商品这三个类目）。卖家须先行下架非指定类目下的相关商品，如果逾期未处理，平台将进行统一下架。

（2）卖家规范：定期针对退款率、纠纷率、责任纠纷率或拒付率严重超标的卖家限制更新和上传指尖陀螺商品。

（3）商品规范：定期针对退款率、纠纷率、责任纠纷率或拒付率严重超标的单个商品进行删除处理。

指尖陀螺产品治理公告

2017-06-07　标签：指尖陀螺　新闻来源：敦煌网

**尊敬的敦煌网商户：**

近日，平台发现指尖陀螺产品乱放类目的现象严重，并且部分商户由于货源紧缺、产品质量差等经营问题，对客户造成了较差的购物体验。为了规范平台的产品经营，现针对指尖陀螺产品做出如下规范：

1. 指尖陀螺产品上传类目规范：指尖陀螺产品只允许上传到以下指定类目，卖家须先行下架非指定类目下的相关产品，如逾期未处理，平台将进行统一下架。

指定类目：

| 一级类目 | 二级类目 |
| --- | --- |
| 玩具与礼物 | 新奇特、娱乐消遣玩具 |
| 玩具与礼物 | 爆旋陀螺王 |
| 照明灯饰 | 新奇特灯 |
| 运动与户外产品 | 休闲运动游戏 |

2. **卖家规范：** 定期针对退款率、纠纷率、责任纠纷率或拒付率严重超标的卖家限制更新和上传指尖陀螺产品。

3. **产品规范：** 定期针对退款率、纠纷率、责任纠纷率或拒付率严重超标的单个产品进行删除处理。

4. **产品类型规范：** 类似下图这类尖锐外形的指尖陀螺产品如无CE认证证书，则被平台认定为禁止销售的产品。

此规则自公告发布之日起开始实施，6月7日至6月11日为卖家自查期，自查期结束之后（即6月12日）平台将开始按照以上规范对违规的产品进行巡查，希望广大卖家给予充分的理解和积极的配合。

敦煌网

**2017年6月7日**

图 3-9　敦煌网发布的《指尖陀螺商品治理公告》

（4）商品类型规范：具有尖锐外形的指尖陀螺商品如无 CE 认证证书，则被平台认定为禁止销售的商品。

另外，敦煌网还规定了具体实施细则："此规则自公告发布之日起开始实施，6 月 7 日至 6 月 11 日为商户自查期，自查期结束之后（即 6 月 12 日）平台将开始按照以上规范对违规的商品进行巡查，希望广大卖家给予充分的理解和积极的配合。"

为此，小明决定销售圆滑外形的指尖陀螺商品，不销售尖锐外形的指尖陀螺以避免申请 CE 认证。至此，小明顺利完成了选品任务。

# 任务二　跨境电商商品的定价

 任务引入

假定小明选择的跨境电商出口平台是敦煌网，选择的出口商品是指尖陀螺，那么，小明要为指尖陀螺定价多少呢？小明当然希望价格越高越好，但是价格太高商品就会丧失竞争力，所以定价不能太高；但是定价过低，小明无法从中赚取利润。小明又开始犯愁了。我们的任务就是帮助小明为指尖陀螺商品定一个适中的价格。

 **相关知识**

在定价方面，小明需要明确价格的构成、跨境电商外贸新人定价要领及定价策略。搜索排名对于商品销售至关重要，而价格因素往往与平台的搜索排名有非常大的关联。以跨境电商平台阿里巴巴速卖通为例，目前对速卖通搜索排名影响最大的两个因素是销售量评价和商品关键词，而标价会直接影响排名。定价对跨境电商销售来说非常关键，也是店铺盈利的核心策略。跨境电商的商品定价与传统贸易商品的定价大同小异，只是多了跨境电商平台费用。我们在分析定价之前要先解释以下几个名词：①上架价格（List Price，LP）：即商品在上传平台的时候所填的价格。②销售价格/折后价（Discount Price，DP）：即商品在店铺折扣下显示的价格。③成交价格（Order Price，OP）：即用户在最终下单后所支付的单位价格。这几个价格的联系体现在"销售价格=上架价格×折扣率"，和"成交价格=销售价格-营销优惠（满立减、优惠券、卖家手动优惠）"这两个等式中。

## 2.1　跨境电商商品的价格构成及定价要点

### 一、跨境电商商品的价格构成

从事跨境电商经营的核心目的是赢利，而利润=商品价格-成本，也就是说商品价格取决于成本和利润。所以，我们要非常清楚真正的商品成本，这也是我们后期商品定价策略的基础。商品的实际成本一般由下面几部分组成：进货成本（商品价格+快递成本+破损成本）+跨境物流成本+跨境电商平台成本（包括推广成本、平台年费、活动扣点）+售后维护成本（包括退货、换货、破损成本）+其他综合成本（人工成本、跨境物流包装成本等）。以下分别进行论述。

#### 1．进货成本

进货成本指从国内供应商处采购商品的成本，一般包括工厂进价和国内物流成本。进货成本取决于供应商的价格基础。在进行跨境商品定价之前首先应该了解商品采购价格处于这个行业价格的什么水平，也就是供应商的价格水平是不是具备优势。选择一个优质的供应商是跨境电商经营的重中之重，优质的商品品质、商品研发能力、良好的电商服务意识都是选择供应商要考虑的因素，但最核心的因素是供应商的价格必须具备一定的市场竞争力，这样才可能拥有足够的利润空间去做运营和推广。

#### 2．跨境物流成本

跨境物流成本是商品实际成本的重要组成部分，根据跨境物流模式的不同而有所不同。在跨境物流费用的报价上，商品标价里通常会写上"包邮"（free shipping），这样的标价方式比较吸引客户。所以，卖家一定要将跨境物流费用计算在商品价格之中。物流成本的核算方法见跨境电商物流部分。

### 3．跨境电商平台成本

跨境电商平台成本是指基于跨境电商平台运营、向跨境电商平台支付的相关费用，一般包括入驻费用、成交费用、推广费用、平台年费和活动扣点，其中的核心是推广费用，如阿里巴巴速卖通平台的 P4P（Pay for Performance）项目推广费用。如果卖家的资金实力不够雄厚，对于商品的推广投入成本更应该谨慎且要有非常详细的预算，一般资金投入建议是：（工厂进价+国际物流成本）×（10%～35%）。就入驻费用而言，目前只有敦煌网和 Wish 不收，其余平台都要收，且每年在 1 万元以上。就成交费用而言，阿里巴巴速卖通按每笔成交额的 5%收取，而亚马逊则是按成交额的一定比例收取，一般为 8%～15%，其他的平台也有相应规定。跨境电商平台成本越高，商品的价格就会越高，就越不具备价格竞争力。

### 4．售后维护成本

售后维护成本是很多跨境创业新人最容易忽视的一个成本。很多中小跨境卖家在我国境内发货，线长点多周期长，经常会出现一些商品破损、丢件甚至客户退货退款的纠纷。因为跨境电商的特性，这样的成本投入往往比较高，我们在核算成本的时候应该把这个成本明确核算进去。核算的比例一般是：（进货成本+国际物流成本+推广成本）×（3%～8%），如果超过这个比例建议放弃这类商品。

### 5．其他综合成本

其他综合成本包括人工成本、办公成本、跨境物流包装成本等。

### 6．利润率

利润率也是跨境电商卖家需要考虑的因素，利润率越高，商品的售价也就越高。目前阿里巴巴速卖通等平台的利润率普遍越来越低，一般在 15%～20%。

## 二、跨境电商外贸新人定价要点

### 1．要注意数量单位

跨境电商外贸新人要注意数量单位，如 piece 和 lot。这个问题看上去比较简单，但是很多外贸新人做跨境电商时往往不注意这类细节，经常把这样的原则问题搞错，最终导致订单成交后亏本发给客户买教训。此外，跨境外贸新人应该根据不同数量为商品制定不同的价格，这样就可以吸引采购商下大订单，如 100 个多少价格、300 个多少价格、500 个多少价格等。

### 2．避免随意定价格

随意定价是目前跨境电商新人最容易犯的错误。如果商品定价非常随便，定了又改，改了又定，会让客户感觉这个店铺在价格核算上不够专业，而且以前买贵了的客户心理会不平衡，认为买亏了。所以，定价要细致严谨，卖家在制定价格之前要做好调研，不要轻易改变价格。

### 3．注意合理的销售方式

有些商品需要分件卖，有些商品需要分批卖，有些商品需要成批卖，其实这里面都有非常严谨的定价和销售策略，如低于 1 美元的商品一般建议分批卖。

### 4. 要进行充分的市场调研

卖家首先在平台输入关键词，查看自己的价格在行业内属于什么水平；如果自己的商品没有特别具有竞争力的同行，一般建议利润水平不高于 25%。多去了解你的同行，多去关注你的竞争对手，多向他们学习，这样你的店铺才能真正成长并获得成功。

### 5. 注意C类买家和小B类买家的区别

通过跨境电商平台我们可以找 C 类买家，他们的特点是购买数量少，有时甚至只购买单件商品，但对销售服务的要求高。对于这类买家，我们一般建议将商品价格定在正常的零售价格。同时，通过跨境电商平台我们也可以认识一些小额批发商（小 B 类买家），他们的特点是能产生小订单，对他们在价格上要给予一定的让利，因为小 B 类买家后期成长起来对于店铺的赢利是最强的支持，所以我们要特别重视这类客户的订单。

### 6. 精准的国际物流快递核算

一个有责任心的跨境电商卖家要尽量帮助客户节省国际物流费用，在商品标价的时候建议将国际物流费用直接包含在商品单价中，同时标明商品包邮；对于商品的包装和重量要精心计算，选择可靠、价格低廉的跨境物流公司，商品的包装尽可能做到又牢固又便宜，这样就能使店铺真正拥有一批忠实的客户，最终走向成功。

### 7. 多了解海外网站上该商品的市场价格

这一点非常重要，如果目标市场是美国，就多去美国网站了解所售商品的终端零售价格，比较自己商品的零售价格加上快递费之后的价格与美国当地同类商品的价格，看看自己的价格是不是具备竞争力；如果跟美国当地的商品价格没什么差别，那价格竞争力就比较弱，客户下单的可能性就比较小。

### 8. 考虑人民币与美元的市场汇率

对于很多已经有一定销售量的跨境电商卖家来说，其应重点考虑人民币与美元的市场汇率，将商品美元价格的汇率预算得保守一点，以此来规避人民币可能升值的风险。

### 9. 不要忘了平台收汇扣费成本

无论是 eBay、速卖通、敦煌网，还是其他跨境电商平台，其单笔美元收汇都会有非常高的收汇成本，这个成本一定要考虑进商品定价中。另外，建议店铺账户累积到较大余额时再去平台提现，这样能最大限度地节省提现费。

## 三、跨境电商平台的价格调研

要想在激烈的跨境电商竞争中赢得订单，店铺商品的价格应该有比较明显的优势。只有进行充分的市场调研，做到知己知彼，不断自我调整价格，店铺才能真正具备竞争优势。

对于商品的市场调研，卖家一般要了解下面几个核心点。

### 1. 商品价格

首先进入常规的跨境电商平台，如速卖通、敦煌网、eBay 等，选择要调研商品的商品类目，统计前 10 页的商品价格，并计算出一个平均的价格水平，对照自己商品的价格，看一下你的商品价格是不是具有优势。自己商品的价格水平最好在中等偏下的位置，这样最有市场竞争力。

### 2. 市场竞争度

进入速卖通、亚马逊、eBay 等跨境电商平台，从下面几个维度进行调研。第一，竞争者的数量。如果竞争者数量太多，那该市场已经是红海市场，定价只会越来越低。第二，地区的分布。关注一下竞争对手店铺的地区分布，同一个地区的竞争者越多，你的价格溢价能力越差。最后，还应该仔细分析一下核心竞争对手的实力，如店铺的综合能力、品类、营销推广能力等；实力竞争对手越多，后期的溢价能力也越差。

### 3. 店铺商品的差异化

这一点非常重要，因为一个店铺商品的差异化程度越高就意味着商品价格溢价能力越强，所以卖家要在店铺经营的过程中注重自己商品的个性化和差异化，在商品拍摄、店铺装修、商品的包装等方面都要有自己的个性和特色，拒绝同质化竞争和千篇一律的重复。

## 2.2 跨境电商商品的定价策略

### 一、跨境电商商品的传统定价策略

要决定如何给一个电商商品定价，对一些卖家来说可能是一个不大不小的挑战——既想给顾客一个合理的价格，又想赚取更多的利润。了解传统的、最受欢迎的零售电商定价策略，有助于卖家混合使用这些不同的定价策略，为所销售的商品设定一个最合适的价格。电商卖家经常使用的、传统的商品定价策略主要有：基于成本的定价、基于竞争对手的定价和基于商品价值的定价。

### 1. 基于成本的定价

基于成本的定价可能是零售行业最受欢迎的定价模式。其最大的优点就是简单。一家商店，无论是实体店还是电商店铺，用不着进行大量的顾客或市场调研就可以直接设定价格，并确保每个销售商品的最低回报。因而，这种定价又被称为"稳重定价"。

卖家要想运用基于成本的定价策略，就需要知道商品的成本，并提高标价以创造利润。该定价策略的计算方式为：成本+期望的利润额=价格。

想象你拥有一家卖 T 恤的电商店铺。采购一件衬衫并打印样式，你需要花 11.5 美元；这件衬衫的平均运费是 3 美元，所以你估计的成本是 14.5 美元；而你想在每件售卖的衬衫上赚取 10.5 美元的利润，所以你的价格就应该是 25 美元。

如果你新增了一种新 T 恤，这种 T 恤需要额外的打印费，成本可能需要 15 美元，加上 3 美元的预计运费，你的价格应该为 28.5 美元，也就是 18 美元的商品成本再加上 10.5 美元的利润。

当然，卖家也可以使用百分比来定价，可以简单地在商品成本上加上你期望达到的利润率来定价。

例如：商品成本是 3 美元，按照速卖通目前的平均毛利润率（15%），还有固定成交速卖通佣金费率 5%，以及部分订单产生的联盟费用 3%～5%进行计算。我们可以推导出：

销售价格=3 美元÷（1-0.05-0.05）÷（1-0.15）=3.92 美元

再保守点，销售价格=3 美元÷（1-0.05-0.05-0.15）=4 美元

那么这其中，5%的联盟佣金并不是所有订单都会产生的，但考虑到部分满立减、店铺优惠券、直通车等营销投入，以 5%作为营销费用基本没有差错。

当然，这其中还可以加入丢包及纠纷损失的投入，按照邮政小包 1%的丢包率来算，又可以得到：

销售价格=3 美元÷（1-0.05-0.05-0.01）÷（1-0.15）=3.96 美元

再保守点，销售价格=3 美元÷（1-0.05-0.05-0.15-0.01）=4.05 美元

得到销售价格后，我们需要考虑该商品是通过活动来销售还是作为一般款来销售。

假如作为活动款，那么按照平台通常活动折扣要求 40%（平时打 40%折扣，活动时最高可以到 50%）来计算：

上架价格=销售价格÷（1-0.4）

基于成本的定价策略可以让零售电商卖家避免亏损，但这种定价策略容易带来价格战。

### 2. 基于竞争对手的定价

采用基于竞争对手的定价策略时，你只需"监控"直接竞争对手对特定商品的定价，并设置与其相对应的价格就可以了。

这种零售定价模式，只有当你与竞争对手销售相同商品且两种商品没有任何区别时，才可以达到效果。实际上，如果你使用了这种策略，你就是在假设你对竞争对手已经做了一些相关研究，或是竞争对手至少拥有足够的市场地位，你假设他们的价格一定是匹配市场期望的。

不幸的是，这种定价策略可能会带来价格竞争，有些人称之为"向下竞争"。假设你在亚马逊平台上销售商品，你有一个通常在自己网站上标价 299.99 美元的商品，因此你将亚马逊上该产品的价格也设定为 299.99 美元，希望订单能蜂拥而来。但你发现，订单并没有涌来。后来，你发现你的竞争对手正在以 289.99 美元的价格出售相同的商品，因此你将价格降至 279.99 美元。不久之后，你们双方都会因为不断降价，把利润空间压缩得几乎可以忽略不计。所以卖家要谨慎使用基于竞争对手的电商定价策略。

### 3. 基于商品价值的定价

如果专注于商品可以给顾客带来的价值，卖家思考的问题则是：在一段特定时期内，顾客会为一个特定商品支付多少费用？然后根据客户的这种感知来设定价格，这种定价就是基于商品价值的电商定价策略。因为这种定价策略取决于顾客对商品的认知水平，所以又被称为"认知定价策略"。

基于商品价值的电商定价是几种定价策略中最复杂的一种，原因有以下几个。

这种策略需要进行市场研究和顾客分析，卖家需要了解最佳受众群体的关键特征，考虑他们购买的原因，了解哪些商品功能对他们来说是最重要的，并且知道价格因素在他们的购买过程中占了多大的比重。

如果卖家使用的是基于价值的定价策略，这并不意味着只设定完一个价格后就万事大吉了。相反，商品定价的过程可能会是一个相对较长的过程。随着顾客对市场和商品的了解加深，卖家需要不断对价格进行重复、细微的改动。不过，不管是从平均商品利润还是整体盈利水平来说，该定价方式可以带来更多的利润。

想象一位在繁忙大街上卖雨伞的商户，当阳光灿烂时，路过的行人没有立即买雨伞的需要。如果他们买了雨伞，那也是在未雨绸缪。因此，在天气好的情况下，顾客对雨伞的感知价值相对较低。但尽管如此，卖家仍可以依靠促销来达到薄利多销的目的。在下雨天时，雨伞的价格可能会上升很多。一位急着去面试的行人在下雨天可能愿意为一把雨伞支

付更高的价格，因为他不愿意浑身湿透了再去面试。因此，卖家可以从每把销售的雨伞中获得更多的利润。换句话说，商品价格是以顾客的感知价值为基础的。

## 二、跨境电商商品的其他定价策略

### 1. 折扣定价策略

利用电商平台的促销功能，设置折扣价是常见的定价策略。折扣价格并不是长期打折，折扣的目的是吸引消费者，一般是在标价的基础上选择一定的折扣，把利润、成本全部标在你的"上架价格"中，并且把快递邮费也包含在标价里，这样往往比较容易吸引客户。卖家也可以定期做一些优惠活动，如"买就送"，参与平台的一些推广活动等。销售量越高，价格越优化，卖家在跨境平台上的排名就越有优势。需要注意的是折扣的英文表达，例如，如果卖家希望将商品打 9 折，其英文应该写"10% off"，而不是"90% off"。

### 2. 引流型定价策略

对于新的跨境店铺，首先要做的就是引流。此时一般的定价策略是，在速卖通等跨境平台输入商品的关键词，找到行业的价格水平，如找到 10 家跨境卖家的价格，取一个价格的平均值，最后把商品的"上架价格"标为"平均值×（1-15%）"的价格。这样卖家可能有亏损，但是这样的标价再结合一定的 P4P 推广，很容易为店铺吸引比较高的流量。这个标价是折扣价格，后期等店铺流量上来以后，卖家可通过调整折扣的方式，把价格调回正常水平。

还有一种引流型定价策略，又被称为"狂人策略"，具体做法是研究同行业卖家、同质商品销售价格，确定行业的最低价，以最低价减去其 5%～15% 的价格为商品的销售价格。用销售价格倒推"上架价格"，不计得失确定成交价。"上架价格"的定价方法有两种。

（1）上架价格=销售价格/（1-15%），此策略费钱，可以用来打造爆款，简单、有效，但不可持续，风险较大；

（2）上架价格=销售价格/（1-30%），此策略略微保守一些，可以通过后期调整折扣来让销售价格回到正常水平。

以上两种定价思路都可以在 15% 折扣下平出或者略亏，作为引流爆款的方法。

### 3. 盈利款式的定价策略

盈利商品的调价能力（也就是商品的溢价能力），是定价策略中最核心的部分。对确定能产生利润的商品，卖家应该在商品品质和供应商供应链能力方面做好把控，其品质必须非常可靠而且稳定，供应商的供应能力（包括库存、研发等）应该完善且持续性强。

一个店铺的优质盈利商品必须具备下面几个特性。

（1）行业竞争不充分、不密集。卖家进入跨境电商平台调研，输入商品的关键词，查询这个阶段有多少竞争对手在卖同系列同款式的商品，查看其排名和商品曝光是不是具备优势。一般来说，同类供应商越密集，商品定价越低，溢价能力越弱。

（2）商品的差异化特征。跨境电商商品应在照片拍摄、商品描述上具备差异化，在功能、属性方面有自己的特点。以女装为例，卖家在拍摄商品照片时聘请国外的专业模特，溢价能力就会提高。在船模型上刻字，给客户提供个性化、差异化的服务，商品溢价能力也会大大提高。

（3）营销推广测试新款。把你的商品推广到 P4P 直通车或者利用 Facebook 等进行营销推广，添加购物车数据越多，溢价能力就会越高。

（4）客户对品牌的印象。品牌和高档仅是客户的感觉，客户会从店铺装修、店铺设计、图片美工、描述等细节感觉这个店铺的专业度和商品的档次，所以卖家一定要在店铺的设计和定位上下足功夫，做好文章。店铺的设计越专业，商品溢价能力越强。

（5）抓住消费的季节性。很多商品会有季节性，如圣诞节、万圣节、情人节。季节性越强的商品，商品的溢价能力越高。

（6）销售量和好评率。这一点最为明显也最为直接。如果店铺的销售量高、好评率高、客户满意度高，商品溢价能力自然也高。

（7）对于供应商的压价能力。如商品是爆款，销量非常大，店铺订货就会采用大额订单的模式，通常这时供应商就会给店铺一个更低廉的价格，店铺就拥有了一个比较大的价格空间，后期的溢价能力也就比较强。

总之，盈利商品是店铺的核心，对于盈利商品，卖家要依靠特色和差异化提升竞争力，要在拍摄、描述方面下足功夫，并且多给商品增加溢价能力；溢价因素越多，商品的后期利润就越高。

## 任务实施

小明将借助基于竞争对手的定价、基于成本的定价以及基于商品价值的定价这三种策略来对指尖陀螺进行定价。

### 一、基于竞争对手的定价

小明首先访问敦煌网买家页面，输入"finger spinner"，发现有 95614 项搜索结果，并且看到了很多店家的销售价格信息（见图 3-10）。

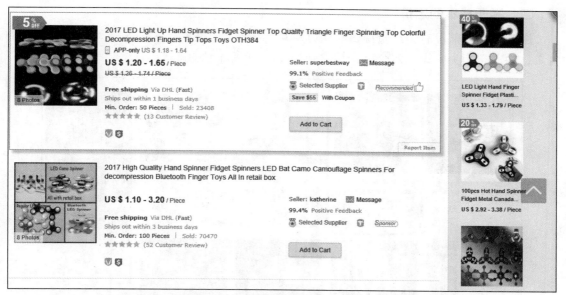

图 3-10　在敦煌网买家页面输入"finger spinner"的搜索结果

小明单击价格"price"标签进行排序，发现价格最低为 0.41 美元（销售量为 7 批，每批含 4 件），最高为 1030.70 美元（销售量为 1 件）。小明单击销量"Bestselling"标签，按照销量从多到少进行排序，总结出了以下信息，如表 3-1 所示。

表 3-1 敦煌网指尖陀螺销量前十家店铺定价表

| 名次 | 销量 | MOQ（件） | 价格范围（美元） |
| --- | --- | --- | --- |
| 1 | 640042 | 30 | 1.94～1.68 |
| 2 | 621100 | 50 | 0.62～1.01 |
| 3 | 621007 | 30 | 1.94～2.68 |
| 4 | 617749 | 50 | 3.72～7.84 |
| 5 | 567435 | 40 | 1.51～2.05 |
| 6 | 563350 | 50 | 1.29～1.70 |
| 7 | 525770 | 30 | 2.14～2.92 |
| 8 | 519440 | 65 | 1.06～1.43 |
| 9 | 494165 | 30 | 2.09～2.86 |
| 10 | 486801 | 65 | 1.06～1.43 |

按照一般做法，小明需要整理出敦煌网销量排在前十页的所有店铺的价格信息，但是工作量太大了！他只整理了前 10 家店铺的信息，发现敦煌网上指尖陀螺销量最高的店铺销售了 640042 批（每批为 30 件），价格范围为 1.94 美元～1.68 美元；销量第二高的店铺销售了 621100 批（每批为 50 件），价格范围为 0.62 美元～1.01 美元。销量第三高的店铺销售了 621007 批（每批为 30 件），价格范围为 1.94 美元～2.68 美元……在此基础上，小明得出前十家店铺的最低定价为 0.62 美元，最高价格为 7.84 美元，最小订单数量区间（MOQ）为 30 件～65 件。根据现有卖家的定价，小明将指尖陀螺的定价范围初步框定在 0.62 美元～7.84 美元。

## 二、基于成本的定价

因为小明目前没有工厂货源，小明打算从阿里巴巴 1688 上寻求货源。小明打开 1688 主页，输入"指尖陀螺"四个字，搜索到如图 3-11 所示信息。

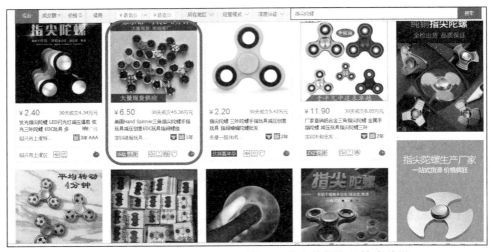

图 3-11 在阿里巴巴 1688 主页输入"指尖陀螺"的搜索结果

小明看到第二家店铺的标题中有"美国 Hand Spinner"字样，心想这种陀螺可能更适合美国市场，因此小明希望从第二家店铺采购 50 件指尖陀螺。他打开第二家店铺的链接，假设他选择采购 A#陀螺，采购价格为 7 元/件。小明先将收货地选择为自家所在地"广东深圳"，然后在 A#陀螺的数量栏输入"50"，他发现快递费由"7 元"变为"23 元"（见图 3-12）。

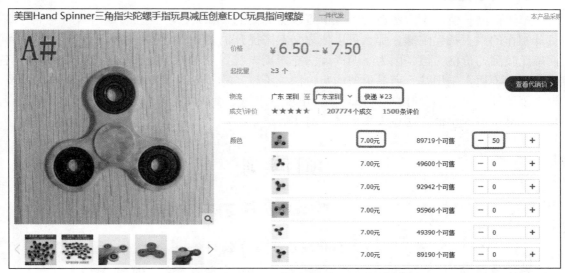

图 3-12　小明在阿里巴巴 1688 网站采购 A#陀螺的操作图

由此可知，小明从阿里巴巴 1688 采购 50 件陀螺的进货成本是 7×50+23=373（元）。

为了提升商品的竞争力，敦煌网上的商品通常会设置为"包邮"（free shipping），因此我们需要计算出从深圳到美国的运费。从详情页可知每个指尖陀螺的重量为 60 克，50 个陀螺的重量为 3 千克。邮政小包只接受 2 千克以内的物品，资费标准为 90.5 元/千克，因此 50 个陀螺要分成两个小包发货，所以跨境物流成本（国际邮费）为 90.5×3+2×8（挂号费）=287.5（元）。定价取决于利润率，以下分两种情况进行讨论。

（1）假定小明打算赚取 20%的利润，即（373+287.5）×20%=132.1（元）。

敦煌网收取的支付手续费率为 2.5%，其他费用都忽略不计，假定美元对人民币的现实汇率为 6.8，为了降低人民币升值的风险，此处将汇率设置为 6.4，则小明的定价将为：

（进货成本+利润+国际邮费）/[（1-支付手续费率）×销售数量×美元对人民币汇率]

=（373+132.1+287.5）/[（1-2.5%）×50×6.4]

=2.51（美元）

注意，这个价格是小明输入敦煌网的售价，敦煌网还要再加收佣金费。假如佣金费为货物价格的 8.5%，那么买家看到的售价将是 2.51/（1-8.5%）=2.74（美元）。

（2）假定小明打算赚取 10%的利润，即（373+287.5）×10%=66.05（元）。

则小明的定价将为：

（进货成本+利润+国际邮费）/[（1-支付手续率）×销售数量×美元对人民币汇率]

=（373+66.05+287.5）/[（1-2.5%）×50×6.4]

=2.33（美元）

加上敦煌网收取的佣金费，买家看到的售价将是 2.33/（1-8.5%）=2.55（美元）。

总之，如果小明想从销售 50 件指尖陀螺中赚取 10%～20%的利润，他在敦煌网卖家平台输入的定价范围将为 2.33 美元～2.51 美元，买家看到的定价范围为 2.55 美元～2.74 美元。同理，可以计算销售 100 件指尖陀螺的定价范围，此处不再赘述。

### 三、基于商品价值的定价

基于商品价值的定价法适合于竞争者较少的商品，如果小明销售的是由国内某个大师设计制作的手工指尖陀螺，那么可以依靠文案来提升消费者的心理价格，进而制定一个利润率比较高的价格。但是因为小明尚无法在短期内找到知名工匠，只是销售普通的指尖陀螺，因此不适合采用基于商品价值的定价法。不过，随着我国大力弘扬"工匠精神"以及国内消费升级，我们有理由相信市场上会出现越来越多由我国工匠打造的独一无二的商品，基于商品价值的定价方法在未来应该大有用武之地。

# 项目实训

## 差异化成就了三家公司

**背景与情景：**

在亚马逊平台上，Anker 一直是一个神话一样的存在。

很多中国卖家都在研究和模仿 Anker，但正如齐白石先生所言："学我者生，似我者死。"真正能够模仿 Anker 而做得很好的，少之又少；但基于对 Anker 的研究和学习，进而做出新的商品、开拓出新的思路的卖家，倒有几家。下面将就此做一个简单的分析。

Anker 以移动电源起家（见图 3-13），一直以黑白色调为主打。Anker 自己调研得出的结论是欧美人更喜欢黑色，所以，打开 Anker 的店铺，黑色调格外明显。同时，Anker 的商品以方正款式为主，商务人士为其首选客户群体，甚至包括亚马逊全球副总裁在做招商推介的时候也说："我来中国出差，用的就是中国品牌 Anker 的移动电源。"

图 3-13　Anker 移动电源

很多想从 Anker 身上学习的卖家，都采取了同样的黑色调和方正款，但由此而成功的案例并不多。但偏偏有两家公司，同样以移动电源为主打，剑走偏锋，选择了和 Anker 不一样的路，却做得非常成功。

Jackery，同样主推方正款式（见图 3-14），却选择了和 Anker 完全不一样的颜色——橙色。Anker 的黑色给人以冰冷沉稳的印象，而 Jackery 的橙色却以鲜活亮眼的色彩吸引了用户的眼球。抛开品质方面的对比不谈，单纯从色彩层面来看，如果说 Anker 是以成年稳重的商务人士为核心客户群，那么 Jackery 则明显可以获得女性群体以及更年轻的消费者的青睐。

亚马逊平台上，在移动电源这个类目下，Anker 占据着霸主地位，而 Jackery 的另辟蹊径也让它活得非常好。从商品 Review 数量可知，Jackery 的销售金额也是以亿元为单位计，将普通卖家远远甩开。

Jackery 之外，另一家移动电源品牌的打造过程就更有意思了。

Lepow，以更加鲜活的形象切入移动电源市场（见图 3-15）。在品牌打造的过程中，Lepow 选取了绿色和黄色为主推色调。同时，在款式的选择上，Lepow 选取了圆润款式甚至带有卡通形象的款式为主打，一下子就俘获了年轻群体的心。在亚马逊平台上，Lepow 起步虽晚，但发展速度很快。

图 3-14　Jackery 移动电源　　　　　　　图 3-15　Lepow 移动电源

回头看这三家的选品思路，Anker 凭首发优势，主要面对商务人士群体，占得移动电源类目的龙头；而 Jackery 在选品中既从 Anker 的发展中看到了商机，同时为了避免与 Anker 正面肉搏，选择从侧翼进入，以亮色调获取了年轻群体的青睐；当 Lepow 想进入移动电源这个市场时，想撼动 Anker 的销售地位已经非常困难，既然无法撼动，就迂回前行吧，你们都针对商务成熟人士，我就选择新人类。于是，它以更加年轻化的群体为目标，做出针对性的颜色和款式优化，也一举获得成功。

**案例解析：**

亚马逊平台的特点是以商品为导向，适合做品牌。但是对于中国卖家来说，在亚马逊上只有"跟卖 Listing"和"自建 Listing"两条路线。亚马逊平台允许多个卖家共用一个商品链接，因此，在一个卖家上传商品后，其他卖家可以在此基础上填写价格信息，售卖同样的商品，也就是跟卖。

跟卖要选择销量好的商品。在亚马逊上跟卖的商品大多数是电子类、汽配、家居和运动器材等标准化商品。不过要明确"跟卖"的母 Listing 是否是品牌，有无侵权风险。但由于同质化商品竞争会带来价格战，跟卖往往没有利润，销量上升很快，风险大，容易导致账号被封的后果。而自建的大多数商品是得到认可的品牌（往往是非标准化和主观性商品，相对比较小众），设计独特，利润有保障，不参与价格战。因此，在这一品牌路线下，选品的核心是考虑这类商品的市场销售容量。

**思考：**

结合上述案例，分析各个跨境电商平台的卖家应该如何选品。

# 项目小结

　　本项目对跨境电商的选品和定价的相关知识进行了讲解，并且模拟了初入跨境电商行业的小明的选品及定价过程，步骤翔实，具有可操作性。

　　在选品方面，选品的考量因素有商品处于生命周期的上升期、便于运输、售后简单、附加值高、具备独特性、价格合理、合规合法。选品的注意事项包括：符合平台特色，遵循平台规则，最大限度地满足目标市场的需求。选品的分类包括主动选品和被动选品；选品的方法有从生活日用品入手的方法和数据分析法。货源的选择包括线上货源和线下货源。

　　在定价方面，商品的价格构成包括进货成本、跨境物流成本、跨境电商平台成本、售后维护成本、其他综合成本、利润6部分。跨境电商商品的定价策略包括基于成本的定价、基于竞争对手的定价和基于商品价值的定价三种策略。

# 习题

**一、判断题**

1. 高仿A货和LV手包可以在亚马逊平台销售。　　　　　　　　　　（　　）
2. 敦煌网的销售对象是大批量采购商。　　　　　　　　　　　　　（　　）
3. 只要跨境电商商品质量够好，定价越高越好。　　　　　　　　　（　　）
4. 只要商品有特色，跨境电商选品可以不考虑平台特色。　　　　　（　　）
5. 敦煌网是免注册费的跨境电商平台，对于交易的商品仅收取支付手续费，不收佣金费。　　　　　　　　　　　　　　　　　　　　　　　　　　　　（　　）

**二、简答题**

1. 简述跨境电商选品与传统贸易选品的异同。
2. 假设你毕业后从事跨境电商出口贸易，请结合家乡的实际情况，谈谈你对选品的理解和想法。
3. 简述跨境电商商品的价格构成。
4. 简述跨境电商商品的定价策略。

**三、实训题**

1. 以某个跨境电商平台为例，选择一种商品并对其定价，要求写出选品的理由及定价步骤。
2. 浏览亚马逊、速卖通、敦煌网三大跨境电商出口平台网站，分析其商品及定价特色，并形成实训报告。

## 项目四

# 商品发布与优化

学习目标

【知识目标】

了解发布商品的步骤；

了解优化商品的方法；

理解文案的重要性；

掌握装修店铺的工具和方法。

【能力目标】

能够整理商品包并能在不同平台上发布商品；

能够使用多种方法优化商品；

能够撰写文案；

能够装修店铺。

# 任务一　商品发布

 任务引入

假定小明选择敦煌网作为跨境电商出口平台，并且决定销售"手机支架"，也就是说小明已经选择好跨境电商出口平台及商品，下一步需要做的事情就是把选择好的商品信息发布到敦煌网上，让顾客可以搜索到。那么，小明该怎么操作呢？

**相关知识**

　　小明现在面临的问题是商品发布问题。小明需要弄明白不同跨境电商平台发布商品的步骤及注意事项，而且还要能够充分利用视觉营销的手段，拟定令人耳目一新的标题，选择搜索关键词，上传高质量的照片，配上令人过目不忘的文案。

　　迎合买家的关注点是卖家发布商品信息取得成效的关键。通常来说，买家的关注点包括商品图片、商品标题、价格、是否包邮、商品功效等信息。那么，卖家发布的商品信息就要包括这些内容：基本信息、销售信息、内容描述、包装信息、运费信息和其他信息等。

## 1.1　整理商品包

### 一、商品包的内容

　　商品包主要包括以下 5 方面内容：

（1）图片——Photo；

（2）标题——Title；

（3）关键词——Key word；

（4）短描——Short description；

（5）长描——Long description。

　　为此，卖家需要在上传商品前整理拟销售商品的上述信息。

### 二、整理商品包时的注意事项

#### 1．图片的注意事项

　　要选择高清、无水印的图片。

#### 2．标题的制作流程和注意事项

（1）标题的制作流程。

　　一个好的标题能很快吸引顾客，尤其对于那些"标题党"来说，其重要性不言而喻。标题的制作流程如图 4-1 所示。

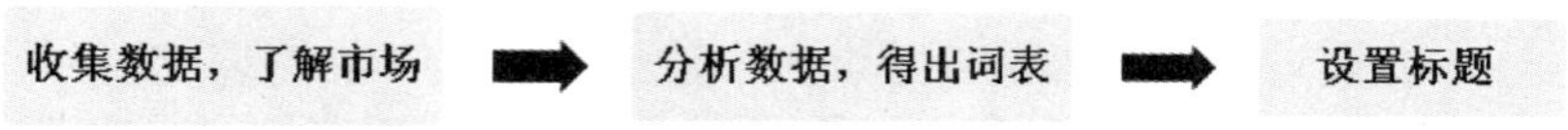

収集数据，了解市场 ➡ 分析数据，得出词表 ➡ 设置标题

图 4-1　标题的制作流程

　　第一步：收集数据，了解市场。收集数据的途径有：①数据纵横；②关注卖家频道、卖家论坛；③eBay、Amazon 等国外电商网站；④Google Trends（谷歌趋势）；⑤海外论坛。

　　第二步：分析数据，得出词表。在搜集数据的同时，观察哪些词出现的频率最高，然后从中找出设置标题的灵感。

　　第三步：设置标题。商品的标题与买家的搜索词具有高度的相关性。

（2）标题设置的策略——三段法。

标题制作的三段法如图 4-2 所示，具体介绍如下。

图 4-2  标题制作三段法

第一段，核心词，即行业热门词，其影响排行和点击率。卖家设置标题时，一定要先了解搜索排序规律，然后才能把顾客最想搜索的关键词设置成自己商品的标题，如"Wedding Dress"。

第二段，属性词，如描述长度、高度、颜色、材质、功能、配置、款式的词，其影响排行和点击率，如"White Wedding Dress"。

第三段，流量词，即能带来流量的词。

（3）标题设置的注意事项。

① 应包括商品关键词，准确的商品关键词能让买家更精准地搜索到卖家的商品；

② 显示商品特点，如颜色、尺寸、风格、材质等；

③ 显示能提供的特色服务；

④ 多用形容词去描述商品，尽量写满关键词，可更多地填写属性，可以引入长尾词流量。

⑤ 符合平台的要求。敦煌网对标题长度的限制为 140 个字符。亚马逊规定，自 2015 年 7 月 15 日起，亚马逊卖家所创建的 listing 标题不能超过 200 个字符。

以"指尖陀螺"为例，敦煌网上一位卖家的标题为"Hot Hand Spinner Fingertips Spiral Fingers Fidget Spinner Toy EDC Hand Spinner Acrylic Plastic Fidgets Gyro Anxiety Toys Gift for Kids"，共 134 个字符。亚马逊一个店家的标题为"Fidget Spinner, HianDIer Metal Rainbow Colorful EDC Spinner Super Quiet Fidget Toys 3-5 Mins Ultra Durable Fast Bearings Finger Toy Unique Pointer Design for ADD, ADHD, Anxiety, Autism Adult Children"，共 197 个字符。可见，标题要尽可能长。

**3. 关键词的设置步骤及注意事项**

（1）商品关键词的设置要分四步完成：第一步，确定核心词使用；第二步，向上延伸，采用更大范围的词，展现更广的覆盖面；第三步，向下延伸，更有针对性，更准确；第四步，平行延伸，近义词、同义词，以及不同组合替代（见图 4-3）。

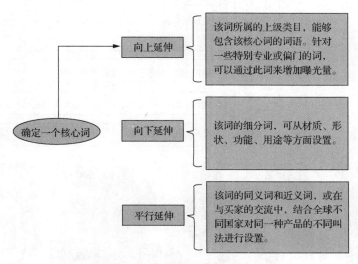

图 4-3  设置关键词的步骤

**案例 1**

### 手机壳商品关键词设置

Step 1　确定核心词。

　　　　phone case

Step 2　向上延伸，更大范围的词，更大的覆盖面。

　　　　phone accessories

Step 3　向下延伸，更有针对性，更准确。

　　　　材质：PU case，leather case，TPU case

　　　　型号：case for iPhone，case for Samsung

　　　　用途：phone protection case

　　　　修饰词：hard case，soft case，waterproof case

Step 4　近义词，同义词，不同组合替换。

　　　　phone cover，mobile case，mobile phone case

图 4-4　手机壳商品

**案例 2**

### 拖鞋商品关键词设置

第一步：确定核心词（如slipper）。

确认核心词
（如slipper）

第二步：向上延伸，更大范围的词，更大的覆盖面。

footwear
fashion shoes
man footwear
lady shoes…

第三步：向下延伸，更有针对性，更多的关键词。

材质：EVA slipper, PVC slipper, plastic slipper…

款式：man slipper, lady slipper, kid slipper, women slipper…

使用场所：outdoor slipper, beach slipper, hotel slipper, bathroom slipper…

用途：sports slipper, promotion slipper, …

修饰词：fashion slipper, latest design slipper, cheap slipper…

更多产品属性的拓展…

第四步：同义词，近义词，不同组合替换

图 4-5　拖鞋商品

（2）关键词挖掘。

关键词挖掘渠道包括站外选词和站内选词（见表 4-1）。

表 4-1　　　　　　　　　　　　　　关键词挖掘渠道

| 站外选词 | 站内选词 |
| --- | --- |
| ① google adwords | ① 选品专家 |
| ② keyword discovery | ② 搜索词分析 |
| ③ watched item | ③ 关键词工具 |
| ④ watchcount | ④ bestselling |
| ⑤ amazon negative reviews get ideas | ⑤ super deals |

### 4. 详情页制作

如何利用图片制作一张好的商品详情页，对于卖家来说非常重要；甚至有时候，许多图片是无法用文字进行描述的。有人说，跨境电商卖的不是商品，而是图片。因为电子商务面对的不是实物，图片能起到变购买欲望为购买行为的实际转化作用。一张详情页可以由多张图片构成（见图 4-6）。

图 4-6　跨境电商商品详情页示例

（1）详情页的制作要求。

① 统一的模板，清晰的结构；

② 高清的图片，整齐的排版；

③ 亮度适合，商品展示充分；

④ 优秀的关联模板，店铺活动。

（2）评价详情页的标准。

① 转化率；

② 平均访问深度；

③ 平均页面停留时间；

④ 跳失率；

⑤ 客单价。

好的详情页，需要具备转化率高、平均访问深度深、平均页面停留时间长、跳失率低、客单价高等特点。其中，最主要的是转化率高。通俗地说就是，顾客浏览了卖家的店铺网页后，下单的比例较高，而不是只看不买；顾客在店铺页面上停留的时间较长；顾客看了某店铺的页面后，又去浏览其他页面，但最终会在该店铺下单；每位顾客购买的平均单价高。

## 1.2 商品发布操作

### 一、发布商品的步骤

商品发布操作要遵循平台的要求，这里仅以敦煌网为例进行说明。敦煌网卖家在发布商品时，通常需要经过七个步骤，即选择商品类目、填写商品基本信息、填写商品销售信息、填写商品内容描述、填写商品包装信息、设置运费、设置其他信息（见图4-7）。

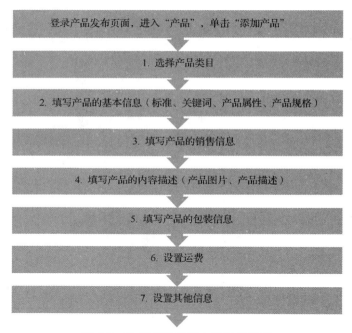

图 4-7　敦煌网卖家发布商品步骤图

### 二、发布商品的注意事项

（1）勿侵权（图片、标题）。

（2）放对类目。

（3）价格正确。

| 案例 3 |

**在阿里巴巴平台发布商品时选错类目所造成的后果**

某公司业务员小刘刚入职公司，公司委派他在阿里巴巴平台发布公司商品。小刘在入职前并不太了解阿里巴巴平台，所以一上手就有点困惑。他通过网络搜索时发现有人建议，在上传商品时，将同一种商品放到不同的商品类目中能有效地提高商品在阿里巴巴平台中的商品排名。他觉得这很有道理，因为在平台中买家最常用的功能就是搜索，而将同一种商品放到不同的商品类目中，肯定会大大提高平台中商品被买家搜索到的概率。于是说干就干，他按网络建议开始上传商品，但是在上传完商品不久就发现，不但商品排名没有明显提升，反而在后台中还出现了很多被提醒的商品，原因是放错了类目。小刘不得不对商品重新进行了调整，重新上架。

**案例分析：**

首先，卖家在阿里巴巴平台操作时，关于商品设置类目存在一个误区，就是认为把商品放到不相干的类目中可以提高商品被搜索到的概率；同时，还有另一种类型的误区，就是认为把商品归到系统推荐的越靠前的类目中，越能提高商品在搜索结果中的排名。其实这一误区主要是由于平台和搜索引擎的搜索机制不同造成的。在专业的搜索引擎中，搜索结果的目标是尽可能多地为用户提供与关键词相关的搜索结果，这种搜索为模糊搜索。然而，在阿里巴巴平台上并不存在这种模糊搜索的情况。

其次，在跨境电商平台中，每个平台对于类目的分类都有所不同，而商品类目是为方便买家在搜索时根据类目来挑选商品而设置的。如果买家在"裤子"这个类目中发现了"衬衫"商品，只会认为是供应商对商品不了解。同时，阿里巴巴平台对于错放类目的商品是会过滤的，对于不符合类目的商品归类，阿里巴巴可能会将之认定为作弊行为，会下调供应商的整站评分。错放类目会影响买家的体验度，平台必定会加大筛选力度。

最后，小刘的做法非但不会像误传的那样使商品在网站搜索结果中的排名提升，还有可能带来相当不好的结果。

---

┃小知识┃

## 全球速卖通平台商品搜索排名规则常见问题

什么是重复铺货？有什么工具可以自查吗？重复铺货会增加商品曝光的概率吗？

目前，平台主要是从商品主图、标题、属性三个角度判断是否重复铺货。判断重复铺货的规则有两个。

规则1：商品主图完全相同，且标题、属性雷同，视为重复信息。

规则2：商品主图不同（如主图为同件商品不同拍摄角度的图片），但标题、属性、价格高度雷同，视为重复信息。

平台已推出重复铺货自查工具。卖家可以在"我的速卖通"首页或"我要销售"——"搜索诊断"页面查看重复商品的信息。

重复铺货不会增加商品曝光的概率，平台还会将重复铺货行为列为搜索作弊行为，原因在于：重复铺货严重影响了买家的选购体验，重复出现同样的商品，增加了买家的选购成本。重复铺货不会使卖家得到更多的曝光机会，反而会严重影响商品的排名。

---

┃案例4┃

## 重复铺货的情形

情形一：同一个卖家的同一件商品，商品主图完全相同，且标题、属性高度雷同（见图4-8）。

Girls skirts petticoats girls dresses Pleated skirt lace cotton girls clothes short baby dresses baby skirt under dress SH486

Price: US $89.47 / lot (1 - 2 Lots)
15 pieces / lot , $4.91 - 5.96 / piece
Bulk Price: US $84.21 / lot (>2 lot ) View More ▼
Quantity: 1 lot
Shipping Cost: Free Shipping to United States Via E
Processing Time: Ships out within 3 days
Total Price: US $89.47

Girls skirts petticoats girls dresses Pleated skirt lace cotton girls clothes short baby dresses baby skirt under dress SH486

Price: US $89.47 / lot (1 - 2 Lots)
15 pieces / lot , $4.91 - 5.96 / piece
Bulk Price: US $84.21 / lot (>2 lot ) View More ▼
Quantity: 1 lot
Shipping Cost: Free Shipping to United States Via EMS
Processing Time: Ships out within 3 days
Total Price: US $89.47

图 4-8　重复铺货情形（1）

情形二：同一个卖家的同一件商品，商品主图为不同角度拍摄的，但标题、属性、价格高度雷同，视为重复信息（见图 4-9）。

free shipping hot selling 2011 new Noble princess was thin and elegant navy blue strapless dress irregular

Price: US $63.16 / lot (1 - 3 Lots)
5 pieces / lot, $10.53 - 12.63 / piece
Bulk Price: US $61.05 / lot (>3 Lots ) View More ▼
Quantity: 1 lot
Shipping Cost: US $3.38 to
United States Via China Post Air Mail
Processing Time: Ships out within 3 days
Total Price: US $66.54

free shipping hot selling 2011 new Noble princess was thin and elegant navy blue strapless dress irregular

Price: US $63.16 / lot (1 - 3 Lots)
5 pieces / lot, $10.53 - 12.63 / piece
Bulk Price: US $61.05 / lot (>3 Lots ) View More ▼
Quantity: 1 lot
Shipping Cost: US $3.38 to
United States Via China Post Air Mail
Processing Time: Ships out within 3 days
Total Price: US $66.54

图 4-9　重复铺货情形（2）

　　情形三：同一个卖家的不同商品，商品主图的大小不同，但标题、价格、属性高度雷同，视为重复信息（见图 4-10）。

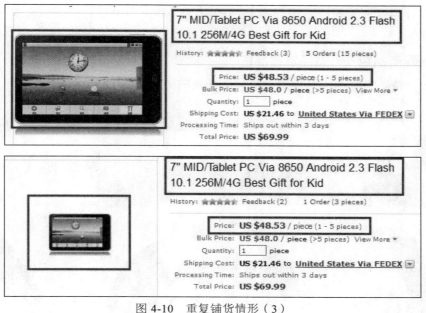

图 4-10　重复铺货情形（3）

　　情形四：同一个卖家的同一件商品，商品主图为不同颜色，但标题、属性、价格高度雷同，视为重复信息（见图 4-11）。

图 4-11　重复铺货情形（4）

**任务实施**

考虑到敦煌网无注册资本金及准入门槛限制，操作简单易行，所以此部分以敦煌网为例进行说明。

### 一、整理商品包——商品发布准备

第一步：整理 8 张图片，要求未侵权、无水印（见图 4-12）。

图 4-12　手机支架商品图片信息

第二步：拟定标题。

"Universal Solid Aluminum Alloy Metal Mobile Phone Desktop Stand Mount Holder for Smartphones and Most 7-Inch Tablet - Black/Blue/Gold/Silver"，刚好为 140 个字符。

第三步：设置关键词。

设置了 3 个关键词，分别是：universal phone stand；phone desktop stand；solid aluminum alloy metal mobile phone。

第四步：整理短描。

"Six colours, Size：73mm × 63mm × 76 mm; Net weight approximate 102 grams per piece;Widely used.Perfect for desk or table to watch movies, read etc."商品短描的特色在于短小，信息量大。

第五步：整理长描。

Compatible with most smartphone and tablet.

Innovations design, you could enjoy your favorite movies or videos but do not have to worry about your device's power.

Angled support for video watching sync charging your device cellphone and tablet are not included.

Question: Will iPhone 6 plus fit on the stand with a Otter Box Commuter case on?

Answer: Although I don't have the Commuter case to give you a certain answer, the problem with the Defender case is there is a rubber flap that has to flap open when charging that gets in the way. I cut a 3/4 inch section off the aluminum stand so now it fits.

Question: Will my T-mobile concord 11 fit this docking station?

Answer: I have iPhones. Works great.

Question: Will this fit for Samsung galaxys active?

Answer: Not if the phone is in protective case."

以上长描的信息量更多，列出了买家可能遇到的问题，并且给予解答，有助于消除买家的疑虑。

## 二、发布商品

发布商品需要先登录敦煌网卖家界面，单击"我的DHgate"—"商品"，然后单击"商品管理"，再单击"添加新商品"（见图 4-13），然后按照以下七个步骤进行操作即可。

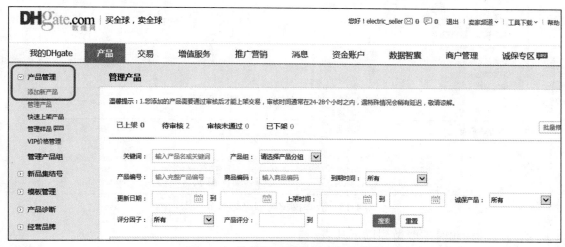

图 4-13　敦煌网"添加新商品"界面

第一步：选择商品类目。

选择商品类目的方法有两种：一种是输入"商品关键词"，通过快速查找方式选择类目；另一种是卖家通过类目逐级选择。此处以第一种方法为例。如图 4-14 所示，通过输入"Universal phone stand"，敦煌网给出了 5 个可供选择的类目；第一个"手机和手机附件>>手机附件>>手机支架/底座"最接近，用鼠标单击选择该类目，之后再单击"立即去发布新商品"即可。

第二步：填写商品的基本信息。

商品类目选择好之后，进入上传商品信息页面，填写商品的基本信息。

### 1. 标题

标题是匹配关键词搜索、影响商品曝光率的关键，须使用英文填写。标题要清楚、完整、形象（见图 4-15）。

图 4-14　敦煌网选择商品类目界面

图 4-15　敦煌网填写商品标题界面

填写商品标题时需要做到以下几点。

（1）商品标题要包含商品的关键信息及销售亮点，如商品名称、性能、特点、颜色、功能等。

（2）包含此类商品常见的关键词。

（3）使用空格间隔，避免使用标点符号。

（4）尽量多填入一些能够让买家在查找物品时会搜索到的词，不超过 140 个字符即可。

（5）对于免运费和批发类的商品，敦煌网会自动标识，因此在标题中不需要写出"Free Shipping"和"Whole sale"。

（6）遵守英文标题的书写规则。

### 2.　关键词

关键词是用户在使用搜索引擎时输入的、能够概括用户所要查找的信息内容的字或词，建议使用能突出商品特点与销售优势的词（见图 4-16）。

图 4-16　敦煌网添加关键词界面

### 3. 商品属性

商品属性是对商品特征的补充说明，卖家在填写时要完整，要尽量详细准确地填写系统推荐的属性和自定义商品属性，这样可以方便买家更精确地搜索到商品，提高商品曝光的机会，更重要的是让买家清晰地了解该商品的属性，减少买家的顾虑和沟通的成本，提升交易的成功率。自定义属性默认显示一行，单击"添加更多"便增加一行，最多可以添加 5 行。本例中，商品为"无品牌"，适用型号为"通用型"（Universal）（见图 4-17）。

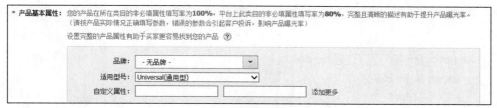

图 4-17　敦煌网添加商品属性界面

### 4. 商品规格

商品规格是对商品名称中不能体现的商品参数信息的补充，一般包含关于颜色、尺寸、款式、配件、贸易方式等关键词，以便买家能搜索到该商品。商品的规格与商品的售价是对应的，同类商品的不同规格可以有不同的售价，必要时可以设置"自定义规格"。本例中，商品有 5 种颜色（Black/Blue/Gold/Rose Gold/Silver），如图 4-18 所示。

产品规格：产品的不同规格，可以设置不同的零售价，并在前台展示给买家

* 颜色 ❶：为提升买家购物体验，促进购买！上传自定义的属性值图片会优先在产品详情页关联展示。

☑ Black(黑色)　☐ Gray(灰色)　☐ Green(绿色)　☐ Mixed Color(混合)　☐ Pink(粉色)
☐ Red(红色)　☑ Silver(银色)　☐ White(白色)　☑ Blue(蓝色)　☑ Gold(金色)　☐ Orange(橙色)
☐ Purple(紫色)　☑ Rose Gold(玫瑰金)　☐ Yellow(黄色)　☐ Navy Blue(藏青色)　☐ Wine Red(酒红)
☐ Champagne Gold(香槟金)　☐ Light Blue(浅蓝)　☐ Dark Purple(深紫)　☐ Dark Brown(深棕)
☐ Dark Green(深绿)　☐ Grass Green(草绿)　☐ Mint Green(薄荷绿)　☐ Fluorescence Green(荧光绿)
☐ Light Brown(浅棕)　☐ Light Purple(浅紫)　☐ Light Green(浅绿)　☐ Dark Blue(深蓝)

| 颜色分类 | | 自定义颜色图片（图片格式JPG,大小200k以内,可不添加） |
|---|---|---|
| 蓝色 | Blue | 选择图片 |
| 黑色 | Black | 选择图片 |
| 金色 | Gold | 选择图片 |
| 玫瑰金 | Rose Gold | 选择图片 |
| 银色 | Silver | 选择图片 |

自定义规格

➕ 增加自定义规格

图 4-18　敦煌网填写商品规格界面

第三步：填写商品销售信息。

在商品销售信息中，卖家需要一次性填写以下内容：销售计量单位、销售方式、备货状态、备货期及商品价格区间。

商品价格区间与前面的"自定义规格"是对应的。例如，在自定义规格中设置了颜色

"Red"和"Yellow"，那么商品价格可以采用统一设置价格和按照颜色设置价格两种方式。本例中，卖家的销售计量单位为"件"（Piece），销售方式为"按件卖"，备货状态为"有备货，备货所在地中国"，备货期为"4天（有备货的商品，备货期小于等于4天）"，商品价格区间采取"统一设置价格"的方式。在设置价格时，会出现"买家价格"和"实际收入"，分别表示买家购买此商品的付款金额和卖家售出此商品的收入。单击"阶梯佣金计算公式"可以了解佣金的计算方式（见图4-19）。

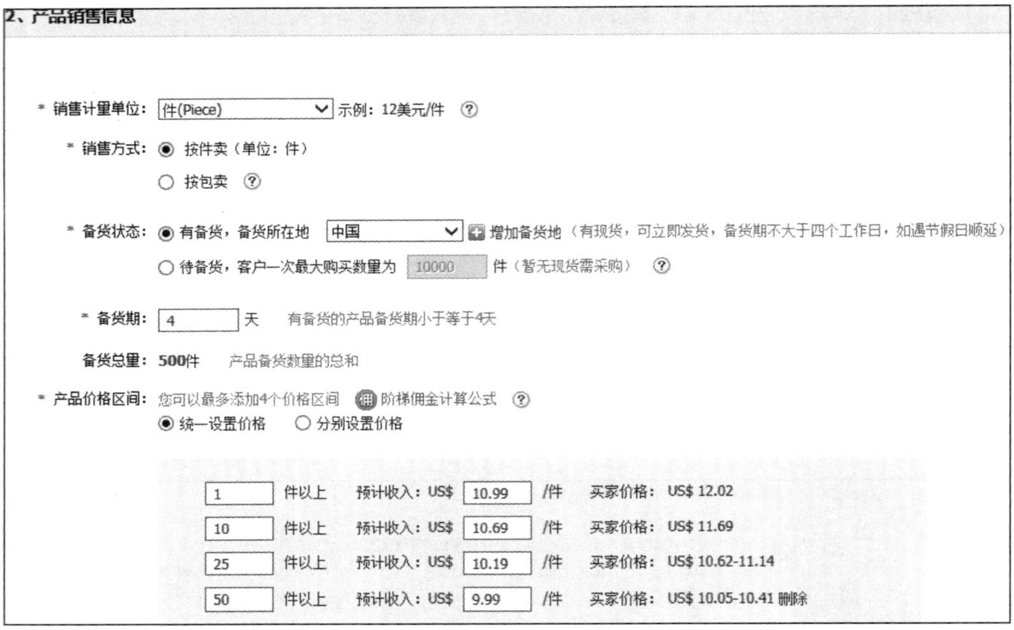

图 4-19　敦煌网填写商品销售信息界面

第四步：填写商品内容描述。

### 1. 商品图片

跨境电商网店的图片可以在店铺没有做任何付费推广的情况下吸引到很多流量，为卖家节省大笔推广费用（见图4-20）。

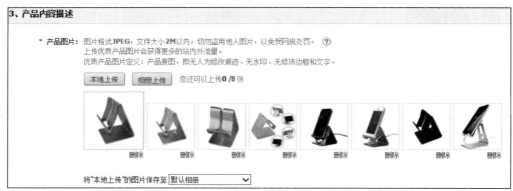

图 4-20　敦煌网上传商品图片界面

无论买家是通过关键词搜索还是通过类目搜索，其最先看到的图片（即主图中的第一张图）叫首图，首图将会在商品的列表页展示出来。首图能够极大地影响买家在商品页面停留的时间，也极大地影响店铺的转化率，因此卖家要选择能够充分展示商品状态的图片（见图 4-21）。

图 4-21　敦煌网商品首图和首图的位置

上传商品图片时需要注意以下几点。

（1）不要抄袭其他卖家的图片，以免受到平台的处罚。

（2）要尽量有正面、侧面、背面、细节、包装等图片。

（3）图片格式为 JPEG，大小为 2M 以内，分辨率不低于 800 像素×800 像素，选择正方形且尺寸统一的图片。

（4）最好传够 8 张图片。

**2．商品描述**

商品描述是让买家全方位了解商品并形成下单意向的重要因素，分为"高级分类管理""商品组""商品简短描述"（短描）和"商品详细描述"（长描）。本例销售的手机支架不具备成人属性，因此在高级分类管理中选择"非成人属性"。商品的分组选择"phone accessaries"中的"phone stand"。短描使用流畅的语言补充描述商品，切忌重复标题和堆砌关键词。长描是将商品名称和规格说明中不能涵盖的商品信息进一步详细地展示给买家，将买家比较关注的商品信息展示出来，让买家尽可能多地了解商品，同时也体现卖家的专业性，进行自我推销。此处选择敦煌网自带的模板进行说明（见图 4-22）。

通常情况下，商品的详细描述包含以下几个方面。

（1）更多的商品图片（More Pictures）。

（2）商品参数和信息（Specifications & Description）。服装类商品建议描述材质、颜色、测量方法、尺码，有的内容根据情况自定义。

（3）使用说明（Direction for Use）。

（4）商品的包装、物流方式等（Package & Shipping）。

（5）售后服务及退换货说明（After Sale Service & Returns）。

（6）关于我们（About Us）。

（7）其他推荐（Recommend Hot Items）。

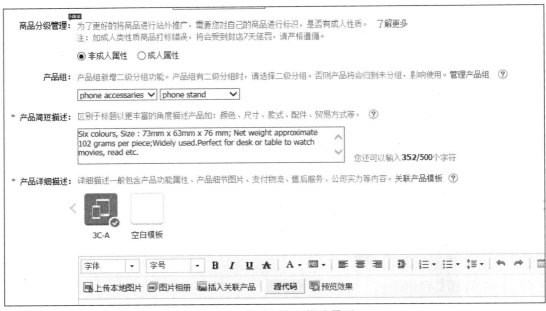

图 4-22　敦煌网商品描述界面

由于面对的是海外买家，所以商品描述要使用英文撰写。卖家也可以单击商品上传页右侧的"在线翻译"，将中文商品信息翻译成英文。另外，敦煌网对商品长描的要求是：严禁留下任何形式的私人联系方式。

第五步：填写商品包装信息。

商品包装信息包括包装后的重量和尺寸以及商品计重阶梯设定。

### 1. 包装后的重量和尺寸

填写商品包装后的重量和尺寸务必准确，因为当卖家设置了非免运费运输方式时，系统会根据所填写的重量和尺寸自动计算出买家应付的运费。错误的重量和尺寸将会导致买家支付错误的运费，卖家有可能因此而遭到投诉。商品包装后的重量及尺寸的填写如图 4-23所示。

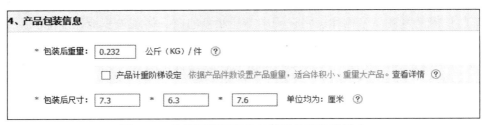

图 4-23　敦煌网填写商品包装后的重量及尺寸

### 2. 商品计重阶梯设定

商品的运费与商品的包装信息密切相关。考虑到部分商品的包装重量并不是随着商品的数量等比例增加的，所以对于商品包装重量比较大、体积比较小的商品，敦煌网提供了自定义重量计算功能，避免系统计算的运费过分高于商品实际运费的情况。商品计重阶梯设定如图 4-24 所示。

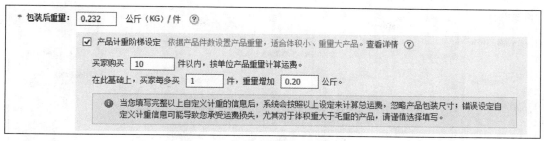

图 4-24 敦煌网商品计重阶梯设定

第六步：设置运费。

敦煌网的运费设置分为四类。

（1）标准运费，这是物流商的官方报价，是根据商品的重量、体积、运费折扣自动计算的所有国家（地区）的标准运费。

（2）免运费，指由卖家承担运费。这种方式易被买家接受，且具有排序优势，但它只是免除部分国家（地区）的运费，其余国家（地区）是标准运费。

（3）自定义运费，指卖家设置的运费。

（4）仓库运费，指与敦煌网合作的在线发货仓库的报价，如 DHL 的仓库运费低至 2～3 折。

如果是第一次上传商品，卖家可以使用敦煌网提供的"新手运费模板"，它提供了适用国家（地区）多、运费价格低廉的物流方式（见图 4-25）。

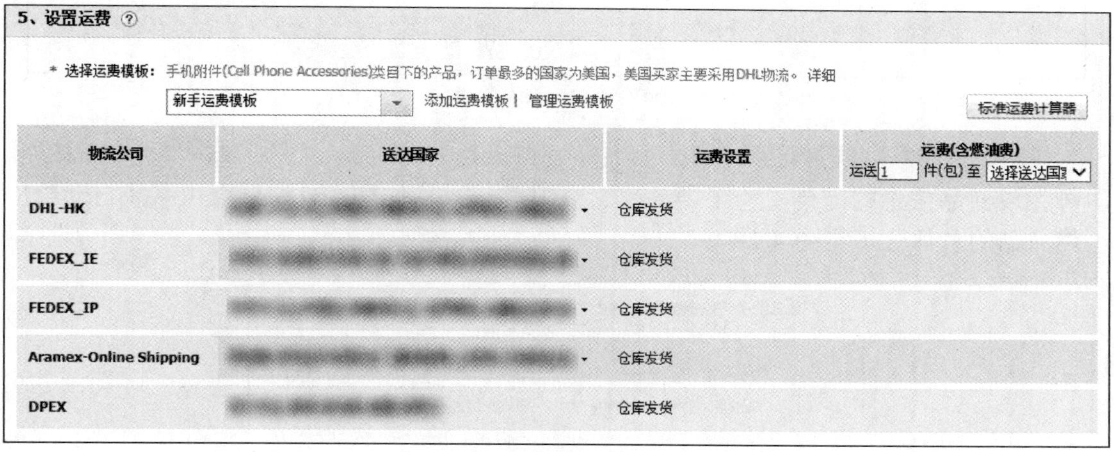

图 4-25 敦煌网新手运费模板

当然，卖家也可以自行设置运费模板（见图 4-26）。

第七步：设置其他信息。

卖家在设置其他信息时，要特别注意的是商品的有效期。商品的有效期指的是从发布商品信息成功那天开始，到商品信息在平台上停止展示那天为止的时间段。商品过了有效期，若没有及时更新，商品就会自动下架。所以，为了保证商品的正常销售，卖家应及时更新商品的有效期。本例中，商品有效期选择"30 天"，售后服务模板选择"默认模板"（见图 4-27）。

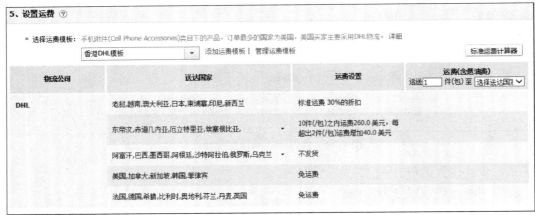

图 4-26 敦煌网香港地区 DHL 模板

图 4-27 敦煌网其他信息填写

最后，卖家在"同意接受《敦煌网商品发布规则》"前面打"√"，单击"提交"按钮，即可完成商品信息的上传。为了帮助卖家有效填写商品信息，敦煌网会由系统自动给出上传商品的总评分（见图 4-28）。

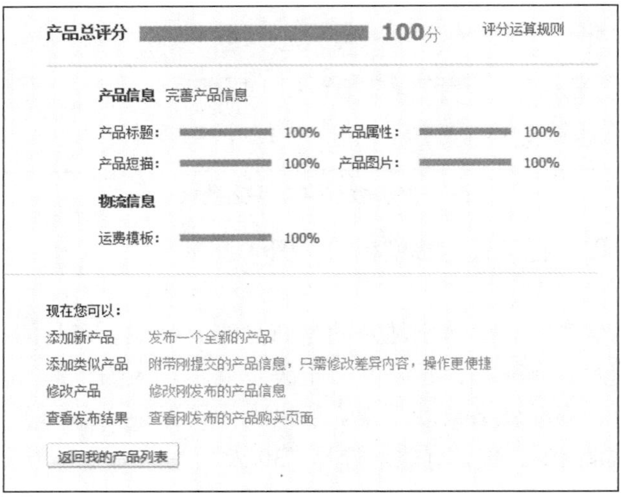

图 4-28 敦煌网上传商品评分界面

# 任务二　商品优化

## 任务引入

假定小明已经将手机支架商品上传至敦煌网，而且敦煌网已通过审核。经营了一段时间后，小明发现存在访问流量下降、销售额下降、转化率低等问题。那么，小明该怎么做才能改变这一状况呢？

## 相关知识

小明面临的问题是商品优化问题。小明需要从商品的标题、详细描述、价格等方面进行优化。

## 2.1　对商品标题进行优化

### 一、商品标题需要优化的情形

（1）档期内滞销。如果卖家上传的商品浏览量低或者访客数少的情况超过心理预期，如两周、30天、60天等，那么可以着手对标题进行优化。

（2）在同款商品竞争中居于弱势。如果卖家上传的商品与平台上其他店铺的同款商品销量相比，明显处于竞争弱势，而价格相差不大，卖家就可以着手对标题进行优化。

（3）曝光量低，跳失率高。当商品曝光量低、跳失率高时，可能是因为标题未能将商品的属性、卖点等信息充分展现。为让潜在买家感受到商品的价值，卖家可以着手对标题进行优化。

### 二、商品标题优化的技巧

新品上架时，卖家在对新商品不熟悉的情况下，可采用店铺免费的推广手段，如限时限量折扣、全店铺打折、满立减、发放优惠券等方式进行推广。一段时间后，卖家可根据相关商品的数据，对商品标题进行优化。

技巧1：敦煌网买家频道——搜索联想。

敦煌网卖家可以使用敦煌网买家频道的搜索联想，发现买家的热搜词（见图4-29）。

技巧2：借鉴爆款标题。

敦煌网的卖家也可以借鉴爆款标题。寻找爆款的方法为：在敦煌网买家频道输入关键词后，根据Bestselling进行排序，销量最大的即是爆款（见图4-30）。

技巧3：参考eBay、亚马逊等跨境电商网站的标题。

敦煌网卖家可以参考其他跨境电商平台卖家的做法，模仿其撰写的材质、长短、图案类型等细节（见图4-31）。

图 4-29　敦煌网买家频道搜索联想

图 4-30　借鉴敦煌网爆款标题拟定标题

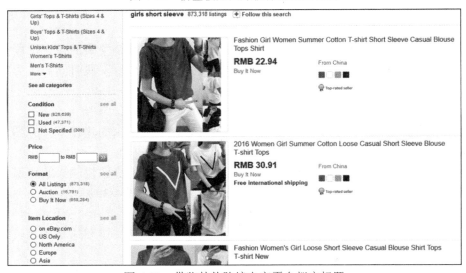

图 4-31　借鉴其他跨境电商平台拟定标题

技巧 4：筛选关键词。

（1）建立商品关键词库。在优化标题前，先建立商品关键词库，尽可能找出所有能描述、修饰该商品的关键词。

（2）准备描述商品的关键词。从关键词库里筛选出能准确描述该商品的关键词。

（3）通过商品类目点击搜索，参考竞品关键词。使用竞品关键词搜索，再与自身商品进行比较，如果与自身商品相符，则保留竞品标题里的热搜词。

（4）使用搜索栏目自动推荐关键词。搜索栏下拉框会自动弹出当前的热搜词或相关商品使用度较高的关键词，以及与搜索词相关的长尾关键词，供卖家参考。

（5）参考站内工具提供的关键词。速卖通平台的"数据纵横"板块提供关键词分析工具，可供卖家参考使用。

（6）使用站外工具。

常用的站外工具有三个。

第一个是 Google AdWords。卖家可以注册登录，制作自己的广告。这里要说的是，其中的"关键词规划师"对操作有非常详细的说明，当卖家把信息填写完成后，将会出现具体的参数提示，包括搜索量变化趋势、广告组竞争度等。

第二个是 eBay 的 WatchCount，它同样可以用于站外关键词搜索。

第三个是 Keyword Spy，卖家可以在其中看到关键词的各种数据及付费参考。

---

**案例 5**

### 商品标题优化示例

乔娜于 2017 年 6 月发布了一款女士真皮鳄鱼纹钱包，原标题为：

2017 women fashionable genuine crocodile veins wallet/purse.

发布两周后，乔娜发现流量不佳。她通过数据分析后发现"purses and bags"的搜索人气较高，与所发布商品的匹配度高，因此将标题修改为：

2017 new fashion women genuine wallet/purse/handbag with crocodile veins hot sale.

---

技巧 5：重要词语写在前面。

考虑到买家的阅读习惯，建议把商品的材质、特点、销售方式、商品名称等关键词靠前展示，将物流、运费、服务等内容放在后面。

技巧 6：恰当使用促销词（通用词）。

促销词虽然与商品本身没有紧密的联系，但是这类词却有出其不意的效果，例如"gift for Valentine's day""factory shop""custom""the lowest price""hot sale""best selling"。促销词不仅能补充说明商品的属性、功能，还能触动买家的购物心理。因此，促销词如果使用得当，也是标题优化的重要一环。

## 2.2　对商品详细描述进行优化

### 一、完善基本信息

买家受到图片和标题的吸引，单击进入商品详情页后，首先看到的是商品的基本信息。凡是平台上要求填写的信息，卖家都应该根据商品情况正确填写。商品发布页面会提示该商品属性在平台上的平均完整度，卖家在填写属性时应尽量高于该平均值，以增加商品被搜索的机会。

## 二、优化图片

### 1. 优化主图

主图可放 8 张，卖家应充分利用图片功能，注重首图的展示效果，可以从正面、侧面、反面、细节、包装等方面呈现商品。

（1）图片的大小。

图片的大小建议为 800 像素×800 像素，图片为 JPEG 格式。

（2）图片背景。

背景应简明清晰，色彩对比鲜明，如图 4-32 所示。

图 4-32　图片示例

（3）图片上杜绝出现中文。

如果图片上出现中文信息，会影响买家读取信息，降低买家的购物体验。卖家要努力将图片上的中文信息转化为英文或目标客户的常用语言。

（4）不要过分修图。

尽管视觉效果绝佳的图片能带来更多的点击与购买，但是过分修饰图片，会直接导致客户产生较高的期望值。待客户收到实物，更容易引起失望情绪，轻则给予卖家差评，重则投诉卖家，要求退换货。因此，这对卖家来说得不偿失。

（5）图片的排版。

在商品颜色较多的情况下，应重点突出一个单品。卖家可选择当前流行的颜色款或颜色最热销款作为主推商品，将其图片放大，而将其他颜色的图片缩小，如图 4-33（a）所示。

卖家应重视模特效果图。从吸引力上说，使用模特的效果好过不用模特的效果，如图 4-33（b）所示。

单张图片可以加上多角度拍摄的图片，一张图就可以全面展示商品，如图 4-33（c）所示。

如果卖家想突出商品的卖点，可以用单品图加细节图的方式处理，如图 4-33（d）所示。

图片加上简洁的促销、打折语也可以增加点击量，如 "hot" "50% off"。

（6）图片上不要带有明显的站外联系方式。

图 4-33 图片展示示例

## 2. 优化详情图

详情图建议在 15 张以内,以 8～12 张为宜,以节省买家打开网页的时间和流量。未来手机端是发展趋势,详情页的图片会趋向于少而精。详情页中商品的参数、包装方式要详写。商品的参数越详细,越能体现卖家对商品的熟悉程度,买家会自然地觉得卖家很"专业",可以信赖。而包装方式既体现了卖家的经营实力,也说明了卖家对物流的熟悉程度。卖家将打包好的商品图片呈现在买家面前,会让买家有"已经拿到实物"的感觉。商品详情页的部分描述如图 4-34 所示。

```
Hair Material : 100% Unprocessed Brazilian Virgin Human Hair Weaves
Hair Feature:
1.100% Real Virgin Human Hair Weaves
2.Soft, Smooth, Full Cuticle, Double Weft
3.Natural Hair, No Smell, No Shedding, No Tangle Virgin Human Hair Weaves
4.With Thick Bottom, No Short Hair. Can be Curled, Straightened
5.Hair Weft : No shedding No tangle, True to Length &Double Strong Weft
6.Hair Length: 8Inch-28 Inch Human Hair Weaves
7.100% Top Hand Selected Human Hair Without Synthetic and Animal Hair
8.Hair Style: Straight Hair, Body Wave,Curly Hair, Loose Wave,and Deep Wave Hair Extension, Virgin Human Hair Weaves
9.Hair Type: Brazilian/Peruvian/Indian/Malaysian/Mongolian Virgin Human Hair Weaves
```

图 4-34 商品详情描述

## 三、优化文案

电商主要依靠色彩、图片和文字来传达信息。视觉是我们看到的表象,思想才是隐藏在背后的核心和灵魂。好的文章可以体现卖家对于商品的熟悉和热爱以及对于买家的理解与尊重。

### 1. 设置问候语

买家光顾店铺，卖家应该积极回应。因此在展示商品之前，卖家可以先设置问候语，欢迎买家光临选购并表达感谢之情，预祝买家购物愉快。有很多店铺忽视了这一点，而销量好的店铺大都设置了问候语（见图 4-35）。

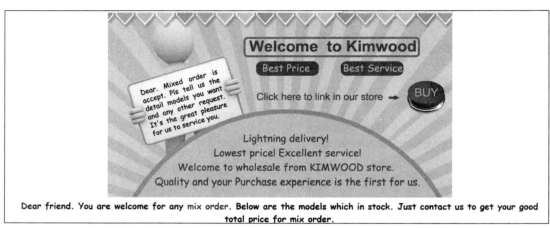

图 4-35　店铺问候语

### 2. 优化购物须知

不同的店铺会有不同的营销方式。在买家选购商品之前，卖家应尽可能设身处地地为买家着想，将买家购物时可能遇到的问题收集起来，以购物须知的方式呈现在买家面前，解决买家的后顾之忧，如图 4-36、图 4-37 所示。如果店铺有优惠活动，卖家应提醒买家活动时限，指导买家使用店铺优惠券。

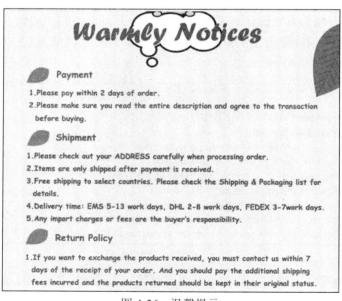

图 4-36　温馨提示

图 4-37　物流信息

### 3. 优化商品描述

商品描述根据不同角度可以划分为以下五类。

（1）商品展示类。

可通过图文结合的方式，展示商品的色彩、细节、优点、卖点、包装、搭配及效果（见图 4-38）。

图 4-38　商品展示

（2）实力展示类。

主要展示商品的品牌、荣誉、资质、销量、生产及仓储情况（见图 4-39）。

图 4-39　证书展示

（3）吸引购买类。

主要通过对商品卖点的描述以及细腻的情感打动买家。还可以通过展示买家评价、热销盛况刺激买家购买（见图 4-40）。

图 4-40　买家评价

（4）交易说明类。

对商品的购买、付款、收货、验货、退换货、保修均做出说明，解决买家的后顾之忧（见图 4-41）。

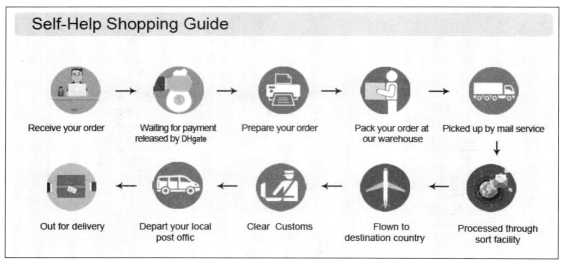

图 4-41　商品购买指示

（5）促销说明类。

展示当前的热销商品、搭配商品、促销活动和优惠方式，让利给买家（见图 4-42）。

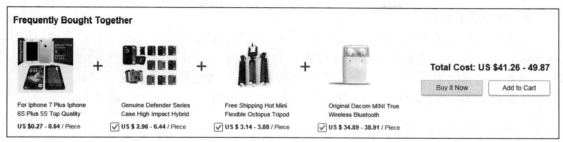

图 4-42　组合购买

### 4. 增加卖家承诺

卖家应以目标客户习惯的语言方式给予承诺，以增强买家的信任感（见图 4-43）。

**Warranty:** Make Sure every glass is top quality as we will check everyone before shipping. We will send replace glasses to you or make part refund for you if there are some broken during the shipping process. Cordially.

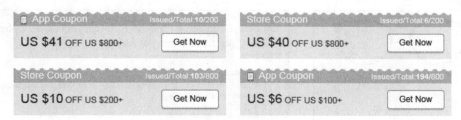

图 4-43　卖家承诺

### 5. 指导买家购物

在电商平台上，文字代表着语言的力量。卖家可用一段浅显的文字，指导买家如何挑选商品，如何选择物流，如何付款，如何参与店铺活动，如何使用店铺或平台的优惠券等，这些都能拉近卖家与买家的距离，提升买家的购物体验，提高商品的销量（见图 4-44）。

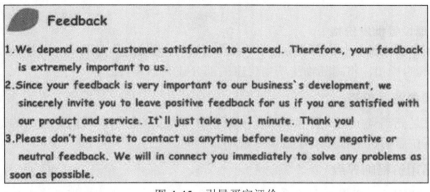

图 4-44　优惠券领取

### 6. 引导买家评价

良好的购物体验能给予其他买家参考。卖家邀请买家对商品进行评分，既是对买家的尊重，也是对后续购买者释放的一个信号，表现出卖家的经营热情（见图 4-45）。

**Feedback**

1.We depend on our customer satisfaction to succeed. Therefore, your feedback is extremely important to us.
2.Since your feedback is very important to our business`s development, we sincerely invite you to leave positive feedback for us if you are satisfied with our product and service. It`ll just take you 1 minute. Thank you!
3.Please don't hesitate to contact us anytime before leaving any negative or neutral feedback. We will in connect you immediately to solve any problems as soon as possible.

图 4-45　引导买家评价

### 7．鼓励买家忠诚

卖家可以邀请买家成为本店的会员，以优惠的方式鼓励买家在本店消费，获得长期忠诚的客户，提升商品销量和店铺的回头率。

另外，优秀的卖家不仅能了解客户的购买需求，还能引导客户的购买需求。对当前商品的优缺点做进一步的分析，引导买家购买有上升需求的商品，也是一种不错的选择。

## 2.3 对商品价格进行优化

价格影响商品在平台上的排名，左右点击率，最终决定买家是否下单购买。

### 一、商品自我优化

#### 1．降低出单数较少的商品的价格，形成价格区间

将店铺出单数最少的商品的价格设低一些，刺激买家浏览和购买。

---

**|案例6|**

### 价格优化案例

乔娜在亚马逊平台上发布了一款眼镜，定价为 9.99 元。之后，她发现绿/银色的比较难卖，因此将该色眼镜的价格设置为最低，为 6.99 美元；其他颜色的价格不变，最终商品售价上会显示一个价格区间 6.99 美元～9.99 美元（见图 4-46）。如果买家按照价格从低到高搜索，就比较容易看到该商品，从而增加了商品的曝光率。

 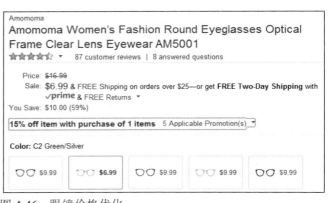

图 4-46 眼镜价格优化

---

#### 2．合理设置批发价格

为了刺激买家购买，2 件及以上商品（重量在物流规定的范围内）可按批发价算，给予 3%～10%的折扣，将国际物流费用优惠的部分让利给客户。

### 二、参考竞品价格

平台总是充满竞争的。卖家优化商品需要参考竞品的价格。因此，竞品的进货价格、折扣率和折扣后的价格都是卖家需要了解和分析的。

### 三、巧用价格临界点

买家在购物时，心里会有预算，会以数字 0 或 5 作为价格的临界点，例如，卖家把商

品的价格设为 10 美元，就不如设置为 9.99 美元，因为这样会让买家觉得没有超过预算，下单会更加干脆。

### 任务实施

#### 一、优化商品标题

第一步：找出敦煌网中与"手机支架"相关的热搜词。

具体的做法是在敦煌网买家主页搜索栏输入"phone s"，然后就可以看到买家在敦煌网搜索的相关词条，其中数量最多的词条是"phone stand holders"，有 15980 条；其次是"phone stands for desk"，有 462 条（见图 4-47）。

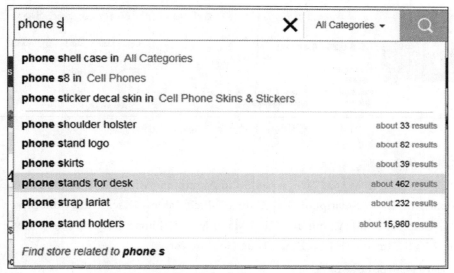

图 4-47　在敦煌网输入"phone s"的搜索下拉项

第二步：修改关键词。

之前的关键词为"universal phone stands，phone desktop stands，solid aluminum alloy metal mobile phone"，共三个。现在将关键词修改为"universal phone stands，phone stand holders，phone stands for desk"，共三个。

第三步：找出敦煌网中销售手机支架的热门标题。

考虑到已经发现"phone stand holders"为买家热搜词，因此在敦煌网买家主页搜索栏输入"phone stand holders"，敦煌网显示有 11648 个结果，看来有这么多卖家将买家的热搜词设置为关键词。单击 Bestselling，可以看到销量最大的手机支架的标题为"Colorful Mobile Phones Tripod Mount Adapter Stand Holder Clips Bracket Monopod Selfie Clips"，销量为 82001 件。这个店家销售的商品为三脚架或单脚架上的手机支架，与我们销售的商品不同；这个标题的可取之处在于它使用了"colorful"（彩色的）这个形容词（见图 4-48）。手机支架销量第二高的标题为"Universal Foldable Mini Stand Portable Folding Holder for Cell Phones iPhone 7 7s 8 Samsung HTC"，这个标题的可取之处在于它适用于三个品牌——苹果、三星、HTC 的手机。

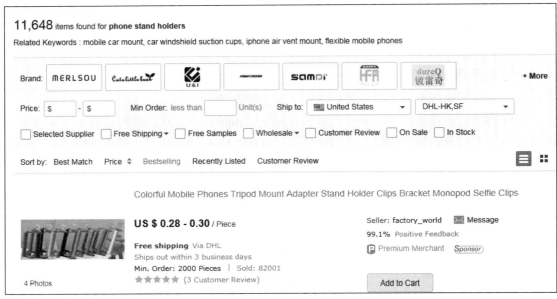

图 4-48　敦煌网中手机支架销量最高的商品的标题

第四步：优化标题。

根据这两点启示对原标题"Universal Solid Aluminum Alloy Metal Mobile Phone Desktop Stand Mount Holder for Smartphones and Most 7-Inch Tablet- Black/Blue/Gold/Silver"进行优化，改为"Colorful Solid Aluminum Alloy Metal Mobile Phone Desktop Stand Mount Holders for iPhone 7 7s 8 Samsung HTC - Black/Blue/Gold/Silver"。

## 二、优化商品的详情描述

第一步：找出敦煌网中与手机支架相关的爆款详描。

我们之前已经发现"phone stand holders"为买家热搜词和卖家关键词，在敦煌网买家主页搜索栏输入"phone stand holders"，单击 Bestselling，点开第一个搜索结果的链接，去观察卖家的详情页（见图 4-49）。从图中可以看出，该卖家的商品详情描述写得很详细，使用的图片也很鲜艳，给人一种温暖、值得信任的感觉。

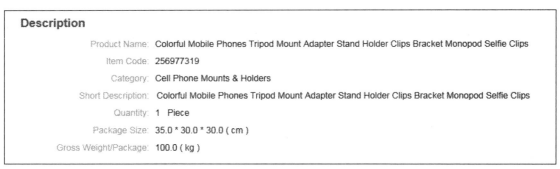

图 4-49　敦煌网中手机支架销量最高的商品详描

Colorful Universal Tripod Adapter for selfie sticks with 1/4" port cellphone clips mount holder

Colors: as picture

Usage: universal

No retail package

Each colorful color the amount need more than 3000pcs then can ship your order, please keep in mind, thanks

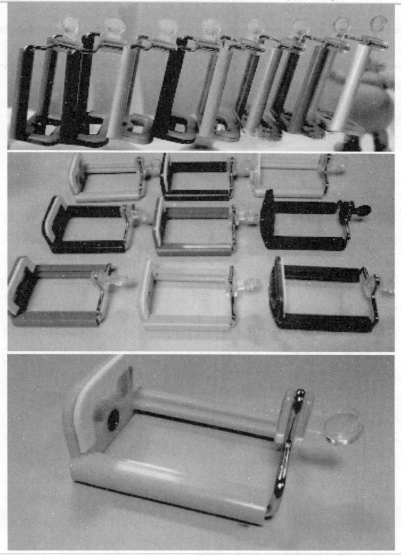

Service commitment:

We supply top quality and service for all customers. Please don't hesitate to contact us if you have any questions or concerns before or after your order. We are committed to your 100% satisfaction.

Long term business relationship, we offer big discount for our regular customers, we make sure to leave big profit for our buyers.

We do wholesale business mainly we have experience to ship goods in bulk to all of the world.

图 4-49　敦煌网中手机支架销量最高的商品详描（续）

Shipment:

1) We`ll prepare your goods immediately after receive your payment. The processing time for a specific order varies with the product type and stock status. Mostly, processing time can be 1 to 3 working days.

2) DHL/Fedex/UPS/EMS are always been used according to the country of your address, we will choose the best one for you.

3) value to declare on the inovice, it is very important which related to the tax you maybe chargered higher or lower or zero tax, please tell us how much you need we declare in the invoice, if you don't tell us, we will declare according to experience, buyers are responsible for any tax.

Return Policy:

If any quality problem please contact us in 3 working days after receipt, we will confirm the problem and make agreement for the solution with you.

If you want to exchange the items received, you must contact us within 7 days of the receipt of your order. And you should pay additional shipping fees incurred and the items returned should be kept in their original status.

Feedback

Your positive feedback/review will be high appreciated, we will do same for you, and you will receive discount or secret gift for second— factory–world

图 4-49　敦煌网中手机支架销量最高的商品详描（续）

第二步：优化详情描述。

回头再看看我们上传的手机支架的详情描述，确实存在很多需要改进的地方。那么问题来了，之前在敦煌网上传商品时，系统给的分数是满分 100 分。这说明敦煌网仅帮卖家检查形式上的完整性及存在的一般问题，至于内容，敦煌网并不负责检查。我们可以多借鉴其他卖家的做法，在此基础上对手机支架的详情描述进行完善。

### 三、优化商品的价格

通过观察可知，手机支架的上传价格为每件 9.99 美元～10.99 美元，远远高于爆款的价格——每件 0.28 美元～0.30 美元，价格可能是造成商品滞销的最核心的因素。因为卖家销售的手机支架为铝合金材料，成本较高，假定蓝色的手机支架不太好卖，为此将其设置为引流款，再假定通过阿里巴巴 1688 采购并经邮政小包运输的成本价格为 7.99 美元/件，因此，敦煌网卖家决定将蓝色手机支架的价格定为 7.99 美元/件。其余颜色的手机支架价格不调整。这样一来，手机支架的价格就变为每件 7.99 美元～10.99 美元，从而加大了被买家搜索到的概率。

# 任务三　文案策划

 任务引入

假定小明准备在阿里巴巴国际站上销售广告机，他已经从厂家拿到了商品信息，需要撰写文案，这时小明应该怎么做呢？

**相关知识**

　　小明面临的问题是文案策划。小明所需撰写的文案属于网店详情页文案，这部分内容在本书的商品发布及优化章节已有论述，此处本不应再赘述，但是文案策划实在太重要了，这里再单独对其进行论述。为了拓宽推广渠道，小明尤其需要掌握"催眠文案"的写作技巧，并将其运用到商品推广之中。

## 3.1　文案概述

　　文案来源于广告行业，是"广告文案"的简称，由 copy writer 翻译而来，多指以文字进行广告信息内容的表现。其有广义和狭义之分，广义的广告文案包括标题、正文、口号的撰写和对广告形象的选择搭配；狭义的广告文案包括标题、正文、口号的撰写。

### 一、文案的重要性

　　在跨境电商交易中，买卖双方通过网络进行交易，这让文案变得非常重要。一个好的商品文案，可以提高转化率，减少客户咨询的时间成本，优化用户体验，增加品牌的美誉度，可以说"文案就是武器"。

### 二、文案的种类

#### 1.　按照表现形式的不同划分

（1）横幅广告文案。

　　横幅广告文案是最早的文案表现形式，它一般呈矩形，文件格式以 JPEG、GIF、FLASH等为主，分为静态横幅、动画横幅、互动式横幅三类（见图 4-50）。这种文案通常出现在店铺首页或者跨境电商平台的首页。

图 4-50　横幅广告文案

（2）网店详情页文案。

　　网店详情页文案是最普遍使用的电子商务文案形式，它的作用在于向客户介绍商品（见图 4-51）。无论卖家通过跨境电商平台还是自建网站销售商品，详情页文案都是必不可少的。

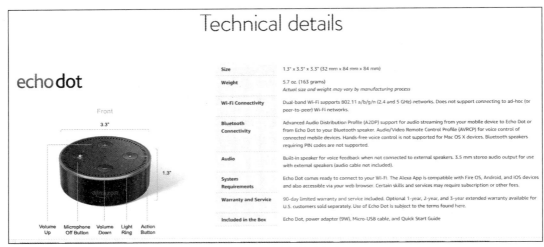

图 4-51　网店详情页文案

（3）电商品牌文案。

电商品牌文案是目前比较流行的电子商务文案形式，它以讲故事的形式向客户传达企业的文化和价值观，通常应用在卖家的自建网站中。以 yellowberry company 为例，它的成功主要得益于三个要素：①品牌定位（为低龄女孩打造的 bra 品牌，找到了市场空隙，填补了市场空白）；②Megan Grassell 的动人故事（见图 4-52）；③媒体使其品牌效应放大（众多知名媒体和媒体人都在争相报道 17 岁的 Megan Grassell 专为低龄女孩打造 bra 的故事）。

图 4-52　电商品牌故事文案

Before a fruit is fully ripened, it is just a yellow berry. The berry first is green, and as it grows and ages it becomes closer to its final stage of red, purple, orange, or pink. First, however, it passes through several shades of yellow. Those yellow stages take time, but they are what will eventually create a beautiful berry.

Having lost my other younger sister, Caroline, at the age of five I learned how short our adolescence really is. For Caroline, all it took was a simple misstep off of a decorated, moving float in a parade. Just before my eyes, I saw her blue ones close for one last time. She taught me through both her life and her sudden death to slow down and enjoy each day as its own. It wasn't until years after she died that I really understood her most meaningful mantras. They are now the backbones of Yellowberry.

**Water the flowers every day**
**Seek and find a hug when you need one**
**Love the outdoors and nature**
**Go barefoot**
**Watch quietly and observe**
**Campfires are rare; eat as many marshmallows as you can**

---

Each bra is made with one of these statements attached to the tag (and they are now sewn into the garments themselves!) in my own effort to share their wise values, as well as to keep Caroline's memory alive. These statements help reiterate the value behind my simple goal: build a bra that is unique and colorful, made for all girls who love and enjoy their youthful, yellow stages in life.

My team and I are here today with the goal to support your daughter, both literally and figuratively, as she grows up at her own pace.

My goal was for my sister Mary Margaret, and other girls her age, to feel confident in whatever they wear. I didn't care how many adults chuckled at my idea and brushed me away with the wave of a wrist. I was told to have fun and enjoy high school, to stop worrying about trying to "revolutionize the bra industry." But, I am most inspired and motivated to do something when someone tells me that I can't. **I wanted to prove them all wrong, and that *girls deserve better*. And I've done it.**

That's why you're here reading my story. I'm here today as the founder and CEO of Yellowberry. Thank YOU.

*Megan Grassell*

图 4-52　电商品牌故事文案（续）

（4）网络推广文案。

网络推广文案的写作方式比较自由，符合当下的网络文化潮流，它通常应用在博客、微博、微信、电子邮件中。

**2．按照文案载体的不同划分**

按照文案载体的不同，电子商务文案可以划分为网店文案、博客文案、微博文案、微信文案、论坛文案、电子邮件文案6种类型。

## 3.2　文案策划的流程

### 一、找准商品的卖点，找出用户的痛点

卖家要对现有的市场做调查和市场需求分析，明确做广告文案的真正目的，还要确定商品所对应的用户人群。找到用户所需的商品的卖点，这样用户才会被文案的标题或图片展示的内容吸引。去现场进行实地调查的成本太高，一般的电商企业无法承受。在互联网时代，进行市场调查的方法灵活多样，如经常浏览竞争对手的店铺，看买家是如何评价的，尤其要重点关注"差评"。"差评"就是买家的痛点，卖家从中也可以发掘出自己商品的卖点。

### 二、收集各种新颖的想法

卖家以自己的想法为基础，结合当下最热门、最受人们关注的事件或者一些好的素材进行分析、联想，形成新颖、多样的想法。

### 三、撰写自己的想法

卖家根据前期的调查和自己的想法，拟定文案的标题，写出文案内容，最后再对已经写好的文案进行反复检查和筛选，确保没有错别字和语句不通顺的问题。

**1．拟定有吸引力的标题**

买家首先看到的是文案的标题，如果标题无法在一瞬间抓住买家的眼球，买家可能难以继续阅读下去，此时哪怕内容再好也是无用的。所以，我们在写商品的文案时，必须起一个非常吸引人的标题。需要注意的是，只有网络推广文案才需要拟定标题，横幅广告文案、网店详情页文案、电商品牌文案是不需要写标题的。

**2．内容展示**

所有的文案都要求有内容。内容是关于商品的全面、多角度的介绍，可以让买家充分了解商品的好处和特点。内容可以是专家的点评、证明文件、价格、付款方式等信息，卖家需要把商品分解成各个利益点，然后用买家习惯的语言去描述。

要善于激发买家的好奇心。好奇是人类的天性，但是懒惰同样是人类的天性。如果卖家希望买家认真阅读完自己的文案，就必须激发买家足够的好奇心。在正文开始之前，卖家就需要放大令买家好奇的内容，只有这样才能让买家对"长篇大论"的文案保持热情。

### 四、制作图文结合的页面

确定了文案的内容和框架之后，卖家要把相关内容交给设计人员，让他们设计好最终的图文结合页面。

## 3.3　文案的写作技巧

文案是有意运用一些语言文字，将顾客带入一种既定的心理状态，从而让他们购买商品或服务。

技巧一：走出自我意识，进入买家的意识。

买家在看文案的时候，思考的问题是如果购买这个商品会给自己带来什么好处。因此，卖家在撰写文案的过程中要走出自我意识，进入买家的意识。

> **案例 7**
>
> 例一
>
> 原文案：我们已经经营 5 年多了。
>
> 新文案：到现在我们已经经营 5 年多了，请放心，你将准时得到满意的服务。
>
> 例二
>
> 原文案：我们喜欢做甜点。
>
> 新文案：我们用热情精心为你制作每一块甜点，你肯定会喜欢这些美味的点心（见图 4-53）。

图 4-53　甜点

技巧二：从物的视角转入人的视角。

本着以客户为中心的理念，卖家撰写的文案也必须转换视角，从介绍"物"转向介绍"人"。

> **案例 8**
>
> 例一
>
> 原文案：哈根达斯冰激凌美味可口。
>
> 新文案：爱她，就请她吃哈根达斯！
>
> 例二
>
> 原文案：人头马酒，美味香甜。
>
> 新文案：人头马一开，好运自然来。

技巧三：多讲故事，少讲道理。

我们大多数人都喜欢听故事，不喜欢说教，所以文案要做到多讲故事、少讲道理。

> **案例 9**
>
> 同样是卖水果，不会讲故事的小商贩半价甩卖橙子，而褚橙则可以凭借"人生总有起落，精神终可传承"的广告语高价销售。消费者买褚橙，一是因为褚橙确实好吃，另一个原因是褚橙背后的故事——作为中国烟草史上举足轻重的人物，褚时健将地方工厂发展成世界级行业巨头，临近退休时却身陷囹圄。十几年后，他以 70 多岁高龄重新创业，激励和影响了无数人，使"励志橙"享誉大江南北。

技巧四：嫁接人类文化的符号。

文案要善于嫁接人类文化的符号，让买家看完文案后产生一种积极的联想，增强其购物体验。

例如，"真功夫"品牌的快餐卖得好，与"中国功夫"相关。消费者认为"真功夫"就是餐饮界的"中国功夫"，品质信得过（见图4-54）。

再例如，"壹号土猪""天地壹号""生命壹号"的热卖源自于中国人喜欢"壹号"。当然，"壹号土猪"和"天地壹号"的热销还与品牌优势相关，这两大品牌均出自广东天地食品集团，其创始人陈生毕业于北京大学（见图4-54）。

图 4-54　嫁接人类文化符号广告

技巧五：让道具说话。

例如，销售裤子的卖家为了表达裤子透气、柔软亲肤的特点，在文案中贴出了一张一位男士躺在草坪上的照片，以及一张婴儿睡在棉花上的照片，来衬托裤子的透气、柔软（见图4-55）。

图 4-55　裤子广告

技巧六：攻心为上，以情动人。

提升转化率的一个绝招是用故事感动买家，文案应注意激发人性真善美的一面。

**案例 10**

严杰是深圳市点石成金科技有限公司的大股东，他曾经在阿里巴巴速卖通平台销售 LED 灯。其商品上传之初，销量不佳，询盘的客户不多。之后，严杰尝试在文案中加入品牌故事，如图 4-56 所示。

有了品牌故事后，询盘量发生了较大的变化，3～4 月询盘量增长了 42%，4～5 月询盘量增长了 70%。加拿大一客人未看打样就订购了 16 万元人民币的商品。

图 4-56　品牌故事

## 如何为你的跨境电商网站写品牌故事文案

好的网站会讲故事。如何写出一个跨境电商网站的品牌故事文案？这要从品牌的 5 个基本要素出发，这 5 个要素分别是：品牌名称、品牌标识、品牌信条、品牌受众、品牌故事。接下来介绍如何结合品牌的基本要素，一步一步地写出一个好的品牌故事文案。

第一个要素：品牌名称

一个品牌需要一个名称，品牌名称是品牌与受众的第一接触点。好的品牌名称要简单、易记、有故事，可以是一个字，也可以是一组有意义的词。例如，香港地区的一家时尚垂直电子商务网站 lots of buttons，其品牌名称 lots of buttons 就是一组有意义的词，也符合联合创始人 Ken Lee 和 Jong Lee 对它的品牌定位——一个全球最大的在线纽扣商店。如果再在这个品牌名上添加一个故事，那就更会让受众印象深刻。

第二个要素：品牌标识

品牌标识可以让你的品牌从图像上区别于其他品牌，从视觉上让受众感受到品牌的特征，从而加深品牌形象在受众头脑中的印象和记忆。lots of buttons 网站的标识是一个由针线和纽扣等元素组合而成的图像，符合 lots of buttons 网站自身定位并能让受众产生积极正向的联想（见图 4-57）。

图 4-57　品牌标识

第三个要素：品牌信条

品牌信条可以是一个理念/口号/广告语，也可以是一个定位。品牌信条通常简洁、精练，同时能明确表达品牌主张的观点和价值观。品牌信条可以随着市场和受众的变化不断地变化，但始终要符合品牌的核心价值观和准则。例如，lots of buttons 网站要做全球最大的在线纽扣商店（World's largest button store）。品牌信条也可以是风趣幽默的，能让人看到时不禁会心一笑。例如，eatingtools 的"Don't Eat With Your Hands"，bambibaby 的"We deliver everything BUT the baby"。可见，创作一个好的品牌信条，不仅可以让受众很快了解品牌传递的价值，还可以使其话题化，让受众谈论并达到口口相传的目的。

第四个要素：品牌受众

品牌受众也就是品牌定位的服务对象。例如，lots of buttons 的品牌受众主要是服装制作者、设计师。而 ternbicycles 网站的品牌受众主要是不主张搭车而喜欢自由运动的城市族群。此外，yellowberry company 网站的品牌受众主要是运动、时尚的少女。文案的品牌受众明确，可以让目标群体快速识别出你的品牌。

第五个要素：品牌故事

再平凡的商品都有一个故事，再微小的企业都有一个梦想！一个品牌需要受众传诵，怎么能没有故事呢？为品牌讲一个故事，不管是关于商品、创始人、客户还是其他，只要与品牌的价值、精神相关都可以。讲故事的方式不局限于文字、图片、音频、视频，可以综合运用多种表现形式，以达到最佳效果。讲品牌故事不只是在讲，更重要的是践行，是品牌为受众、社会创造价值，履行对品牌服务的承诺。例如，lots of buttons 网站讲了一个全球在线的最大纽扣商店的故事。Lots of buttons 网站放眼世界，满足全球的不同客户对纽扣的需求，并拥有高度发达的全球物流系统。写一个好的品牌故事文案，主旨在于向目标受众传递品牌价值，建立情感上的连接和认同，以此获取受众的信任和支持。因此，品牌故事文案必须具备客观性和真实性。而故事也不在大小，只要能打动受众的心，能引起受众共鸣，就都是好故事。

以上是写出打动受众的品牌故事文案的 5 个基本要素，也是打造一个会讲品牌故事网站的最主要的 5 个要素。如果说打造一个品牌就像种植一棵大树，这五个要素就是品牌大树的骨干。除了这几个骨干，还有其他很多打造品牌大树的枝叶，如公司团队、新闻媒体、条款说明、隐私声明和联系方式等。

## Lots of Buttons的品牌故事

Welcome to Lots of Buttons!

**LOTS OF BUTTONS** was founded to help crafters and clothing makers find the materials they need at the lowest prices. Most crafters and designers can't access the buttons they want if they live in a small city, are looking for a rare button, or don't have the time to look through many stores. Buttons are hard to find! They're also expensive, as keeping enough buttons in a retail location to allow people to find what they want is costly. Lots of Buttons is the cheapest button store online by far, typically selling at 50% off other stores.

Lots of Buttons also makes it her prime mission to educate people about saving the environment by finding the lost button, rather than scrapping an item of clothing. Our team also delights in assisting charities and communities with materials and gifts for projects involving crafting, sewing and making clothing for and with people in disadvantaged situations. Through the "Buy a Button, Give a Button" program, Lots of Buttons seeks to provide communities, churches and charities with creative materials.

With easy, and low-cost access to buttons and other crafting and sewing materials, Lots of Buttons is starting a revolution, one button at a time.

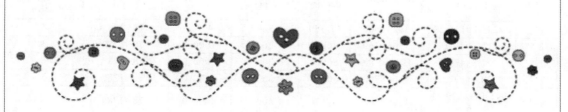

图 4-58　Lots of Buttons 网站横幅图

We carry over 26,000 different buttons, and add buttons to our selection every week. Come visit us often to see our newest finds. Our goal is to eventually put every single button in the world online so that you can choose the exact button you're looking for!

Please send us an email at hey@lotsofbuttons.com if there's something we can improve. We would love to hear from you. We're a start up that launched last year, so we have lots to learn in the process. But we will always bring you great service and the best price for every button you buy. That's our promise!

Happy sewing and crafting, and we hope you have a fun and memorable time using our buttons!

Sincerely,

Sonia and the Lots of Buttons Team

资料来源：Lots of Buttons 官网

 任务实施

第一步：列出广告机的详情页大纲。

广告机（Advertising Player）详情页目录包括商品信息、商品展示、其他商品、商品细节、商品优势、交易信息、公司信息、常见问题解答、"联系我们"9个方面。

（1）Product Information；

（2）Product Display；

（3）Other Products；

（4）Product Details；

（5）Product Advantage；

（6）Trade Info；

（7）Company Information；

（8）FAQ；

（9）Contact Us。

第二步：根据大纲补充信息。

- 商品信息（参数表格如表 4-2 所示）

表 4-2 　　　　　　　　　　　　　Product Information

| Size | Display Area（mm） | Resolution | Pixel density | Brightness（cd/m2） | Contrast | View Angle（H/V） | Response Time（MS） |
|---|---|---|---|---|---|---|---|
| 10" | 222.72×125.28 | 1024×600 | 117PPI | 320 | 400:1 | 178°/178° | 5 |
| 18.5" | 376.3×301 | 1366×769 | 84PPI | 200 | 1000:1 | 178°/178° | 5 |
| 21.5" | 271.3×479.8 | 1920×1080 | 86PPI | 200 | 2000:1 | 178°/178° | 5 |
| 32" | 698.4×392.8 | 1366×768 | 60PPI | 350 | 1800:1 | 178°/178° | 5 |
| 43" | 941.184×529.416 | 1388×768 | 49PII | 400 | 4000:1 | 178°/178° | 6 |
| 49" | 1073.8×604 | 1920×1080 | 49PII | 300 | 4000:1 | 178°/178° | 6.5 |
| 55" | 1209.6×680.4 | 1920×1080 | 49PII | 400 | 5000:1 | 178°/178° | 6.5 |
| 65" | 1488×868 | 1920×1080 | 49PII | 360 | 5000:1 | 178°/178° | 6.5 |

- 商品展示（插入室内广告机图片，如图 4-59 所示）

Product Display

floor stand advertising player

图 4-59　广告机图片

- 其他商品（挂壁广告机/拼接屏，如图 4-60 所示）

Other Products

wall-mounted advertising player

video wall

图 4-60　其他商品图片

- 商品细节

中文描述的商品细节如下。

1. 可选择前面盖或后面盖开启，其材料采用超白防静电钢化玻璃，使画面的清晰度得到了很大提升，并且保证了色彩还原度。

2. 铝型材外框不仅防火安全，且具有耐腐蚀、耐磨、不变形的特质，同时散热性能好，还可更换不同的颜色。

3. 液晶屏采用三星、LG 原装 A 规屏幕，拥有高对比度、高亮度、图像失真率小的特性，并且能够极大地提高画面的层次感、真实感。

## Product Details

1. Front or back opened cover for your choice. The material is super white anti-static tempered glass, which greatly increased the clearness and kept the original color the picture.

2. Aluminum frame not only safe and fire proof, but also anti-corrosion, wearing resistant, and no deformation. Meanwhile it has good heat radiation feature and color changeable.

3. The A grade Samsung and LG screen, which have high contrast ratio, high brightness and low image distortion. What is more, it greatly improved the sense of hierarchy and vividness of the picture.

- 商品优势

中文描述的商品优势如下。

1. 人性化设计多种控制板，分为安卓版、网络版、单机版三种。其中安卓版、网络版可以添加 Wi-Fi/3G，并可根据用户需求设置多语言操作。

2. 强大的网络传输设置，支持有线、无线多台设备远程联网，由中央服务器控制，实现多地一人操控管理。

3. 国际综合布线，实现现代行业标准及安全保障，为商品的稳定保驾护航。

4. 拥有一批资深的研发工程师，他们具有多年的行业研发经验，可根据每一位客户的要求提供 ODM 定制服务。

5. 我们最突出的优势是拥有独立的五金数控机床，能有效控制质量和保证交货时间。

## Product Advantage

1. A variety of user-friendly design main boards, android board, network board, USB updating board. Among them, android board and network board could be added with

Wi-Fi/3G, and set multi-language operation according to user's needs.

2. Powerful network transmission settings; controlled by a central server, support remote network of multi devices with wire or wireless, it realized machines of different places could be operated only by one person.

3. Wire routing based on national standard and realized the modern industry level, safety guaranteed, it paves the way for stable product quality.

4. We have a group of senior R&D engineers with many years industry experience in research and development, providing ODM customized services according to customer's request.

5. Our most prominent advantage is that we have an independent hardware CNC machine tools, can effectively control the quality and ensure the delivery time.

- 交易信息

中文交易信息如下。

最小起订量：1 件；Fob 价：每台 100 美元~2000 美元；装运港：深圳；支付方式：T/T、L/C、西联；供货能力：每月 2000 台；到达时间：15 天~20 天；包装：4 厘米厚泡沫、出口纸箱、出口木箱。

## Trade Info

MOQ: 1 set

FOB: USD 100~2000 per set

Port: shenzhen

Pay:T/T, L/C, West Union

Supply: 2000 sets per month

Lead time: 15~20 days

Packing: export wooden box+export carton box+4cm foam

- 公司信息

中文公司信息如下。

我们公司创立于 2007 年 11 月，位于中国制造业名城——广东省深圳市，是一家生产多媒体广告机、触屏式信息机的专业研发生产商。我们能为客户提供：从概念创意的设计到商品的量身定做，从专业的制造研发创新到最终的生产销售；承接 OEM、ODM 订单，交期与品质均能达到一流的生产标准。

我们的技术结合理论与实践，拥有先进的生产线和检测设备，商品销售到欧洲、北美洲、南美洲等地。我们的商品均符合 RoHS、C-Tick、CE 和 FCC 标准。公司的主要客户是大型系统集成商、广告代理和广告媒体运营商、综合社区物业、写字楼、酒店、学校、医院、银行、电信公司、证券公司等。

## Company information

Our company was established in November 2007, located in China manufacturing city-Shenzhen, Guangdong Province. We are professional producer of multimedia advertising player, touch screen kiosk. And we can offer customers from concept creative design to tailor products, from professional manufacturing innovation to a final production sales. Including

OEM, ODM order, delivery time and quality, all that can reach the first-class production level.

Our technology combines theory with practice, we have advanced production lines and inspection equipment. We sold out our products to Europe, north American, south American, etc. All of our products comply with RoHS, C-Tick, CE and FCC standards. Company's main customer are large system integrators, advertising agents and advertisement media operators, comprehensive community properties, office buildings, hotels, schools, hospitals, banking, telecommunications companies, securities companies and so forth.

- 常见问题解答

## FAQ

**1. Q: Are you a factory or trading company?**

A: We are a factory. We integrate R&D team, manufacture, quality control team, sale and after-sale service.

**2. Q: Where is your factory located? How can I visit there?**

A: Our factory is located in Shenzhen, GuangDong Province, China. About 15 minutes by car from Shenzhen airport we pick you up there. All our clients, from home or abroad, are warmly welcome to visit us!

**3. Q: For the first order, can we place a sample order?**

A: Yes, of course. It's our honor to offer you sample.

**4. Q: About the quality control, how your factory guarantee it?**

A: Quality is priority. We have Total Quality Management System to control quality. We have our own professional engineer with many years' experience. Our factory has gained FCC, CE, RoHS authentication.

**5. Q: What is the delivery time?**

A: For the one have in stock finish product, the delivery time is within 3~5 days; with enclosure only in stock is 7~10 days; without in stock 20~25 days; for customized samples and large quantities bulk order, the delivery time is 20~30 days.

**6. Q:What is the price? And do you provide customization, OEM or ODM service?**

A: Our price is depend on the functions, sizes, designs, quantities, applications etc, please send the inquiry and tell us more about your requirements and project then enable us to quote the price accordingly. We have structure engineer team which can provide customization, OEM or ODM service.

**7. Q:What is your after-sale service?**

A: Best service provided for our customers not only before sale service but whole life of the goods.

-Warranty period:one year for whole machine. We will help solve it on line via Team Viewer with our engineer.

-How to deal with warranty: If damaged by non-artificial, the buyer should pay the freight when sending the defect parts to the seller, and the seller should pay the freight when sending the replacements or repaired parts to the buyer.

**8. Q: What is your MOQ?**

A: MOQ:1pc. Any quantity is acceptable when you place your order. And the price is negotiable for large quantity.

- 联系我们

阿里巴巴国际站允许卖家将私人信息显示出来，但这并不意味着买卖双方可以不用阿里巴巴国际站平台进行交易，因为如果系统显示卖家长时间不在阿里巴巴平台进行交易的话，这个卖家在阿里巴巴的信保额度就不会高，这会在一定程度上影响卖家在平台的订单量，也会降低线下的交易机会。为了保密起见，下面的内容不显示卖家的真实信息。

Contact Us

×××××  Technology Co.,Ltd.

Add:

Tel:

Fax:

Website:

E-mail:

# 任务四  店铺优化及推广

 **任务引入**

假定小明已经在速卖通上建立了店铺。但是小明对自己的店铺不满意，希望对店铺进行优化。另外，他还希望对商品进行推广，获取利润。同时，小明还想掌握在敦煌网进行店铺优化和推广的方法。那么小明该怎么操作呢？

 **相关知识**

小明现在面临的问题是店铺优化和推广的问题。在店铺优化方面，小明需要对店铺进行精心装修，提升卖家服务等级，提升流量和转化率。在市场推广方面，新店铺和已经运营一段时间的店铺有所不同，新店铺需要先从选品、选词和商品描述等方面着手，开始初步的推广；然后，根据数据分析调整推广方案，优化店铺；最后，使用基础营销方式，完善推广方案。已经运营一段时间的店铺首先要在做好自然流量引入的基础上，继续选择合适的店铺活动方式以增加流量；其次，采用直通车付费推广方式；再次，委托专业公司进行推广；最后，通过社交媒体进行推广。

## 4.1  店铺优化

在速卖通或敦煌网平台上开通店铺的条件是发布商品数量达到 10 个以上。店铺有助于卖家更好地管理自己的商品，提高商品的展示机会。专业的店铺装修会给客户留下深刻的印象，有助于促进客户下单。

### 一、店铺装修

#### 1. 完善店铺装修板块

卖家进入速卖通账户后，单击"店铺"按钮，可对店铺进行装修。

（1）充分利用店铺装修的基本工具。卖家应进一步完善店招模块、图片轮播模块区域的内容；将店里的主推商品放置于图片轮播位，有利于买家看到。

（2）充分利用商品推荐模块工具。对于已经上架的商品，卖家在速卖通平台单击"编辑"按钮，之后选中"橱窗推荐"，即可使用商品推荐模块工具。

（3）巧用自定义模块工具。针对不同国家、不同语言习惯的客户，卖家应设置多国语言按钮。卖家进入店铺装修后台，添加自定义模板，之后按照指示操作即可。

（4）巧用关联模块工具。通过关联模块商品，卖家能最大限度地呈现店内的其他商品，从而增加客户可选择商品的数量，提高客单价。

┨小知识┠

### 网店装修不只是为了"美"

网店装修不等同于美工设计。一些外贸老板不惜花重金聘请资深的平面设计师，打造出高端大气的首页界面，却没有收获询盘和反馈。这是因为美并不能直接转化成购买力。网店装修要考虑整个首页的布局和需要注入的营销元素，需要具有逻辑性的商品详情页和高质量的文案，而过度的设计在外国客户看来是华而不实的。

### 2. 统一店铺风格

（1）根据商品优化店铺风格。卖家设计店铺风格时应主要考虑商品的属性及适用人群。如果卖家销售的是商务男装，店铺风格应该沉稳内敛；如果销售的是母婴商品，店铺风格应该色彩柔和，场面温馨；如果销售的是少女时装，店铺风格应该俏丽活泼。

（2）根据活动优化店铺风格。一般来说，除了考虑商品自身的属性，店铺如果想要有更多的流量，还应考虑参加平台的一些活动，而此时，店铺风格与平台活动在氛围上要吻合。

### 3. 开展店铺营销活动

店铺自主营销活动包括限时限量折扣、全店铺打折、店铺优惠券、全店铺满立减及平台活动。在卖家店铺页面上，限时限量折扣和全店铺打折的商品，其图片上会有醒目的"×××off"字样；在店铺优惠券和满立减活动开展时，会有图标供卖家单击使用。如果店铺参加了这些活动，且活动设置的时间比较紧迫，就能刺激买家迅速下单。因此，限时限量折扣的期限一般不要超过 7 天，全店铺打折、店铺优惠券和全店铺满立减活动的期限不要超过 3 天。其中，店铺优惠券使用期限不要超过 10 天。这可避免买家因时间过长而产生犹豫，或与其他店铺的商品反复比较而失去订单。

## 二、提升卖家服务等级

卖家的商品质量和服务能力对于买家的购买决策有着至关重要的影响，特别是在商品描述及评价、沟通效率、纠纷处理率和态度等方面。买家强烈希望在选择商品时能快速识别商品和服务表现良好的卖家。

在速卖通平台，不同等级的卖家在橱窗推荐数、搜索排序曝光、提前放款特权、平台活动、店铺活动（营销邮件数）等方面享有不同的资源。等级越高的卖家享受的资源奖励越多，优秀卖家将获得"Top-rated Seller"的标志。买家可以在搜索商品时快速发现优秀卖家，并选择优秀卖家的商品下单。等级较差的卖家将无法报名平台活动，且在搜索排序上会受到不同程度的影响（见表 4-3）。

表 4-3 速卖通卖家服务等级及奖励资源

| 奖励资源＼卖家等级 | 优秀 | 良好 | 及格 | 不及格 | 成长期 |
|---|---|---|---|---|---|
| 橱窗推荐数 | 3 个 | 1 个 | 无 | 无 | 无 |
| 搜索排序曝光 | 曝光优先+特殊标识 | 曝光优先 | 正常 | 曝光靠后 | 正常 |
| 提前放款特权 | 有机会享受最高放款比例 | 无法享受最高放款比例 | 无法享受最高放款比例 | 无法享受最高放款比例 | 无法享受最高放款比例 |
| 平台活动 | 优先参加 | 允许参加 | 允许参加 | 不允许参加 | 允许参加 |
| 营销邮件数 | 500 | 200 | 100 | 无 | 100 |

（资料来源：全球速卖通官网）

速卖通平台会在每月 3 日前更新评级结果，每次评级结果影响当月的资源分配。对于卖家服务等级被连续评级为不及格的卖家或给买家带来严重不良体验的卖家，平台保留清退的权力。卖家可以在"我的速卖通"中查看当前所处等级，以及与等级对应的详细报表。卖家等级的评分标准如表 4-4 所示。

表 4-4 速卖通平台卖家服务等级评分标准

| 评级 | 优秀 | 良好 | 及格 | 不及格 |
|---|---|---|---|---|
| 标准 | 符合以下所有条件：<br>1. 考核订单量≥90 笔<br>2. ODR<3.5%<br>3. 卖家责任裁决率<0.8%（手机、平板类目为<1%）<br>4. 90 天好评率≥97% | 符合以下所有条件：<br>1. 考核订单量≥30 笔<br>2. ODR<6%<br>3. 卖家责任裁决率<0.8%（手机、平板类目为<1%）<br>4. 90 天好评率≥95% | 符合以下所有条件：<br>1. ODR<12%<br>2. 卖家责任裁决率<0.8%（手机、平板类目为<1%）<br>3. 90 天好评率≥90% | 符合以下任一条件：<br>1. ODR≥12%<br>2. 卖家责任裁决率≥0.8%（手机、平板类目为≥1%） |
| | 历史累计结束的已支付订单<30 笔的卖家，属于成长期卖家，不参与卖家服务等级的考核 | | | |

（资料来源：全球速卖通官网）

从以上内容可知，如果要优化店铺、提升服务等级，速卖通卖家要做到以下几点。

**1. 降低买家不良体验订单率（Order Defect Rate，ODR）**

买家不良体验订单率 ODR=买家不良体验订单数/所有考核订单

由此公式可得出，卖家如果要降低买家不良体验订单率（ODR），要么减少买家不良体验订单数，要么增加考核订单数。

（1）减少买家不良体验订单数。

① 加强库存管理，减少发货失误。速卖通卖家需要在平时加强库存管理，定期检查商品的外观有无生锈、霉迹、褪色等情况，零部件有无缺损。发货前仔细核对品名、数量、颜色、款式等，尽量减少发货失误。尤其是在店铺参加活动期间，更需要加强库存管理。

② 加强与买家的沟通，安抚买家可能产生的负面情绪。在买家与卖家开始接触及之后的环节中，卖家需要积极与买家沟通，安抚买家可能产生的任何负面情绪。

买家咨询时，卖家应简洁、清晰地解答卖家的疑问。

买家确认下单后，卖家要发送站内信，告知卖家已经在备货。如果缺货，要马上告知买家，协商解决。

卖家发货后，应发送站内信，告知买家已经发货，并提供物流方式和物流跟踪单号，供买家查询；告知预计到达时间，提醒买家关注。

卖家发货一段时间后，应主动关注物流信息。如果有任何晚于计划到达时间的可能，积极告知买家，解释可能的原因，安抚买家的焦虑情绪。

买家收到货后，卖家应发送站内信，询问买家对商品的满意程度，解答买家在收货后的各种疑问。如果买家满意，卖家可建议买家给予好评；如果买家不满意，与买家协商解决。

（2）增加考核订单数。

增加考核订单数其实就是增加商品的销量。卖家可以通过优化商品标题、详情页、价格及设计营销活动来提升销量。

**2. 提升买家好评率**

（1）提供与描述相同的商品。

买家在平台上花钱，最看重的还是商品本身。卖家在描述商品时应该实事求是，不可夸大。

（2）选择性价比高的物流方式。

选择物流方式时，卖家需要先考虑买家可接受的物流方式，再根据卖家与物流商达成的协议进行选择。

（3）通过赠送小礼物、关心客户等方式提升买家的购物体验。

卖家可通过获取论坛里的客户相关信息，结合店铺运营的经验，分析客户类型。针对经济型的客户，卖家为其提供平价的商品，并附赠一定价值的小礼物，可获得客户的好感。针对感性的客户，卖家可通过节日问候、重要日子关怀提醒等方式，表达对客户的关心，提升客户对店铺及卖家的好感。

## 4.2 推广操作

### 一、新店铺的推广

新店铺和老店铺是有区别的，卖家只有通过对比才能发现新店铺的不足，然后对症下药进行推广。一般情况下，新店铺往往有下列不足之处。

（1）缺少热卖商品，导致店铺无法根据市场精准定位；

（2）店铺信誉低、评价少，导致转化率低；

（3）人气低、排名靠后、流量少且不稳定。

卖家可根据以上新店铺的劣势，再结合商品类型及店铺特点来制定营销方案。

第一步：推广方案的思路。

首先，从选品、选词和商品描述等方面着手，开始初步的推广；然后，根据数据分析结果，调整推广方案，优化店铺；最后，使用基础营销方式，完善推广方案。

第二步：推广方案的搭建。

**1. 搭建初步推广方案**

（1）考虑推广商品选择法则。新开店铺的商品选择是一个让人头疼的问题，卖家可以按照 2：7：1 的法则进行商品分类选择。

"2"表示市场上的热销商品，目的是低价引流。

"7"表示市场上类似的热销商品，可以进行打折促销，提升转化。

"1"表示品牌款。

这一法则的目的就是靠热销商品来引流，靠类似热销商品来赚取利润，靠品牌款获取品牌价值。例如，某卖家想卖手机配件，就需要看看目前市场上哪些款式、材质、价位的手机配件更受欢迎。

① 一模一样的——价格更低，做引流款；

② 款式略有差异的——打折，但是还有利润空间；

③ 材质不同的——打造高品质商品。

还需要注意的是，那些与热销品相近的商品就是店铺的主打商品。其他的商品作为附属，最好也进行推广，以确定店铺更吸引买家的商品类型。例如，某卖家想要打造自己的特色，不想参考别家店铺的商品，在不知道哪些款式比较受欢迎之前，可以选择几款自己认为可能比较受欢迎的商品，按照重要程度分类进行推广。不管基于哪种情况，这里都要强调一个原则：新店一定要尝试用更多的优质商品去做推广。

（2）注意选词和排名。客户搜索的关键词肯定是五花八门的，总体来说可以分为两类：热门关键词和长尾关键词。热门关键词即竞争大、流量高的词，如 phone cases；长尾关键词是竞争小但也有一定流量的词，如 cell phone cases for iphone 5s。那么这两类关键词是如何排名的呢？

热门关键词只适合短期投放，不建议刚开的店就长期大量添加热门关键词进行推广，或者不要一定排在第一页，因为前期市场定位不准确会导致广告费被白白浪费。卖家可以等到有一定交易量时再重点推广。

长尾关键词其实就是店铺最主要的流量来源，而且适合长期使用下去。建议按照长尾关键词流量的高低分开来使用。对于主打商品，应使用较高流量的长尾词，并及时调整以保证排名；其余的长尾词放入其他商品中使用。

总结一句话就是：长尾关键词和热门关键词结合使用，多用长尾关键词，关注排名，合理竞价直通车。

（3）优化商品描述。当完成一个商品的上架之后，卖家还要注意以下几点。

标题的描述：突出卖点，如促销、材质、质量等。

图片的处理：图片要做一定的处理，以便全方位展示商品。

商品详情描述：商品描述可以从质量、认证入手，突出卖家实力、客户好评截图等。

综合以上分析可以看出，卖家需要分别从选择商品、选词和排名、商品描述几个方面入手，搭建初步的推广方案。

**2. 调整推广方案**

（1）重视日常操作。关注已有关键词的排名情况，及时调整，保证流量；把控预算，保证足够的推广时长；通过行业的资讯等多种渠道获得搜索词，及时做出调整，添加市场上新增的与商品相关的词。

（2）及时进行数据分析。采用各种方法推广之后，需要一至两周的时间分析店铺的数据，再进行推广方案的调整。

把曝光比较高的词和转化率比较高的商品进行组合；对于曝光比较高、点击比较少的商品，建议优化标题、图片排位等，如果有替代的商品可以进行替换；对于点击比较多、一直没有成单的商品，可以分析详情描述中有哪些可改进之处。

### 3. 完善推广方案

在商品和店铺完成优化的基础上，新店铺还可以选择速卖通的一些基本的推广方式，使推广方案更加完善。这里介绍速卖通的一些常规营销活动（见图4-61）。

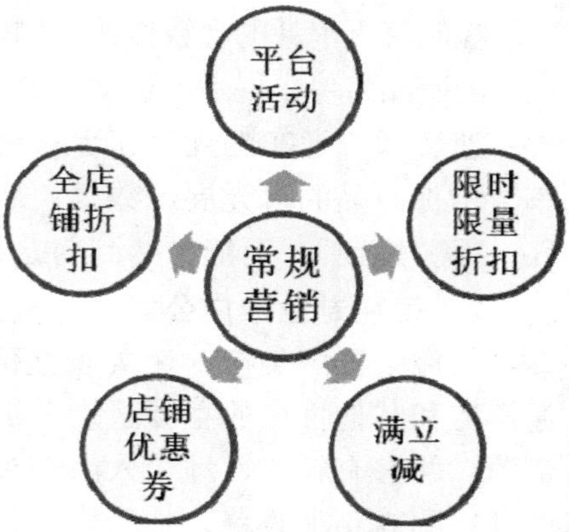

（1）平台活动。速卖通平台活动主要有：常规活动，如super deal、俄罗斯团购、巴西团购等；行业主题活动，如童装、母婴商品的活动；平台大促，每年在3月、8月、12月会有大规模的平台大促；品牌馆Brand Showcase活动。参加平台活动可以提高商品的曝光率，获得大流量，提高转化率，快速出单。

图 4-61　速卖通的一些常规营销活动

（2）限时限量折扣。速卖通卖家可以针对店铺的某些商品设置折扣率和促销数量，规定活动时间。限时限量折扣工具可以使商品获得额外曝光，这类活动有利于推新品、造爆款、清库存。

（3）满立减。速卖通卖家可以针对全店铺的商品，在买家的订单中设置优惠条件，如果买家的订单金额超过了设置的优惠条件（满X元），在其支付时系统会自动减去优惠金额（减Y元）。这样既让买家感到实惠，又能刺激买家为了达到优惠条件而多买，买卖双方互利双赢。优惠规则（满X元减Y元）由卖家根据自身交易情况设置。正确使用满立减工具可以刺激买家多买，从而提升销售额，提高平均订单金额和客单价。

（4）店铺优惠券。速卖通卖家可以设置对所有商品都适用的优惠券，也可以根据客单价（客单价=销售额/买家数）设置满X减Y优惠券，让买家先领券再下单，以提升购买转化率。

（5）全店铺折扣。这是速卖通推出的店铺自主营销工具。各店铺可以根据不同类目商品的利润率，对全店铺的商品按照商品分组设置不同的促销折扣，以吸引更多流量，刺激买家下单，积累客户并提高销量。

### 二、常规商品和店铺的推广

新店铺经过一段时间的经营，积累了一定的销量以后，商家的推广方案也应进行一些必要的调整。

第一步：推广方案的思路。

首先，在做好自然流量引入的基础上，继续选择合适的店铺活动方式以增加流量；其次，采用直通车付费推广方式；再次，委托专业公司进行推广；最后，通过社交媒体进行推广。

第二步：推广方案的搭建。

### 1. 速卖通直通车推广

速卖通直通车是阿里巴巴全球速卖通平台会员通过自主设置多维度关键词，免费展示商品信息，以大量曝光商品来吸引潜在买家，并按照点击付费的全新网络推广方式。

速卖通直通车首次使用最少需要充值 500 元人民币，而且一旦充值就不允许退出，也不允许提现。充值之后就可以随时打开直通车。选择需要推广的商品，再选择关键词竞价排名推广，按点击收费。热门的关键词要想排到第一页，每次点击需要支付几元甚至十几元。直通车可以控制每天消耗的金钱数额。例如，设定每天消耗上限为 100 元，那么当天花费 100 元后，推广的商品将停止展示，也就不会产生更多的花费。这样可以避免一下子花掉过多的推广费。

速卖通直通车的优点在于：直通车是速卖通官方推出的，任何人都可以申请开通直通车，增加商品的曝光展示数量；缺点在于：直通车竞价排名竞争激烈，往往需要较高的投入，很"烧钱"，而能否达到与之相对应的推广效果却无法保证。

### 2. 委托专业推广公司

与淘宝推广类似，速卖通也有专业的推广公司。因为速卖通面向海外市场，因此速卖通推广和其他推广的主要区别在于受众不同。速卖通推广公司一般都拥有大量的海外买家资源，能够有针对性地引入海外买家流量，增加商品和店铺的浏览量，并且通过增加把需要推广的商品加收藏、加购物车、店铺加收藏等方式，提高商品和店铺的人气，从而提高商品的搜索排名。

（1）推广的切入点。一个速卖通店铺中往往有数百种甚至上千种商品，推广应该有针对性地选择少量有潜力的商品，打造一两款爆品。爆品的销量可以占据整体销售额的 50% 以上，还可以起到引流的作用，带动其他商品的销售。

（2）如何选择推广公司。由于速卖通的顾客群体在海外，这与国内的大部分电商网站不同，因此卖家在选择推广公司时，要注意它们是否拥有海外客户群体资源，能否保证是海外 IP 访问。

（3）推广效果。卖家登录速卖通卖家后台，单击"数据纵横"可以看到推广效果；在实时数据中可以看到实时的商品点击量、加收藏次数、加购物车次数等；在商品分析、商铺分析中也可以看到相关的数据。大部分的商品在推广后都能够取得较大幅度的搜索排名提升。

**案例 12**

某商品在委托推广之前，每日的曝光量为七八百次。推广之后，该商品的日曝光量稳步提升，逐渐增加至 4000 次左右，曝光量增加了 500%（见图 4-62）。

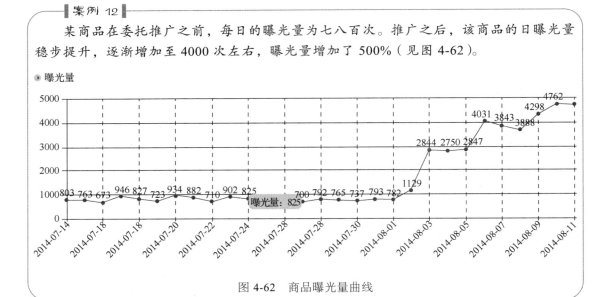

图 4-62　商品曝光量曲线

### 3. 社交网站（Social Networking Services，SNS）推广

（1）国外社交网站。

利用社交网站进行推广也是一种方法。既然是做跨境电商，卖家就要知道外国人喜欢上哪些社交网站。图 4-63 是 techcrunch 提供的全球各大社交网站用户活跃数据。

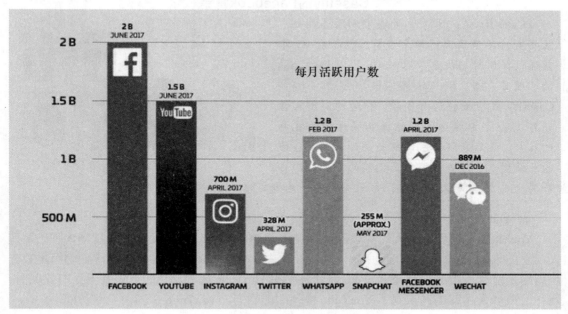

图 4-63　全球各大社交网站月活跃用户排行榜

① Facebook。

Facebook（中文名：脸书）是世界最大的社交网站。2017 年 6 月 28 日，Facebook 创始人扎克伯格宣布，Facebook 的月活跃用户已突破 20 亿。这接近于世界人口的四分之一，占互联网使用人数的一半多。截至 2017 年 7 月 13 日，Facebook 在印度拥有 2.41 亿月活跃用户，超越了美国的 2.4 亿。巴西排名第三，拥有 1.39 亿月活跃用户。Facebook 作为社交行业巨头，不论在用户数量上还是在用户使用习惯上，都具备强大的黏性。Facebook 除了满足用户的社交需求外，还是营销的聚集地。对于很多跨境电商公司来说，引流的主要渠道是 Facebook，因此，Facebook 理所当然地成为营销的主要阵地。Facebook 在我国国内无法访问。

利用 Facebook 进行推广的技巧如下。

第一，头像不要太商业化，广告性质太强容易引起人们的反感。Facebook 提倡使用个人的真实头像，营销者可以用自己真实的头像，然后在下面加上适当的推广链接，这样既不引起人们反感，又能起到推广的作用。另外，营销者在填写 Facebook 个人资料的时候应注重突出要表达的商品或品牌概念，因为别人在浏览你的主页时会习惯性地看你的个人资料。

第二，日志是 Facebook 推广人发表软文的最佳场所，日志要注重原创，并在发布日志后利用分享和消息通知功能让你的好友看到最新的动态。

第三，Facebook 平台上有很多可以利用的插件游戏，这些插件游戏中带有自动回复的

功能，营销者要好好利用这些功能，放一些自己网站的广告和公司页面链接。

第四，建立自己公司的 Facebook 页面。

案例 13

### Casetify的Facebook营销

Casetify 是一家手机外壳定制服务网站，主要支持苹果商品。母亲节前夕，Casetify 希望通过提供特别优惠争取回购。利用 Facebook 的"照片广告"和"轮播广告"（见图 4-64），Casetify 成功吸引到消费者，并通过使用再营销锁定去年曾经访问网站并购买母亲节礼物的客户。最后它取得了比前一年母亲节多 3 倍的业绩增长，广告回报率是之前的 3 倍，广告每笔交易成本降低了 50%，每笔交易的平均金额增加了 20%。

图 4-64 母亲节广告

② YouTube。

YouTube 是世界上最大的视频网站，注册于 2005 年 2 月 15 日，由美籍华人陈士骏等人创立。YouTube 的月活跃用户超过 15 亿。说到 YouTube 的品牌营销，人们脑海里首先想到的是前置广告或视频播客赞助。但其实利用 YouTube 进行营销的方式并不只有这两种。现在，很多大品牌都意识到了 YouTube 视频的影响力。YouTube 在国内无法访问。

案例 14

### Sarson's的YouTube营销

Sarson's 主销食醋，一开始没有什么名气，商品也难以让顾客注意到。为了挽救日益减少的销量，让公众了解醋绝不仅是用来蘸鱼和薯条的调味品，Sarson's 决定发起一场针对年轻消费者的视频营销活动。

经过调查分析年轻人的热门搜索，Sarson's 发现 YouTube 上的年轻人经常观看与食谱、家庭烹饪和腌菜制作有关的视频。Sarson's 决定制作一系列视频，展示醋的不同用途和烹饪方法，如做酸菜、腌甜菜根，甚至用来做鸡尾酒（见图 4-65）。

数据分析是 Sarson's 锁定目标用户的方法之一。另外，搜索"醋"等特定关键词的用户也是其目标。活动

图 4-65 Sarson's 的视频广告

之初，Sarson's 在发布长视频前会提前向目标客户发送简短的视频预告。这个方法非常奏效，仅 2016 年 Sarson's 的营销视频就收获了 400 万的点击量；与 2015 年相比，其网站流量增长了 541%。这个营销活动不仅成功改变了人们对 Sarson's 这个品牌的认识，还使 Sarson's 触及全新的受众群体。年轻人不仅认识到了 Sarson's，还懂得了 Sarson's 的醋在烹饪中的作用，这大大增加了商品的销量。

③ Twitter。

Twitter（中文名：推特）是微博的始祖。微博作为传递消息最快最方便的方法之一，

20

一直深受国内外用户的喜爱。国外用户使用最多的微博网站就是 Twitter，它每天的访问量高居世界第七。Twitter 在我国国内无法访问。

④ LinkedIn。

LinkedIn（中文名：领英）创建于 2002 年，于 2011 年 5 月 20 日在美国上市，总部位于美国加利福尼亚州山景城。作为全球最大的职业社交网站，LinkedIn 会员人数在世界范围内已超过 5 亿，每个《财富》500 强公司均有高管加入。LinkedIn 在我国国内可以正常访问。

⑤ VK。

VK 是俄罗斯最大的社交网站，其用户以俄罗斯及周边国家为最多。主要买家市场在俄罗斯的卖家可以多关注 VK。VK 的世界排名为第 22 位。VK 在我国国内无法访问。

⑥ Pinterest。

Pinterest 是美国以图片分享为主的社交网站。Pinterest 在我国国内可以正常访问。

**案例 15**

### SheIn的SNS推广

SheIn（见图 4-66）成立于 2008 年 7 月，隶属于深圳市找库科技有限公司，是全国最大的跨境快时尚电商公司，致力于打造跨境快时尚品牌。目前该公司在国内设有南京（互联网分支）、广州（柔性供应链+跨境仓储物流）、深圳（互联网分支）、常熟（供应链分支）等分支机构，国外在美国（电商+商品中心分支、北美仓储物流中心）、比利时（欧洲仓储物流中心）、迪拜（分公司）等国家和城市设有多个分支机构。

图 4-66　SheIn 网站（1）

2015 年，SheIn 完成 B 轮融资，同时收购美国 MMC 和中国 Romwe。目前该公司在全球有 1300 多名员工。截至 2017 年 4 月，其业务覆盖全球 224 个国家和地区，用户超过 1000 万，主要为 18～35 岁的年轻女性；日均发送包裹达 5 万个，每年业务翻倍增长，且增长趋势可持续。

SheIn 通过自建网站做出口跨境电商，其成功经验有很多，其中很重要的一条就是注重利用社交媒体，在其网站右下角有链接到 Facebook、Instagram、Twitter、Youtube、Pinterest、Tumblr、Snapchat 等社交媒体的图标（见图 4-67）。

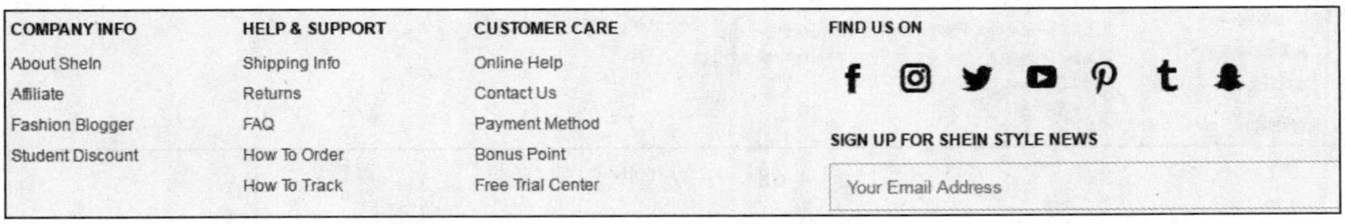

图 4-67　SheIn 网络（2）

（2）社交网站推广的问题。

由于 SNS 网站的火爆，在各类 SNS 网站上进行推广的商家也不断增加。可是对于国内的电子商务卖家来说，到国外的 SNS 网站进行推广的难度不小。

第一，语言局限。做外贸的人大部分应该有英语基础，可是就算是能看得懂，要想写出漂亮的英文来宣传自己的商品也不是易事。

第二，粉丝少。SNS 推广的关键在于粉丝数量要多，这样你发出去的信息才能被更多的人看到，被转发、被喜欢、被分享，等等。然而国内的卖家首先很难访问国外的知名 SNS 网站；即便可以访问，也会因为语言文化的差异，难以获得众多的粉丝。

如果能解决上述问题，SNS 网站将是一个很好的免费推广渠道。然而这需要很长的一段时间，尤其是粉丝数量的积累难以一蹴而就。如果卖家硬把广告发上去，一般都难以获得预期的推广效果。SNS 推广也可以外包给专业的推广公司，这些公司一般都有一些粉丝众多的"大号"，花不多的钱就可以将卖家的商品信息展示给众多 SNS 网站的活跃用户，还会一传十、十传百，吸引珍贵的站外流量访问自己的店铺。

当然，除了上述方法外，速卖通卖家还可以通过 Instagram、微博、博客、QQ、微信、在线论坛等社交媒体来进行商品和店铺的推广。

 任务实施

### 一、店铺优化

第一步：建立店铺。

首先，进入敦煌网卖家界面，单击"商品"—"商铺"，出现提示"您尚未创建自己的店铺"（见图 4-68）。此时，需要单击"上传商品"按钮，上传商品，并且上传的商品要达到 10 件以上。

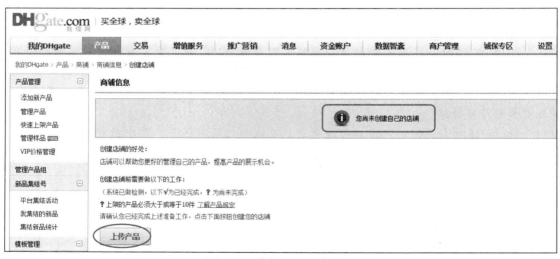

图 4-68　在敦煌网创建店铺

第二步：开放商铺。

单击"开放商铺"按钮之后，店铺的状态显示为"营业中"（见图 4-69）。

第三步：熟悉店铺各板块的功能。

卖家要熟悉店铺各板块的功能（见图 4-70）。

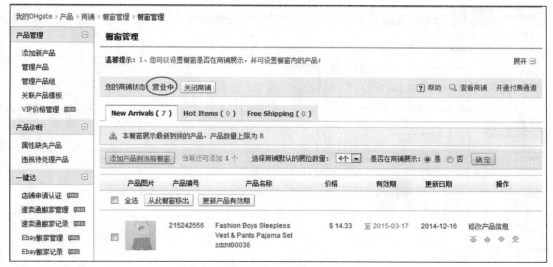

图 4-69 敦煌网开放商铺

图 4-70 敦煌网店铺各个板块的功能

第四步，完善商铺信息。

在敦煌网卖家界面，单击"商品"—"商铺"—"商铺信息"，将此部分内容进行完善，最后单击"保存并提交审核"按钮（见图 4-71 和图 4-72）。

第五步：商铺装修。

在敦煌网卖家界面，单击"商品"—"商铺"—"商铺装修"，卖家将看到"布局"板块，其中前两项布局是免费使用的，后面三项布局是收费的，卖家可以购买（见图 4-73）。卖家可以对店铺风格进行预览。

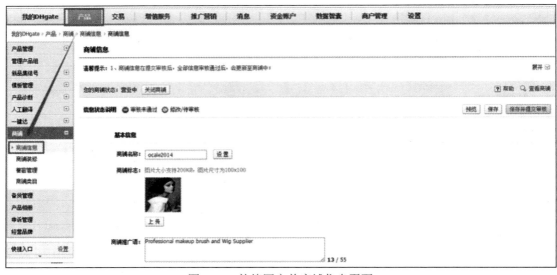

图 4-71　敦煌网完善店铺信息页面

图 4-72　敦煌网卖家完善商铺信息

第六步：橱窗管理。

在敦煌网卖家界面，单击"商品"—"商铺"—"橱窗管理"，就可以进行橱窗管理了（见图 4-74）。

第七步：商铺类目管理。

在敦煌网卖家界面，单击"商品"—"商铺"—"商铺类目"，就可以进行商铺类目管理了（见图 4-75）。

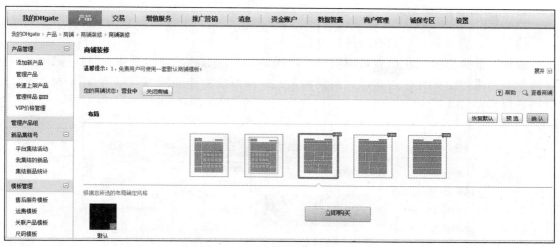

图 4-73 敦煌网商铺装修页面

图 4-74 敦煌网橱窗管理

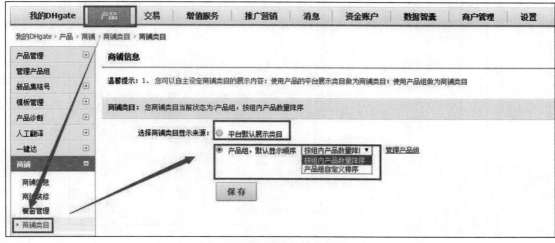

图 4-75 敦煌网商铺类目管理

### 二、推广操作

途径一：借助敦煌网自身的推广营销。

敦煌网的推广营销包括敦煌币管理、促销活动、敦煌商品营销系统、商品陈列位、流量快车、帮助推、站外广告管理、视觉精灵、一网万店海外推广 9 项（见图 4-76）。以下分别进行介绍。

图 4-76　敦煌网推广营销项目

#### 1. 敦煌币管理

（1）敦煌币的定义。

敦煌币是敦煌网中使用的虚拟货币，分为敦煌金币和敦煌券，目前主要用来投放广告。敦煌金币与敦煌券等值，与人民币的兑换比例是 1∶1（1 元=1 敦），一旦到账均不能退款。敦煌金币为卖家充值购买；敦煌券为敦煌网赠送所得，附带有效期限。

（2）敦煌币的用途。

敦煌币目前只能用来投放广告，如已经上线的竞价广告、展示计划，还可以购买数据智囊、视觉精灵等功能包。敦煌币作为敦煌网唯一的虚拟货币，以后还可以购买服务，如增值服务、诚信保证服务等。

（3）敦煌币的充值方法。

登录卖家后台，单击"资金账户"—"敦煌币管理"，进入敦煌币管理首页，单击"敦煌币充值"（见图 4-77）。从中可知，目前敦煌币充值支持线上支付和银行转账/邮局汇款两种方式，其中线上支付涵盖了 17 家银行，尚未覆盖支付宝、微信等互联网支付。

图 4-77　敦煌币充值方法

## 2. 促销活动

敦煌网卖家可以参加的促销活动包括平台促销和卖家自主营销。平台促销是敦煌网平台发起的综合性促销，平台会为大型活动指定专门的海外引流计划，短期内形成流量爆发点；卖家自主营销指卖家自主发起的店铺促销，卖家可以自由选择时间段、商品、促销形式折扣或直降形式（见图 4-78）。

图 4-78　敦煌网卖家促销活动类型

（1）平台促销。

卖家参与平台促销的方法为，在敦煌网卖家界面单击"推广营销"—"促销活动"，活动列表界面默认显示商户能参加的促销活动、活动信息以及倒计时信息，卖家单击"我要报名"开启报名流程（见图 4-79）。卖家可以查看活动的详细信息，包括促销方式、日期、内容、要求等（见图 4-80）。

（2）店铺自主营销活动。

卖家参与店铺自主营销活动的方法为，在敦煌网卖家界面单击"推广营销"—"促销活动"，在左侧导航栏选择"店铺活动"，即可看到创建"限时限量""全店铺打折""全店铺满立减""店铺优惠券"等图标（见图 4-81）。敦煌网对于店铺开展促销活动有一些规定，卖家需要遵照执行。

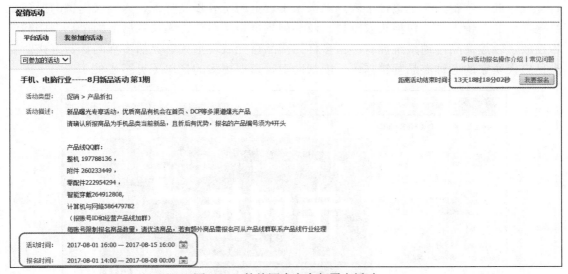

图 4-79　敦煌网卖家参与平台活动

活动时间：2017-08-01 16:00 — 2017-08-15 16:00

报名时间：2017-08-01 14:00 — 2017-08-08 00:00

目标客户：全部客户

**商户要求**

商户身份：不限

商户等级：J级、B级、WB级、S级、WS级、P级、T级

纠纷率：不高于 10.0%

**商品要求**

商品报名数：10

类目要求：手机和手机附件
计算机和网络

**促销要求**

促销类型：产品折扣

折扣范围：手机和手机附件　全站:3-9.5折　APP专享:2.9-9.4折　无销量要求
计算机和网络　全站:3-9.5折　APP专享:2.9-9.4折　无销量要求

图 4-80　敦煌网平台活动的详细信息

图 4-81　敦煌网店铺自主营销活动设置

### 3. 敦煌商品营销系统

敦煌商品营销系统是整合了敦煌网买家平台上的所有曝光资源，为卖家提供的提高商品曝光率的营销工具，包括买家首页、商品列表页、类目页、卖家端后台的单品、店铺广告投放。敦煌商品营销系统拥有丰富多样的商品曝光展现形式、灵活多样的计费方式，能满足广大卖家的各种商品营销需求，能帮助卖家赢得更多的订单（见图 4-82）。

图 4-82　敦煌商品营销系统

#### 4. 商品陈列位

商品陈列位是对卖家上传商品数量的一个补充，当平台规定的该卖家上传的商品数量不够用时，卖家可以通过购买商品陈列位增加上传商品的数量。

（1）购买原则。

商品陈列位最高购买限额 1000 个，即增加 1000 个上架商品的数量。商品陈列位的售价为 500 元/包，每 1 包起卖，1 包有 100 个商品上架数量，10 包封顶；根据不同的礼包等级分别享受不同的折扣，只支持用敦煌币购买，有效期为 365 天。

（2）折扣介绍。

黄金卖家享 9 折优惠，白金卖家享 8 折优惠，钻石卖家享 7 折优惠。

（3）购买方法。

卖家购买商品陈列位的方法为在敦煌网卖家界面单击"推广营销"—"商品陈列位"—"立即购买"，输入购买的数量，最后单击"确认购买"按钮（见图 4-83）。

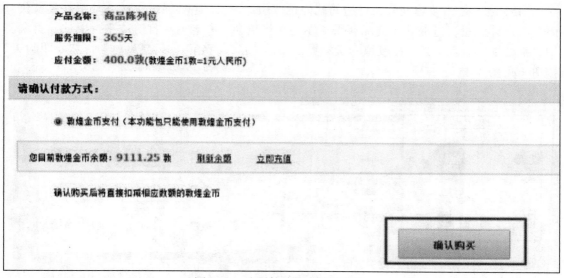

图 4-83　购买敦煌网商品陈列位

#### 5. 流量快车

流量快车是敦煌网为卖家量身打造的强力引流工具。快车商品将会在搜索商品结果列表页中的专属推广位置上高频曝光，且无时间限制。

（1）显示位置。

流量快车商品会出现在商品类目列表页和关键词搜索列表页，卖家可看到流量快车的标识，商品所在的目录、关键词的相关度和商品质量决定了流量快车商品的排序。

（2）获取途径。

平台的商户（低于标准的商户除外）都能免费获得一定数量的流量快车。

商户可以自行选择审核通过的上架商品，添加其成为流量快车商品，从而获得搜索商品结果列表页的高流量。卖家使用流量快车的方法为，在敦煌网卖家界面单击"推广营销"—"流量快车"—"添加商品"按钮（见图 4-84）。

图 4-84  敦煌网流量快车工具

### 6. 帮助推

"帮助推"是由敦煌网倾力打造的站外推广引流商品，主要通过谷歌站外帮助卖家获得更多的站外流量，进而让新商品获得更多的曝光机会，将老商品打造成平台爆款。卖家使用"帮助推"的方法为，在敦煌网卖家界面单击"推广营销"—"帮助推"—"立即购买"按钮（见图 4-85）。

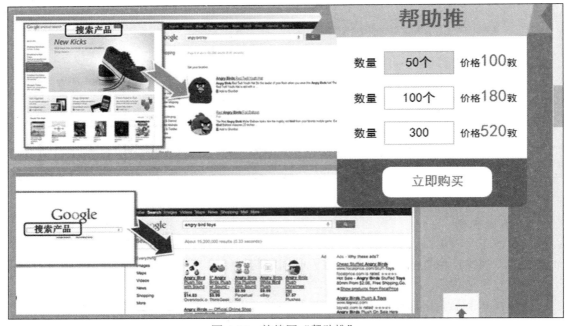

图 4-85  敦煌网"帮助推"

### 7. 站外广告管理

卖家参与站外广告管理的方法为，在敦煌网卖家界面单击"推广营销"—"站外广告管理"。目前，站外广告包括"Google shopping 站外自主引流"和"Landing Page 站外自主引流"两种（见图 4-86）。

图 4-86　敦煌网站外广告管理

### 8．视觉精灵

视觉精灵是敦煌网为商户店铺商品量身打造的强力引流工具，凡使用视觉精灵的商品，将在商品类目列表页和关键词搜索列表结果页突出显示。卖家使用视觉精灵的方法为，在敦煌网卖家界面单击"推广营销"，再单击"视觉精灵"，之后按照操作指引进行操作（见图 4-87）。

图 4-87　敦煌网"视觉精灵"

### 9．"一网万店"海外推广

"一网万店"作为连接海外实体店与中国商户的桥梁，打通线上线下营销渠道，实现海外店主、中国商户、敦煌网的三赢，其流程如图 4-88 所示。卖家参与"一网万店"海外推广的方法为，在敦煌网卖家界面单击"推广营销"，再单击"'一网万店'海外推广"，之后按照操作指引进行操作。

图 4-88　敦煌网卖家参与"一网万店"海外推广的流程

途径二：SNS 推广，流程如图 4-89 所示。

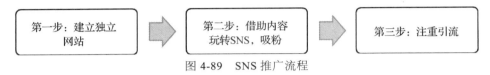

图 4-89　SNS 推广流程

# 项目实训

## 跨境电商出口"侵权"痛点解析

近期，跨境电商圈又有爆炸性新闻传出：近 4000 家跨境电商独立网站（以婚纱礼服为主）被美国婚纱礼服商业协会（ABPIA）（见图 4-90）一纸诉状告上法庭。同时，这些企业的 PayPal 账户将可能被冻结。其被诉的原因可能与侵权有关。

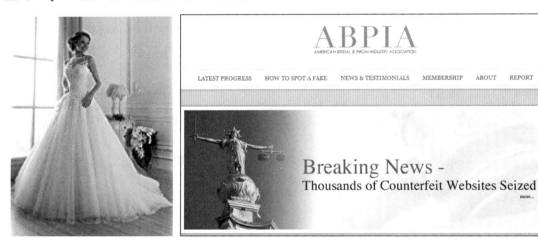

图 4-90　ABPIA 网站

据了解，此次近 4000 家网站涉嫌侵犯美国一家婚纱公司的著作权，且部分网站的 Alexa 全球排名在 1 万以内。"这类现象在跨境电商出口领域并不多见。"一名业内资深专家表示。国外如此大规模对中国婚纱品类进行"围剿"已经不是第一次了。早在几年前，美国婚纱企业曾经联合控告中国婚纱侵权，当时一度将中国跨境电商婚纱行业打到谷底，甚至第三方平台都束手无策，只能以下架方式处理。如今侵权的"火"又烧到了独立垂直网站。

据了解，多数独立网站卖家事先并没有得到通知，账号服务器权限就被直接转移到 Godaddy（全球最大域名注册商），也就意味着被直接回收，无法正常使用。有不少企业原本将在年末时提现，以为来年的布局做准备，此次所受打击巨大。以平均一家企业损失 2 万美元估算，此次案件涉及金额达 8000 万美元，是自 2015 年年末"美国亚马逊大批量下架平衡车"案件后的又一大案。

接下来如何应对，是这些跨境电商企业亟待解决的问题。收到邮件的企业表示，将力所能及地提供证据表明并非侵权。据专业律师分析，已经被起诉的商家应当迅速成立一个联盟，聘请中国和美国的律师一起进行应诉，找出自己并未侵权的证据，积极应对这突如其来的变故。

**案例解析：**

与此前大热的跨境电商综合试点开展的保税备货进口业务不同，此次案件所涉及的跨境电商企业主要从事跨境电商出口业务，并不受跨境电商试点城市和综合试验区的限制，在全国范围内都可开展，因此，这类案件对试图通过跨境电商促进外贸转型、提升竞争力的中国外贸来说意义更为特殊。"这个案件对美国婚纱行业的冲击太大了。打个比方，人家卖 1000 美元，我们的跨境电商企业只卖 100 美元，还是同款。"一名跨境电商领域的专家表示，巨大的价格差使得一些最早从事跨境电商出口的中国网站获利匪浅。"但现在这个阶段，通过价格战去赢得市场已经行不通了，同类的中国企业互相打压价格，企业自身利润下降不说，还会被国外盯上。"专家补充道。"这类案件的症结在于没有理顺商业秩序和竞争秩序。"对外经贸大学国际商务与经济合作学系主任王健表示，"中国的外贸企业需要从知识产权入手，建立自己的品牌；而从更远的角度看，中国到了规范竞争秩序的时候了。"据了解，这起案件有可能导致美国海关一段时间内大量封杀从中国跨境电商渠道出口的婚纱类商品。

**思考：**

这个案例为跨境电子商务卖家带来了怎样的经验与教训？

# 项目小结

❦❦❦❦❦❦❦❦

本项目对商品发布、商品优化、文案策划、店铺优化及推广操作的相关知识进行了讲解，并且应用敦煌网模拟了上述任务的具体操作。

在商品发布方面，卖家首先要整理商品包（包括图片、标题、关键词、短描、长描 5 部分内容），其次要按照跨境电商平台的规定上传商品。卖家发布商品时需要注意三点：勿侵权（图片、标题）、放对类目、价格正确。

在商品优化方面，卖家需要从商品的标题、详细描述、价格等方面进行优化。其中，商品标题优化的技巧有 4 个：敦煌网买家频道——搜索联想，借鉴爆款标题，参考 eBay、亚马逊等跨境电商网站的标题，筛选关键词；商品详情描述的优化包括 3 个方面：完善基本信息、优化图片、优化文案；商品价格的优化方法有 3 个：商品自我优化、参考竞品价格、巧用价格临界点。

按照表现形式的不同，跨境电商文案包括横幅广告文案、网店详情页文案、电商品牌文案、网络推广文案这四种类型。文案策划的写作流程包括 4 个步骤：找准商品卖点和用户痛点，收集新颖的想法，撰写自己的想法，制作图文结合的页面。撰写文案的技巧有 6 个：走出自我意识，进入买家的意识；从物的视角转入人的视角；多讲故事，少讲道理；嫁接人类文化的符号；让道具说话；攻心为上，以情动人。

店铺优化包括店铺装修和提升卖家服务等级，其中，店铺装修包括完善店铺装修模块、统一店铺风格。推广操作分为新店铺的推广操作、常规商品和店铺的推广操作。推广操作的途径包括借助跨境电商平台的推广、委托专业的推广公司推广、社交媒体推广等。

# 习题

## 一、选择题

1. 完整的标题应该包括（　　）。
    A. 核心词　　　　B. 属性词　　　　C. 流量词　　　　D. 高频词
2. 以下属于流量词的有（　　）。
    A. for mother
    B. from factory shop
    C. free shipping
    D. big size
3. 以下属于属性词的是（　　）。
    A. 100% cotton　　B. new arrival　　C. hot sale　　　D. sleeveless
4. 商品描述从不同角度，可以划分为（　　）。
    A. 商品展示类　　B. 实力展示类　　C. 吸引购买类　　D. 交易说明类
    E. 促销说明类
5. 通过展示买家评价、热销盛况刺激买家购买，属于（　　）。
    A. 商品展示类　　B. 实力展示类　　C. 吸引购买类　　D. 交易说明类
    E. 促销说明类

## 二、判断题

1. 商品的核心词指的是表明商品所属类目的词。　　　　　　　　　　　　（　　）
2. 考虑买家的阅读习惯，标题中的关键词应该前置。　　　　　　　　　　（　　）
3. 填写商品属性词时，越详细越好。　　　　　　　　　　　　　　　　　（　　）
4. 商品图片对美工要求很高，修饰得越漂亮越好。　　　　　　　　　　　（　　）
5. 在我国国内无法访问 Facebook 和 Twitter，但是可以访问 Linkedin。　（　　）

## 三、实训题

1. 在敦煌网平台上发布商品，并用 PPT 展示汇报。
2. 在敦煌网平台上优化商品，并用 PPT 展示汇报。
3. 自选商品，制作一份商品推广文案。
4. 对敦煌网平台上的店铺进行优化，并用 PPT 展示汇报。

# 项目五

# 跨境电商营销

**学习目标**

【知识目标】

理解互联网营销的方式；

熟悉典型海外市场的特征；

掌握搜索目标客户的方式；

掌握常用的营销活动类型。

【能力目标】

能够独立进行海外客户搜索；

能够分析海外客户的需求特征；

能够开展店铺自主营销活动；

能够使用 SEO 工具开展营销活动；

能够使用 SNS 进行店铺营销活动。

## 任务一　跨境电商营销基础

**任务引入**

　　跨境电商营销理论是随着互联网发展而兴起的一门新理论，跨境电商营销本质上是营销，但是又不同于传统的营销模式。大家要在跨境电商模式下理解与运用营销理论，需要了解互联网营销的方式；需要对海外客户的特征、海外电商的发展有一定程度的了解，并在此基础上掌握搜索海外目标客户的方法；还需要了解典型的跨境电商营销活动的内容与形式。

 **相关知识**

跨境电商营销本质上是营销活动，我们可以从营销的角度出发，结合跨境电商互联网的特点去分析和理解。

## 一、互联网营销概述

### 1. 互联网营销的概念

互联网营销是网络经济环境下企业整体营销战略的组成部分，是以互联网等各种现代通信系统为载体，运用信息技术手段，面向网络市场和现实市场，以满足客户需求为核心，营造企业经营环境的过程。

互联网营销指用网络技术来进行市场营销。互联网营销首先是市场营销，由互联网取代报刊、邮件、电话、电视等中介媒体，其实质是利用互联网对商品的售前、售中、售后各环节进行跟踪服务，它从始至终贯穿在企业经营的全过程中。互联网营销由互联网客户、市场调查、客户分析、商品开发、销售策略、反馈信息等环节组成。

### 2. 互联网营销的特点

互联网可以将企业、团体、组织以及个人跨时空联结在一起进行信息的交换，因此互联网营销呈现出以下一些特点。

（1）跨时空。营销的最终目的是占有市场份额，由于互联网能够超越时间约束和空间限制进行信息交换，这使得营销脱离时空限制进行交易变成可能，企业有了更多时间和更大的空间进行营销，可每周 7 天、每天 24 小时随时随地提供全球性营销服务。

（2）多媒体。互联网被设计成可以传输多种媒体的信息，如包含文字、声音、图像等的信息，使得为达成交易进行的信息交换能以多种形式存在和交换，可以充分发挥营销人员的创造性和能动性。

（3）交互式。互联网通过展示商品图像，并由商品信息资料库提供有关查询，来实现供需互动与双向沟通。

（4）整合性。互联网营销是一种全程的营销渠道，可以将不同的传播营销活动进行统一设计规划和协调实施，以统一的传播信息向消费者传达，避免因不同传播营销活动的不一致性导致消极的影响。

（5）高效性。计算机及互联网高速高效，能及时有效了解并满足顾客的需求。

（6）低成本。互联网营销减少了传统营销的印刷与邮递成本。

## 二、互联网营销的方法

### 1. 网络广告

网络广告是一种常用的网站推广手段，是利用超文本链接功能而实现的一种宣传方式，常见的网络广告有标志广告（Banner）、文本广告、电子邮件广告、分类广告等多种形式。

其中标志广告又是最通用的，因此有时我们也将网络广告等同于标志广告。

标志广告通常以 GIF、JPG 等格式创建图像文件，然后插入到网页里来表现广告内容，同时还可以运用 Java 等语言使其产生交互性，用户点击标志广告后通过超链接到达广告所要宣传的内容页面。据统计，标志广告的平均点击率在 1%左右。

与传统媒体相比，网络广告有其独特之处，如成本低廉、不受地理区域限制、交互性强、广告效果容易统计、实时性等。

### 2. 电子邮件营销

电子邮件（E-mail）营销被证明是一种效果很好的网上营销工具，据统计其反馈率为 5%~15%。远远高于标志广告的回应率。

电子邮件营销不是随意向潜在客户发送商品信息，而是以事先征得用户许可的"软营销"方式来进行营销，所以也常被称为许可 E-mail 营销。其基本思路是通过为顾客提供某些有价值的信息，如时事新闻、最新商品信息、免费报告以及其他为顾客定制的个性化服务内容，吸引顾客参与，从而收集顾客的电子邮件地址，在发送定制信息的同时对自己的网站、商品或服务进行宣传。公司在没有条件实施邮件列表的情况下，也可以通过向第三方购买电子邮件地址、与第三方合作等方式开展电子邮件营销，或者委托专业的电子邮件营销服务公司开展营销。

从营销的手段、提供服务的内容和顾客的关系等方面综合分析，许可 E-mail 营销有下列八种主要模式：顾客关系电子邮件、企业新闻邮件、提醒服务/定制提醒计划、许可邮件列表、赞助新闻邮件、赞助讨论列表、鼓动性营销和伙伴联合营销。

### 3. 搜索引擎营销

搜索引擎是互联网上进行信息资源搜索和定位的基本工具，是为了帮助用户从上百万个网站中快速有效地查询，找到想要得到的信息而出现的。如果说互联网上的信息浩如烟海，那么搜索引擎就是海洋中的导航灯。所谓搜索引擎营销（Search Engine Marketing，SEM），就是根据用户使用搜索引擎的方式，利用用户检索信息的机会尽可能将营销信息传递给目标用户。下面重点介绍搜索引擎注册、搜索引擎优化、关键词广告等搜索引擎营销方法。

（1）搜索引擎注册。

网站是企业网络营销的主窗口。但网站宣传的前提是别人必须了解你的网址。从网民的角度来看，搜索引擎已经成为网民网上冲浪的利器；从企业的角度来讲，搜索引擎也给企业网站推广带来了希望。那么，怎样才能使搜索引擎查找到自己的企业网站呢？那就要通过搜索引擎注册，就是将你的网站基本信息（尤其是 URL）提交给搜索引擎的过程。搜索引擎有两种基本类型：一类是纯技术型的全文检索搜索引擎，另一类是分类目录型搜索引擎。对于这两种不同性质的搜索引擎，我们注册网站的方式也有很大差别。为了确保更多的访问者能找到你，大家可以同时在多个引擎上注册。

（2）搜索引擎优化。

搜索引擎优化（Search Engine Optimization，SEO）就是针对各种搜索引擎的检索特点，让网站建设和网页设计的基本要素适合搜索引擎的检索原则，从而获得搜索引擎收录并在检索结果中排名靠前。

一个搜索引擎友好的网站，应该方便搜索引擎检索信息，并且返回的检索信息让用户看起来有吸引力，这样才能达到搜索引擎营销的目的。搜索引擎优化本身并不是一项专门的技术或者工程，而是一种经营思想，将这种经营思想运用于网站建设之中，自然就获得了搜索优化的效果。

搜索引擎优化的着眼点是要为用户获取信息和服务提供方便，是以用户为导向的网站优化效果的自然体现。因为搜索引擎的检索原则是为用户提供与检索信息最相关的内容，如果一个网站/网页做到了这一点，自然会在搜索引擎检索结果中获得好的排名。

（3）搜索引擎广告。

通常情况下，仅靠网站优化设计还不足以使多个重要关键词都获得好的排名，这时企业就需要利用搜索引擎广告。搜索引擎广告是付费搜索引擎营销的一种形式，也被称为关键词广告、付费搜索引擎关键广告等，这类广告自 2002 年之后是网络广告市场增长最快的网络广告模式。广告投放的方法很简单，企业可以自己操作，也可以委托专业服务商代理有关业务。

搜索引擎广告的基本形式是：当用户利用某一关键词进行检索时，在检索结果页面会出现与该关键词相关的广告内容。

### 4．网络社区营销

网络社区是网上特有的一种虚拟社会，它通过把具有共同兴趣的访问者组织到一个虚拟空间，从而达到成员相互沟通的目的。论坛和聊天室是网络社区两种主要的存在形式，在网络营销中有特殊的作用，企业通过论坛和聊天室进行营销，可以增进和访问者或客户之间的关系，还有可能直接促进网上销售。

网络社区营销是网络营销区别于传统营销的重要营销方式之一。企业除了利用别人的论坛和聊天室之外，也可以建立自己的网上社区（如社交媒体或自媒体），为网络营销提供直接渠道和手段。

## 任务二　锁定目标客户

### 任务引入

如何才能锁定目标客户？这需要你对海外客户的特征、海外电商的发展有一定程度的了解，并在此基础上掌握搜索海外目标客户的方式。

### 相关知识

下面主要介绍全球主要国家电商市场概况，包括市场概况、当地客户需求特征等；同时介绍在线搜索海外客户的方式。

## 2.1　全球主要国家电商市场概况

### 一、俄罗斯

#### 1．市场概况

俄罗斯的互联网经济起步晚，但发展速度非常快。网民的年龄跨度非常大，其中不乏

60 岁以上的老人。莫斯科和圣彼得堡地区居住了俄罗斯 70%的人口,俄罗斯的网民主要分布在这两个核心地区。由于大型服装实体商店很少,加之衣服的型号不全,中型城市(人口数量为 10 万～50 万人)的网上购买力也相对较高。在俄罗斯的网民中,女性用户所占比重达 60%,年龄为 25～38 岁的用户居多,她们购买的商品种类多样,其中服饰和鞋类更受欢迎。

### 2. 需求特征

(1)俄罗斯不同季节温差较大,营销的季节性很强。俄罗斯的冬天很冷,所以人们在室外非常注重保暖。帽子、手套(包括五指分开的手套)、围巾、皮草长大衣、皮草短大衣等商品都是生活必备品。

(2)运动商品热销。俄罗斯人热爱运动,运动是他们生活中不可缺少的一部分。他们会经常购买专门的运动服、运动鞋及配套商品。

(3)迷恋度假。一般情况下,海滩会是俄罗斯人度假的首选地点,所以他们会购买很多海滩度假所需的用品,如泳装、沙滩鞋等商品。

(4)大码服装需求量大。俄罗斯人的身材一般比较高大,所以大码的衣服更适合他们。

(5)价格因素很重要。价格在俄罗斯人的网购决策中占很大的比重,但并不是价格便宜的商品就能受到他们的青睐,商品的质量和品牌对于他们来说也同样重要。

## 二、巴西

### 1. 市场概况

巴西之所以成为跨境电商竞争的新兴市场,除了巴西国内电子商务基础设施良好以及物流和支付平台发展迅速之外,最根本的原因在于巴西辽阔的领土。巴西国土面积居世界第五位,人口总数超过两亿,同国土面积一样也居世界第五位,居拉丁美洲第一位。同时巴西为世界第七大经济体,是世界上发展最快的发展中国家之一。

尤其近年来巴西政府大力建设电子商务基础设施,加速了电子商务的发展。巴西人口超过两亿,而互联网用户已经达到 1.02 亿,超过人口总数的 50%。同时,巴西网购人口有 5100 万,移动用户比例也颇为可观。

### 2. 需求特征

(1)购买人群特征。巴西的买家人群基本属于白领阶层,年龄为 25～36 岁,大学以上学历,英语中等水平,月收入在 5000～10000RMB,有 3～4 年跨境网购经历。巴西人特别是女士,下身比较宽大。

(2)需求偏好。对巴西买家来说,价格便宜是最重要的,但款式一定要跟上潮流,巴西买家偏爱大牌元素、电视主角同款等。其品类偏好为服饰、配饰、鞋包、美容美发用品、玩具及 3C 配件等。

(3)风格偏好。巴西买家钟爱美国乡村风和简约风,喜欢比较紧身且显身材的服装,喜欢夸张、颜色丰富的配饰。他们追求商品质感,卖家要重视图片显现效果。

## 三、西班牙

### 1. 市场概况

不管是国内电子商务还是跨境电子商务,西班牙都是欧洲最具潜力的国家。西班牙消费者更倾向于在网上而非实体店购物。最近一项关于西班牙电商产业的研究表明,有 35%

的消费者每月至少网购一次，且有将近一半的西班牙消费者在 2016 年的网购次数为 4～12 次。超过一半的西班牙网络消费者有从外国网络商店购物的经历，西班牙消费者从国外网站购物的比重占西班牙总的电子商务收入的 44.2%，这使西班牙成为一个有利可图的跨境电商市场。

西班牙消费者主要从英国、中国、美国和德国等国家购买商品，主要购买服装和鞋类等商品。西班牙电子商务发展成熟，速卖通、亚马逊、ebay 均已入驻西班牙市场。

### 2. 需求特征

（1）购买人群特征。西班牙买家男女比例平均，买家年龄集中在 16～34 岁，以学生和上班族为主。西班牙买家不具备非常高的支付能力，因此比较在意商品价格。

（2）购物习惯。多数西班牙买家习惯使用台式机浏览购物，使用手机和平板电脑的也有一定的比例。值得一提的是，有 26.2% 的买家不止使用一种设备进行购物。西班牙人多通过关键词搜索来购买商品，在购买之前他们会进行全站比价并参考好评（西班牙人评论为主），而朋友和 Facebook 推荐的卖家也是他们选择的对象。

（3）特殊需求。卖家在西班牙销售商品除了要做到尺码齐全外，服装等商品一定要附尺码表。

## 四、法国

### 1. 市场概况

法国是世界贸易大国，外贸进出口总额居世界第五，其中出口总额居世界第六，进口总额居世界第四。

法国的电子商务市场规模在欧洲排名第三，排在英国和德国之后。2016 年年初，电商销售总额增长速度是法国商业总体增长速度的 10 倍。

自 2015 年起，法国使用手机上网购物的人数增长迅速，现在电商售出的商品中，有 72% 的商品是通过移动终端售出的。

### 2. 需求特征

（1）购买时间。因为圣诞节的关系，11 月和 12 月是电商销售最火热的时期，通常 63% 的法国人会在这个时间段上网购物。

（2）需求类别。因为法国本土旅游业较发达，法国人在网上买得最多的是旅游、服务、文化、服装类商品，有近一半的法国人都会在网上购买这些商品；有 39% 的法国人在网上购买电子、电器类商品；有 28% 左右的法国人会上网购买美容健康和家居用品；有 20% 左右的法国人会在网上购买食品、快消品、家电以及游戏和玩具；另外还有 15% 左右的法国人会直接在网上购买汽车配件和运动器材。

（3）购买界面偏好。商品详情页除了要尽量在图片中配上法语文案之外，还得注意图片的丰富度。法国的移动端用户越来越多，且大多数都是用网页下单（非客户端）的，所以卖家除了要注意图片的丰富度之外，还得注意控制图片的宽度和质量，方便用手机浏览器快速打开。

## 五、英国

### 1. 市场概况

英国政府一贯支持电子商务的发展，欧盟委员会及英国政府制订了一系列的电商交易政策来为电子商务的规范化发展保驾护航。因此，英国的电商在欧美国家处于领头羊位置。

早在 2002 年，英国的电商零售业占市场总销售额的比例就高于美国了。2013 年，欧盟地区有超过 1/4 的消费者在线购买非欧盟国家的商品。这个比例在欧元区国家更高，最高的是奥地利，比例超过 70%。英国、德国、法国是欧洲地区最受国外消费者青睐的跨境电子商务进口目的国。

英国电商这么好的发展态势，得益于英国公众上网率的增加和上网条件的改善，在互联网接入服务的价格和选择范围上，英国比欧洲其他多数国家更有竞争力。

### 2. 需求特征

（1）价格。英国消费者会花费大量时间对比同种类型的商品，多数情况下，商品价格是其营销购买行为的决定性因素。

（2）需求偏好。随着商品更新步伐的加快，社交媒体与时装秀总能引发时尚潮流与商品需求。同时，英国王室成员在推动时尚商品销售方面也作用显著。

## 六、美国

### 1. 市场概况

美国是全球电子商务发展最早也是最快的国家，其电商应用领域和发展规模领先于其他国家。目前在全球所有的电子交易额中，有 40%发生在美国。

美国是全球拥有大型电子商务平台最多的国家，同时平台的用户活跃度也是全球最高的。其原因主要在于，美国良好的基础设施和充足的消费群体使得美国网上 B2C 销售量呈现稳步上升的趋势。其次，80%的美国制造商拥有自己的网站，电子商务交易的使用率为32%。最后，美国拥有强大的互联网经济，更多的个体愿意融入这个经济体系当中，当地网民又具备非常强的分享意识和创新意识，所以 C2C 的销量也呈现逐年增长的势头。

### 2. 需求特征

（1）消费习惯。美国人基本不存钱，有多少钱就花多少，甚至喜欢透支消费。美国的银行鼓励美国消费者分期付款，并且有些银行提供 45 天的透支免息期。

（2）生活习惯。美国人活在当下，享受生活，注重精神消费，如锻炼、健身、养生、旅游、营养品。美国人会把大量的钱投在健身、户外运动、养生和营养品上。所以美国的健身用品、户外用品市场火爆，保键品热销。这和美国人的生活习惯息息相关。

（3）品牌需求。美国人很看重品牌，美国人认为品牌是质量的保证，他们宁愿选择价格高的品牌，也不会选择没有品牌的便宜货。包装在美国人心里占有很大的比重，在他们眼里，包装和商品的品质是平等的，好的商品一定要有好的包装，否则其购物体验会有落差。

## 2.2 搜索目标客户

在跨境电商领域，最有效寻找客户的方式就是进行"搜索"。跨境电商不同于一般实体企业，不能够完全遵从 STP 战略进行市场细分、选择目标市场并且有针对性地进行定位。但是，跨境电商企业在进行搜索前，也要有明确的营销目标，对自身商品的终端市场进行分析，预测商品适合或者说畅销的国家和地区，分析商品的采购者特征，如是个人还是批发商？接下来将介绍如何高效搜索到目标客户。

## 一、国外行业协会网站

相比综合商贸网站，专业网站在买家、卖家等信息的真实性和完整性方面更加可靠，分类更加细致，更方便卖方找到所需信息。行业协会是最常用的专业类网站，英文表达有Association、Alliances、Bureau、Council、Institute、Society 和 Guild 等多种。在搜索引擎中搜索行业名称+Association（或其他关键词），就可以找到相应的行业协会。一般来说，每个国家的行业协会都包含与制造商、经销商相关的大量信息。

每个行业几乎都有行业网站，用关键词搜索某专业网或某行业协会（如 foodstuff association），一般就会在专业网站或行业网站上看到会员列表，其包含的客户信量很大。另外，行业协会网站上有很多相关链接，能帮助卖方找到更多的相关企业信息。

## 二、黄页网

黄页是国际通用的，依照企业性质和商品类别编排的电话号码簿，电话簿会刊登企业的名称、电话、地址等信息，是一个城市/地区企业信息的汇总表。目前，黄页网逐渐替代传统黄页，成为查询企业信息的重要途径。黄页网以互联网为载体，将传统黄页的企业信息上传到网页，发布、传播电话簿。相比传统黄页，黄页网的内容更全面、使用更方便，优势更显著。

## 三、海关数据

现在，越来越多的出口企业意识到海关机构通常是寻找客户的便捷渠道，有了海关记录，卖方可以掌握目前最活跃的进口商的交易金额、交易频率、交易商品种类及交易数量等方面的信息。

对一般卖方而言，海关数据是不轻易开放的，需要从某些专业机构购买。卖方通过分析海关数据，可以了解并有效利用如下内容：竞争对手的经营情况；现有客户的交易信息；商品所属品类的全球需求量；全球买方的购买周期与需求规模；流失客户的去向。

## 四、商业论坛

每个国家都有商业论坛，论坛中活跃着很多行业、企业专家，流通着很多客户信息与商业机会。在商业论坛，有很多机会可以与潜在客户直接沟通，可以说它是寻找客户最有效的方式之一。本文将常用的商业论坛网站列举如下。

### 1．进出口论坛

进出口论坛是美国最大的专业外贸论坛，致力于打造全球最具人气、最实用的外贸社区。它包含特定行业的信息，如解决方案、资源、服务、供求信息、税收等。

### 2．Biznik

Biznik 是一个在线商业网络社区。一些独立的生意人聚集在这个社区，分享信息资源，为彼此提供支持。Biznik 是唯一的一个为独立生意人创建的社区，创建人也是两个独立的生意人，他们的目的就是为这些独立商人创建一个很好的商业网络。

### 3．TheFastlaneForum

TheFastlaneForum 是一个专门为终极企业家出谋划策的论坛，用户可以在此讨论商业策略，分享建议、书箱和文章。在这里，很多人可以从百万富翁口中获得建议。

### 4. MMG论坛

MMG 是首屈一指的金融服务供应商网站，创立不到四年的时间就拥有了十多万成员，每天的页面浏览量超过 6000 人次。MMG 论坛主要讨论与金融广告相关的信息。论坛的主要栏目包括使用规则、帮助、搜索、日历、博客、链接等。成员在论坛上分享与挣钱相关的经验和机会，并相互提供帮助。

## 五、搜索引擎

### 1. 明确预期目标

在使用搜索引擎之前，企业应从以下几个方面分析目标客户，了解潜在用户购买周期需求的变化及影响因素，从而细化搜索的预期目标。

（1）目标用户所属的国家和地区；

（2）目标用户的文化背景与特征；

（3）目标用户惯用的网站和社交媒体；

（4）目标用户获取商品/服务信息的途径与方式。

### 2. 搜索目标市场定位

利用搜索引擎寻找客户无异于大海捞针，所以企业应当做好搜索前的定位工作，限定搜索范围。首先，选择此次所要寻找的客户所属的国家与地区；其次，锁定商品潜在客户的类型，从而确定最有效率的关键词。若搜索的目标市场是非英语国家，建议可先将关键词翻译成英语，再翻译成目标国家语言，提升翻译的精准度。

### 3. 搜索引擎的分类和搜索方法

（1）搜索引擎主要分为三种，分别是全文搜索引擎（Google、Fast/All the Web、Alta vista、Inkom、Teoma、Wisent、百度等）、目录索引类搜索引擎（Yahoo、DMOZ、Look smart、About、搜狐、新浪、网易等）和元搜索引擎。

（2）对于跨境电商企业来说，各个搜索引擎网站前面三页呈现的信息和广告是最具价值的，如果只用其中一个搜索引擎，可能会错过很多市场机会。用某一商品作为搜索关键词，采用不同的搜索引擎，对比搜索结果可以看出，同一关键词在不同搜索引擎中的搜索结果有显著差异。例如，用同一个全球搜索引擎在不同国家/地区进行搜索；在同一国家/地区用不同搜索引擎搜索；采用本土搜索引擎与非本土搜索引擎进行搜索。进行以上方式的搜索，我们可以发现前几页的信息几乎不同。因此，企业要采用多种不同的搜索引擎，以避免客户信息的流失。

（3）每个搜索网站每天会收录其他网站更新的信息，多搜索引擎并用可以发现最新的商机。例如，买家在阿里巴巴上发布新的采购信息，几小时后在 Google 上就能搜索到这些信息。这些最新收录的即时信息对店铺的生意非常有帮助。通过不同的搜索引擎查找商品和客户信息是跨境电商搜索客户的核心。同样的关键词，在不同的搜索引擎搜索就有不同的结果；即使是同一个搜索引擎，多尝试些关键词，也会有意想不到的收获。

## 六、行业展会

虽然跨境电商是新兴的出口方式，但传统的、面向国际贸易行业的展会依旧是非常有效的出口营销方式。行业展会大多有专门的网站，网站对之前参展客户的名单及已经报名本次展会的客户的名单、联系方式、网站等重要资料都有罗列。

# 任务三　跨境电商营销活动

 **任务引入**

　　如何开展有效的营销活动，将精心准备的商品销售出去，这是卖家最关注的问题之一。如何在商品价格一样的时候，比别人卖得多；在商品质量一样的时候，比别人卖得价格高；如何通过合适的促销活动提升销量，这是跨境电商卖家需要掌握的营销技能。

 **相关知识**

## 3.1　店铺自主营销

　　每一个跨境电商平台都有自己独特的营销工具，如何根据活动特点、客户特点和商品特点使用合理的营销工具，从而实现销量与利润最大化，这是每个平台用户应当认真学习和研究的。例如，在速卖通平台有四大店铺营销工具，分别是限时限量折扣、全店铺打折、店铺满立减、店铺优惠券，其中限时限量折扣位居四大营销工具之首。在亚马逊平台有免运费、满减及折扣、买赠、买满再买优惠这四大店铺营销工具，其中免运费和满减及折扣是比较常使用的店铺营销工具。

　　下面就以速卖通"限时限量折扣"和亚马逊"免运费促销"两种店铺营销工具的使用来介绍跨境电商平台的营销工具。

### 一、速卖通"限时限量折扣"

#### 1．活动优势

　　在速卖通平台的四大店铺营销工具之中，"限时限量折扣"位居四大营销工具之首，所以在店铺营销中最常用。"限时限量折扣"促销活动的优势有以下几点。

　　（1）购物车、收藏夹里的商品一旦打折，买家立刻会收到系统提示，从而提升购买率。

　　（2）进入速卖通买家搜索页面，单击"Sale Items"按钮，通过"限时限量折扣"工具打折的商品都有机会展示在搜索结果的第一页，如图5-1所示。

图 5-1　折扣商品显示位置

（3）利用"限时限量折扣"工具，商品可以获得额外曝光。

（4）在大促期间使用"限时限量折扣"工具，网站会将新流量引入到店铺，有利于店铺冲高销量。

（5）在"限时限量折扣"设置页面中，卖家可以为手机渠道设置专属的限时限量折扣活动。

**2．"限时限量折扣"活动设置**

（1）登录用户后台，进入"营销中心"，单击"店铺活动"后，就可以创建活动，如图5-2所示。

（2）单击"创建活动"按钮进入到"创建店铺活动"页面。活动开始时间以美国太平洋时间为准，打折商品12小时后展示给买家，因此卖家需要在活动开始前12小时创建好活动，如图5-3所示。

（3）创建好店铺活动后，选择参与活动的商品，每个活动最多只能选40个商品，如图5-4所示。

（4）设置商品折扣率和促销数量。可批量设置折扣库存，也可单独设置，如图5-5所示。

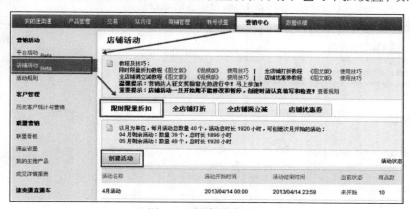

图5-2　创建活动页面

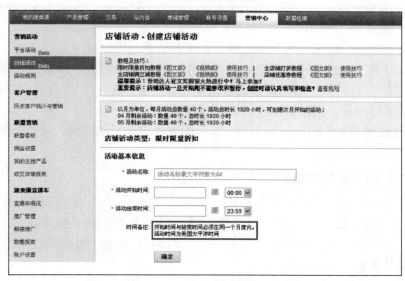

图5-3　创建店铺活动页面

图 5-4　选择参与活动商品

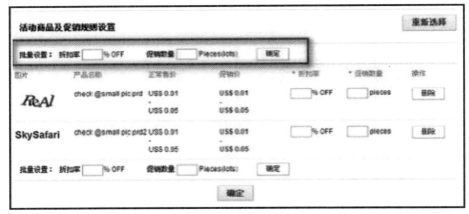

图 5-5　设置折扣库存

（5）单击"确定"按钮后即可完成设置。现在活动处于"未开始"状态，卖家还可以进行修改活动时间、增加和减少活动商品等操作。活动开始前 6 小时将进入审核状态，活动状态将变成"等待展开"，活动开始后将处于"展示中"状态。"等待展示"和"展示中"不可以编辑也不可停止，所以卖家在设置时要谨慎。

（6）"限时限量折扣"活动一旦创建，商品即被锁定，无法编辑，只能下架，也可以选择退出该活动。

### 二、亚马逊的"免运费促销"

由于国际运费相对国内电商运费而言比较高，因此"包邮"促销很多时候都能提升商品销量。甚至有些店铺，有专门的"包邮商品区"，也就是客户额外选择包邮商品区的一件商品时就可以享受整单免运费的优惠，这样的活动都可以促进"包邮商品区"的商品销售，更不用说直接免运费的促销活动了。

"免运费促销"活动的设置如下。

（1）进入亚马逊后台，单击"广告"—"管理促销"—"创建促销"，找到"免运费"，单击"创建"按钮，如图 5-6 所示。

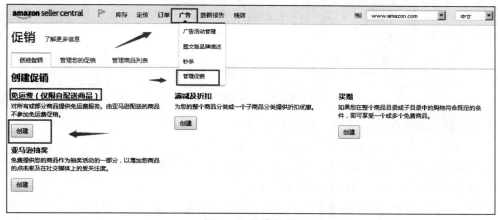

图 5-6 创建促销

（2）免运费设置。

选择促销条件，填写完整相关信息，选择适合的分类商品作为免运费设置的商品（一般不提倡选择全部商品），也就是全包邮设置和部分包邮设置。不过一般全包邮设置在物流设置时比较好操作，并且可以长时间的包邮，如图 5-7 所示。

图 5-7 免运费设置

（3）设置促销时间段（时间段无要求限制）以及促销名称，如图 5-8 所示。

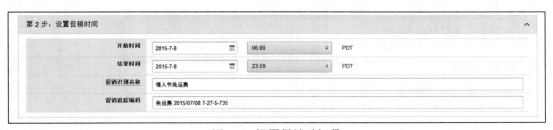

图 5-8 设置促销时间段

（4）设置优惠码的类型等，如图5-9所示。

图 5-9　设置优惠码的类型

图 5-9 中各选项含义及优惠码使用规则如下。

① 一次性：就是一个码一个卖家只能使用一次。

② 无限制：卖家可以多次使用这个码，发给不同的买家使用。

③ 无：无需优惠码，直接参加促销优惠。

④ 同一笔订单中，买家最多只能使用一个优先型优惠码，优先型优惠码可与无限制型优惠码同时使用。

⑤ 同一笔订单中，买家若符合多个优先型优惠码，系统将自动选择一个最佳折扣。

⑥ 同一笔订单中，买家可以同时使用多个无限制型优惠码。独用型优惠码不可与任何优先型或无限制型优惠码搭配使用。

（5）设置卖家自定义信息，这里可以按照个人需求自行设置，如图5-10所示。

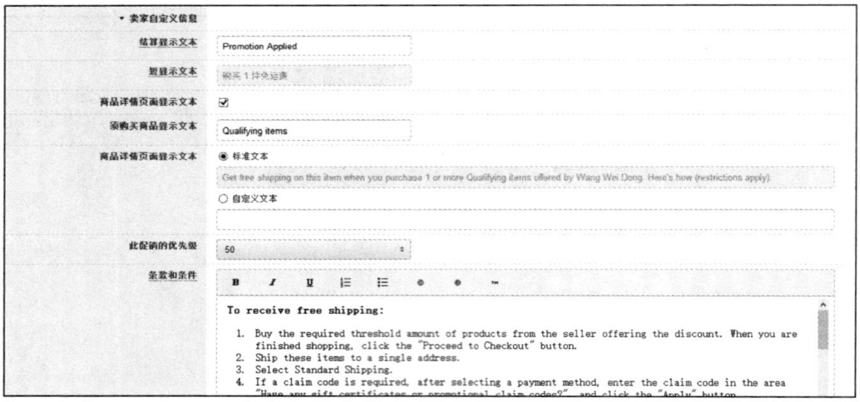

图 5-10　设置自定义信息

勾选"商品详情页面显示文本"，发布后的促销信息会在 listing 里显示出来，如图 5-11 所示。

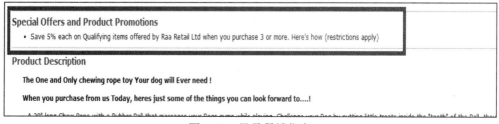

图 5-11　显示促销信息

## 3.2 SEO营销

### 一、SEO营销的概念

SEO（Search Engine Optimization）是搜索引擎优化的英文缩写，是指通过采用易于搜索引擎索引的合理手段，使网站各项基本要素适合搜索引擎的检索原则并且对用户更友好，从而更容易被搜索引擎收录及优先排序。

SEO通过总结搜索引擎的排名规律，从而对网站进行合理优化，使网站在搜索引擎中的排名提高，进而为网站带来更多的客户。它可以为网站提供生态式的自我营销解决方案，让网站在行业内占据领先地位，从而获得利润收益。

SEO有其特有的优势，不仅可以避免过多的无效点击，节省成本，而且花费成本低，能够轻松地将商品展示到客户最关注的位置。

### 二、SEO推广策略

#### 1. 目标关键词选择策略

目标关键词是指经过一系列的关键词分析，最后确定下来的商品"主打"关键词，通俗地讲是指网站商品和服务的目标客户可能用来搜索的关键词，也叫核心关键词。

通常每个网站页面的目标关键词有一个，最多不能超过二个，一般第二个目标关键词和第一个目标关键词比较相近。例如，apparel wholesale 是第一个目标关键词，那么第二个目标关键词可能是 fashion apparel wholesale。

目标关键词具有四个特征：一般是由 1～4 个单词组成；目标关键词有一定的搜索量；网站的内容会围绕着目标关键词来展开和布置内容；目标关键词会出现在 title，keywords 和 description 中。

在选择目标关键词时，我们还需要考虑词根和长尾关键词两个要素。词根，就是目标关键词中最核心的词。如 apparel wholesale，这个目标关键词的词根就是 apparel。长尾关键词是比目标关键词还要更细分，定位更精准的词，长度一般比目标关键词要长。例如，Free shipping apparel wholesale，就能更进一步表达采购者的需求，即想要免运费。

#### 2. 关键词使用策略

为了增强用户体验，卖家应结合商品特点，恰当地将关键词应用于文案中。关键词要自然地出现，卖家不要为了增加关键词而刻意在文案中加入关键词，这样会影响内容的可读性和用户体验。关键词的密度要适当，如果密度过强，综合排名分值反而会下降。关键词的密度安排，可通过分析竞争对手的比率以及运用谷歌关键词分析工具，找到一个均衡值。一般每 100 个单词出现 2～3 词比较合理。

#### 3. 站内链接策略

站内链接也称内链，指网站域名下的页面之间的互相链接，自己网站的内容链接到自己网站的内部页面。

站内链接的主要作用有：网站内部之间的权重传递；推动网站页面的搜索引擎排名；提高用户体验度，让访客留得更久。

#### 4. 站外链接策略

没有链接，信息都是孤立的。一个网站很难做到面面俱到，所以需要链接到别的网站，实现网站和资源的相互补充。

站外链接的途径很多，主要有文字链接、软文链接、Logo 链接等，作用在于增加曝光、提高知名度、提高排名等。

（1）文字链接：文字链接广告即只有文字的广告，是将一段文字链接的企业网站放置在各大门户网站的相应版块，使浏览者看到并通过单击即可进入到企业的网站上的一种广告营销方式。

（2）软文链接：即新闻稿链接，它可快速提升网站权重排名，提升品牌形象，使消费者在阅读文案过程中即时了解关键词的描述。

（3）Logo 链接：通过 Logo 标识进行链接交换。

### 三、SEO优化策略

（1）对 URL 路径进行合理设计。合理的 URL 设计不仅美观还可以方便搜索引擎收录，提高搜索引擎的亲和度。

（2）导航结构优化能为关键字带来权重，同时也能给用户带来很好的体验，让文章更容易被搜索引擎收录，同时用户也能轻松阅读，提高网站优化效率。

（3）如果卖家写了一篇很长的文章，涉及很多不同的话题，它在搜索引擎上的排名就不会高，因为它的相关性不高。如果想提高其在搜索引擎中的排名，卖家就需要把文章分成几块，把主题分得更明确。这样，一个页面的主题就更紧凑，排名就会越靠前。

（4）资源站为商家提供了更好的平台，如微博平台、博客、论坛等网站，来发布自己的网站文章。网站要求商家发布有质量的文章，并且是原创文章，一旦文章审核通过，就会被百度等搜索引擎快速收录，还有可能在其网站内转载。

（5）关注网站的用户体验，只有用户满意才能够让企业获得持久的生命力。

## 3.3　SNS营销

### 一、SNS社交平台的定义

SNS 全称为 Social Networking Services（社会性网络服务），国际上以 Facebook、Twitter、Instagram、Pinterest、VK 等 SNS 平台为代表，旨在帮助人们建立社会性网络的互联网应用服务。SNS 也指社会现有已成熟普及的信息载体，如 SMS 服务。

SNS 的另一种常用解释是 Social Network Site，即"社交网站"或"社交网"。社会性网络（Social Networking）是指个人之间的关系网络，这种基于社会网络关系系统思想的网站就是社会性网络网站（SNS 网站）。

SNS 也指 Social Network Software，即"社会性网络软件"，是一个采用分布式技术（通俗地说是采用 P2P 技术）构建的下一代基于个人的网络基础软件。

全球各大 SNS 社交平台的排名情况，如表 5-1 所示。

表 5-1　　　　　　　　　　　　全球各大 SNS 社交平台排名

| 排名 | SNS 社交平台 |
| --- | --- |
| 1 | Facebook |
| 2 | LinkedIn |
| 3 | Twitter |

续表

| 排名 | SNS 社交平台 |
|:---:|:---:|
| 4 | 微信 |
| 5 | Pinterest |
| 6 | Google+ |
| 7 | Tumblr |

## 二、SNS社交平台营销

社交营销的核心是关系营销。社交的要点在于建立新客户关系，巩固老客户关系。任何创业者都需要建立新的强大关系网络，以支持其业务的发展。SNS 推广的特点是：第一，直接面对消费人群，目标人群集中，宣传直接，可信度高，更有利于口碑宣传；第二，氛围制造销售，投入少，见效快，利于资金迅速回笼；第三，可以作为普遍宣传手段使用，也可以针对特定目标，组织特殊人群进行重点宣传；第四，直接掌握消费者的反馈信息，针对消费者需求及时对宣传战术和宣传方向进行调查与调整。因为社交网站是真实的社交圈子，如果过于商业化，反而容易被客户屏蔽。因此，针对社交网站进行营销，需要掌握相应的营销策略。

以下主要以速卖通社交平台营销策略为例，讲解实施 SNS 社交平台营销手段中的关键点。

### 1. 社交平台老客户二次营销推广

首先，SNS 中的老客户营销是基于 IM（Instant Message）的，通过邮件或者站内信将客户添加到店铺的 Facebook、Pinterest、Twitter 等账号中，成为店铺的粉丝好友。然后，店铺可以通过文字、图片、促销消息等形式进行 IM 老客户营销推广。

SNS 网络社区的结构和特点为大部分国外企业实行互动营销提供了一个热门的平台。企业利用互动营销，吸纳消费者的意见和建议，从而可以有针对性地开发和设计商品，并进行指向性营销活动。而很多独立网站和速卖通大卖家们通过与消费者的良性互动，对当地市场以及文化有了进一步的了解，并在互动中实现了企业品牌和商品信息的良好传播。SNS 用户信息的真实性以及用户之间的互动性，不仅可以使企业更有效地推广品牌和提高商品销量，还可以帮企业建立客户数据库，也就是本节提到的老客户二次营销推广。

以下为 SNS 老客户营销的具体操作步骤。

（1）在速卖通后台对老客户进行分析总结。按照客户的成交次数或者按照客户的成交金额筛选，从而选定优质客户加入店铺的 Facebook，Twitter 或者 Pinterest 账号成为粉丝好友。每天加好友的人数限制在 15～20 人。建议发邮件给客户，鼓励客户主动加好友。

（2）把老客户加入 SNS 推广渠道，与老客户进行互动营销。

（3）在 Facebook 中参考日历创建活动安排，定期举办促销活动。

### 2. 遵循4H营销法则

人们称社交网络营销型网站为社交站，它是新世纪的交流平台，拥有大量的免费流量。最有名的社交站如 Myspace、Facebook 等，它们的作用不仅是提供要闻故事，而且它们开始成为把流量带到网络商在线网页的主要因素。尽管事实如此，但是社交站并不喜欢网络广告商，所以广告商采用简单的 4H 法则软性引流是关键。

Humor（幽默）：只要你在自己的社交站个人资料里写点儿幽默文字、添加些幽默图片或者仅是一段自己的简介，就可以吸引很多朋友。在 Facebook 中如果你能添加幽默图片，则可以增加粉丝的黏度。

Honesty（诚实）：自始至终你必须坚持诚实原则，上传名人照片，或者假扮成他们是没有意义的，人们想了解真实的你。

Have fun（有趣）：社交站重要的一点就是你能做许多有趣的事情，认识新朋友、学习新知识，同时还可以从中得到流量并赚钱。

Help people（助人）：助人如助己，你可以在你的个人资料里加些有用的链接和建议，给别人指出正确的方向，为留言或者和你联络的人解答任何问题。

### 3. 用好"三大"营销技巧进行推广

社交网站三大营销技巧主要包括事件营销、红人营销、信息流与瀑布流营销。

事件营销：主要指店铺自主营销后，在速卖通中利用 Facebook，通过分享和活动营销发送到 Facebook 页面。

红人营销：主要通过模特的试用和试穿来体现。

信息流与瀑布流营销：主要指可以把速卖通上的商品直接发布到 Pinterest 上进行分享。

### 4. 营销推广要避免"五大"误区

误区一：错失品牌推广机会。

大多数社交媒体网站（如 Facebook、VK、Pinterest 等）中有很多地方可以供速卖通卖家个性化地设计自己的页面，但许多人把那些地方留成空白，浪费了展示的机会，类似这样免费的品牌推广机会，大家一定要把握好。

误区二：回复不及时。

在出现公关危机时，让人等待很长时间会使事情变得更糟，这在速卖通中指的是买家的负面评价。因此，企业应定期维护社区账号，查看消息和文章列表，特别是对网友的回帖和评论要积极响应、互动。用户是"上帝"，服务好用户才能够不断积累人气。

误区三：没有清晰的社交营销战略。

"即使许多社会化媒体应用是免费的，但它们也仍然需要时间的投入，而时间就是金钱"。因此，企业要有正式的速卖通站外营销推广计划，在这个过程中每一步都要有一个清晰的目标。

误区四：信息流没有连续性。

有了市场营销计划后，在 Twitter 和 Facebook 上的每一篇帖子企业都应当事先策划，以避免出现不连贯现象。很多企业两天打鱼三天晒网，没有连贯系统地推广社区，而用户需要一个阶段的积累和关注才能够认知到某一企业或品牌，这并不是靠一两篇文章或帖子就能够实现的。因此做社交网站营销，企业需要对整个营销方案进行连续性操作。

误区五：文章错误百出。

在社交网站上发布的文章出现语法和拼写错误，会让这个网页的内容看上去很不专业。所有的博客、微博上发的帖子都应做到看上去专业，即使社交媒体网站本质上是非正式的也应如此。因此在写作时，企业应当多次检查文章的流畅性和可读性，不要让文章毁了企业形象。

# 项目实训

　　2017 年 12 月 4 日，网易公司董事局主席、首席执行官丁磊在世界互联网大会的论坛上解读了网易考拉海购的"新消费"概念。不难看出，近年来网易在跨境电商上进行了全面的部署，并取得了不错的成绩。如今行业内竞争升级，网易考拉海购再推"新噱头"，布局"新消费"。

　　网易考拉海购以 25.6%的占比占据 2017 年第 3 季度跨境电商平台市场份额分布首位，相较上半年增长 1.4 个百分点，其数据远远超过了天猫国际、唯品国际、京东全球购等跨境电商，成为跨境电商行业内的领军者。但随着跨境电商行业竞争的加剧，显然不进则退，网易考拉海购也在谋求新的突破发展，"新消费"应运而生。

　　所谓"新消费"即"所有零售形式的演变，不论服务、销售，还是陈列方式，都源于对用户需求的理解，这是一切的原点。消费 1.0 解决的是让商品丰富，种类齐全，让用户随时随地，找得到、买得到商品。而消费 2.0 的核心诉求就是让消费者买得更好、更优质、更便宜、更省心，同时富有生活美感，注重环保健康。"

　　实际上，"新消费"宣传的就是网易考拉海购打出的商品品质牌。近年来，跨境电商的市场越做越大，随着消费需求的转型升级，消费者对海淘商品提出了更高的要求，越来越注重商品的质量、品牌性和正品保障度。为此，网易考拉海购推出"新消费"的理念，今年上半年开始了大规模的海外布局战略，与全球近千家顶级品牌商和服务商达成深度合作，着力升级供应链上游，提高跨境电商的商品质量。此外，它还举办了 2017 年欧洲招商会、澳新招商会，近期宣布"日本战略"和"美国战略"，将分别投入 5000 亿日元和 30 亿美元采购高品质商品。

　　但值得一提的是，在越来越注重进口商品品质的消费观里，商品品质并不只是一个口号或者吸引消费者的噱头，而将切实落实在对商品质量的把控上，对供应链的完善上及对跨境电商网购消费者的体验上。至于网易考拉海购的跨境电商模式最终能否成功，还有待市场的检验。

　　**思考：**

　　1. 在上述案例中，你认为网易提出"新消费"的依据是什么？

　　2. 在不同的海外市场，消费者对跨境电商商品的要求与期望是否会有不同？如果有，你认为造成这些差异的因素是什么？

　　3. 你认为网易考拉可以采用哪些营销策略推广其商品？

# 项目小结

　　随着科技的发展、我国贸易政策扶持力度加大以及移动互联网的不断普及，跨境电子商务的发展如火如荼，其贸易总额逐渐增加，在国家外贸总额中的比例越来越大。我国作为全球最大的消费市场，在跨境电子商务中要把握机遇，不仅要完成必要的商业运作，更要注重营销模式的探究，以推动跨境电子商务的稳定健康发展，本章介绍了跨境电商的营销基础，分析了跨境电商的营销模式，探究了其有效的营销策略。

# 习题

### 一、选择题

1. 按照企业竞争战略的完整概念，战略应是一个企业"能够做的"（即组织的优势和劣势）和"（    ）"（即环境的机会和威胁）之间的有机组合。

  A. 必须做的   B. 无须做的   C. 可能做的   D. 不能做的

2. 互联网营销是网络经济环境下企业整体营销战略的组成部分，是以互联网等各种现代通信系统为载体，运用信息技术手段，面向网络市场和现实市场，以满足（    ）为核心，营造企业经营环境的过程。

  A. 客户需求  B. 客户欲望  C. 客户需要  D. 客户期望

3. 在跨境电商领域，最有效的寻找客户的方式就是"（    ）"。

  A. 等待客户自己上门     B. 搜索

  C. 登门拜访       D. 发布广告

4. （    ）是国际通用的，依照企业性质和商品类别编排的电话号码簿，电话簿会刊登企业的名称、电话、地址等信息，是一个城市/地区企业信息的汇总。

  A. 行业协会网站     B. 海关数据  C. 商业论坛  D. 黄页

5. 速卖通平台有四大店铺营销工具，分别是限时限量折扣、（    ）、店铺满立减和店铺优惠。

  A. 满减及折扣     B. 买赠

  C. 全店铺打折     D. 买满再优惠

6. 搜索引擎主要可分为三种，不包括（    ）。

  A. 关键词搜索引擎    B. 全文搜索引擎

  C. 目录索引类搜索引擎   D. 元搜索引擎

7. 以下不属于 SEO 推广策略中目标关键词特征的是（    ）。

  A. 一般是由 1～4 个单词组成

  B. 目标关键词有一定的搜索量

  C. 网站的内容会围绕着目标关键词展开

  D. 目标关键词不会出现在 title、keywords 中

8. 不属于 SEO 推广策略中站内链接策略的主要作用的是（    ）。

  A. 网站内部之间的权重传递

  B. 推动网站页面的搜索引擎排名

  C. 提高用户体验度，让访客留得更久

  D. 提高知名度

9. 社交网站"三大"营销技巧中不包括（　　）。

  A. 事件营销　　　　　　　　　　B. 红人营销

  C. 信息流、瀑布流营销　　　　　D. 软文营销

10. 互联网营销的特点不包括（　　）。

  A. 价格高昂　　　B. 多媒体　　　C. 交互式　　　　D. 整合性

## 二、简答题

1. 请简述主要海外市场的市场概况与客户需求特征。

2. 请简述搜索目标客户的方法。

3. 请简述 SNS 营销策略的内容。

## 项目六

# 跨境电商支付

学习目标

**【知识目标】**

了解跨境电商支付的概念；

理解跨境电商的支付方式；

掌握国际电汇、西联汇款、国际信用卡、PayPal、国际支付宝的支付方式。

**【能力目标】**

能够选择不同的支付结算方式；

能够掌握不同支付方式的特点；

能够掌握不同支付方式的支付流程。

# 任务一　跨境电商支付概述

 任务引入

近些年，伴随着互联网的发展普及，电子商务在我国迅速崛起，成为国内经济发展的重要组成部分和驱动力量。不过，由于互联网的匿名性、虚拟性等特点，交易双方的信用度和线上支付的安全性等问题，一直是制约电子商务深化发展的重要瓶颈：卖家希望先收款再发货，以降低交易风险；买家则希望能够货到付款，以防止上当受骗。

为了解决这一市场需求痛点，建立起电子商务的信用体系，众多独立的第三方支付平台纷纷涌现。电子商务交易双方在第三方支付平台上建立虚拟账户，买方先将货款放入支付平台中，由支付平台暂时保管。当买方确认收货以后，第三方平台再将这些货款转给卖方。这就保证了支付行为始终在第三方支付平台内进行，降低了交易双方的不信任感，促进了电商交易的顺利开展。因此，第三方支付平台与电子商务的发展是相辅相成的：一方面，电子商务的深化发展，要求建立起保障交易活动顺利进行的信用机制和支付体系，这就催生出了一大批独立的第三方支付平台；另一方面，第三方互联网支付平台的快速发展完善，也推动了电子商务交易市场的信用体系建设，为线上交易活动提供了更加方便快捷的支付解决方案。

在跨境电子商务活动中，交易双方地域上的跨度更大；信息获取和交易流程只能借助网络渠道，虚拟性更为明显。这使跨境电子商务的交易主体更加关注信用保障和支付安全等问题。而独立的第三方互联网支付平台，往往具有很高的信誉，能够成为跨境电商交易的信用中介。同时，其安全便捷的线上支付功能，也满足了跨境电子商务对支付安全的需要。因此，随着跨境电子商务的快速发展，第三方支付平台也在不断布局海外业务，为跨境电商交易提供信用担保和线上支付支持，以抢占新的蓝海市场。

 **相关知识**

跨境第三方支付，是指借助第三方网络支付平台，买方直接通过电子信息网络向卖家付款的支付方式。第三方支付平台不同于银行等传统的金融服务机构，它是具有独立运营能力的第三方互联网支付平台。这种网络支付平台具备较强的电子通信能力和信息安全技术，能够实现资金在消费者、银行和商户三方之间快捷高效的结算流转。同时，第三方互联网支付平台具有很高的信誉，可以为交易双方提供信用担保。这也是第三方支付平台相比其他网络支付渠道的最大优势。

## 1.1　跨境电商的主要支付方式

跨境电子商务的业务模式不同，采用的支付结算方式也存在着差异。跨境电子支付业务会涉及资金结售汇与收付汇。从支付资金的流向来看，跨境电商进口业务涉及跨境支付购汇，购汇途径一般有第三方购汇支付、境外电商接受人民币支付、通过国内银行购汇汇出等。跨境电商出口业务涉及跨境收入结汇，其结汇途径主要包括第三方收结汇、通过国内银行汇款、以结汇或个人名义拆分结汇流入等。

## 1.2　跨境电商的主要支付渠道

我国跨境转账汇款渠道主要有第三方支付平台、商业银行和专业汇款公司。数据显示，我国使用第三方支付平台和商业银行的用户比例较高，其中第三方支付平台使用率更高。相比之下，第三方支付平台能同时满足用户对跨境汇款便捷性和低费率的需求，这也是第三方平台受到越来越多用户青睐的缘由。从目前来看，跨境转账汇款用户使用在线跨境支付方式较多。

## 1.3  跨境电商的主要支付机构

从目前支付业务发展情况看，我国跨境电子支付机构主要有境内外第三方支付机构、银联和银行。从我国跨境电商支付的影响力看，境内外第三方支付机构成为用户的首选。目前，PayPal 作为全球最大的在线支付公司，在第三方支付机构中占据重要地位。PayPal 业务支持全球 190 个国家和地区的 25 种货币交易，尤其在欧美普及率极高。同时，PayPal 还是在线支付行业标准的制定者，在全球支付市场中获得认可，拥有很高的知名度和品牌影响力。中国跨境交易的用户也受此影响，更多地选择了 PayPal。尤其是个人海淘用户和跨境 B2C 出口，其使用率更高。

支付宝凭借国内第三方支付的良好基础，逐步进军跨境电商支付行列。2007 年 8 月，支付宝与中国银行等银行机构合作，推出跨境支付服务。从 2009 年开始，支付宝先后与 VISA 和 MasterCard 进行合作，这两大全球发卡机构在我国港澳台地区的持卡用户都可通过支付宝在淘宝网进行购物，从而完成双向的跨境支付服务。目前，支付宝的跨境支付服务已覆盖 34 个国家和地区，支持美元、英镑、欧元、瑞士法郎等十多种外汇结算。

财付通与美国运通（American Express）合作，其网络支付服务能够借道美国运通，实现在美、英两国的 Global Shop 等热门购物网站进行跨境在线购物和支付。

快钱则从 2012 年年初推出适合外贸电商用户的一揽子跨境支付、国际收汇服务方案，通过与西联汇款的合作，实现自动化的汇款支付处理，帮助外贸电商消除烦琐的结汇流程与规避风险。目前，快钱能够支持总量达 15 亿张信用卡的 VISA、MasterCard、American Express、JCB 等国际卡支付，为外贸电商提供一体化结汇服务和专业化的风控服务。

汇付天下则专注于小微企业市场，重点在航空产业链等 B2B 商务市场，特别是在航空机票支付领域，汇付天下的市场份额近 50%。

银联的跨境支付起步也较早。目前，银联卡可在我国境外的 125 个国家和地区实现跨境支付。

## 1.4  跨境电商支付的发展前景

2015 年 6 月，我国国务院常务会议明确提出"将消费金融公司试点扩至全国，部署促进跨境电子商务健康快速发展"的一系列举措，其中力推加快发展跨境电商。伴随着我国政府对跨境电商的种种支持和我国消费者对跨境网购的青睐，跨境支付和结算也必将迅猛发展。

### 1. 第三方跨境支付市场将快速增长

跨境电商的高速发展，需要跨境支付的支撑，跨境支付市场无疑将成为支付领域新的增长点。以往受政策限制，在跨境支付业务中，第三方支付公司所提供的外贸收单主要还是在中国香港用美元结算，之后客户再通过其他渠道将资金转移至境内。而今第三方支付公司可直接在境内结汇给客户。跨境外汇支付的许可为我国第三方支付开辟了留学教育、航空机票及酒店住宿等服务贸易领域。这让国内支付公司提供更大范围的跨境支付服务成为可能，也为支付公司开辟了更广阔的发展空间。

### 2. 跨境支付一站式综合服务体系将深受零售电商青睐

开展"一站式"跨境支付综合服务是跨境电商尤其是跨境 B2C 模式的迫切需求，深受欧美客户欢迎的 PayPal，除了开展互联网支付、移动支付、信用支付、线下支付等核心业务外，它还为消费者提供便捷、安全的支付选择，以及为客户提供更多的延伸服务，如提供跨境商业服务解决方案：代收代付、跨境电商、资金归集、咨询服务、O2O 服务等，甚至借助 eBay 在电商领域的资源积累，在支付、技术支撑及完善的金融服务体系方面，为电子商务行业及传统行业电商化提供综合解决方案，集合在线支付、移动支付、线下支付以及信用支付等多元化支付解决方案，将来还会进一步提供数据服务、营销服务、信贷金融服务等服务内容，通过对平台积累的庞大用户、商户交易信息进行数据挖掘和分析，为商户提供营销及供应链金融等增值服务。

面对我国跨境电商零售企业的诸多不便，相信我国的跨境支付机构，尤其是第三方支付机构未来在政策支持下，将加强与电子商务平台的合作，从网店的商品展示、贸易撮合，到在线签约及电子单证的拟定、资金托管，以及最终的支付结算、通关交付、出口退税等都全程参与，为跨境电商企业提供一体化解决方案，从而实现全程无纸纯电子化交易，缩短交易周期，提升结算效率。比较典型的如上海自贸区的东方支付与跨境通平台，哈尔滨中俄跨境电子商务在线支付平台等平台，它们集电子数据交换、身份认证、电子数据申报、数据整合汇总、数据控制管理、物流和通关状态信息查询为一体，实现了网上支付、电话支付、便携终端支付、电子钱包支付等多种方式的跨境支付和结算。

# 任务二 跨境电商的支付方式

## 任务引入

如果是做国内电商，收款方式不外乎支付宝、财付通等，而且我们不用担心手续费、安全性、即时性等问题。但是把国内电商范围扩大至跨境电商，收汇款方式就变得不那么简单了，我们需要考虑很多问题，且不同收汇款方式差别还很大，它们都有各自的优缺点、适用范围。那么哪种支付方式最适合你呢？这就需要我们非常熟悉跨境电商各种不同的支付方式。

## 相关知识

跨境支付有两大类，一是网上支付，包括电子账户支付和国际信用卡支付，适用零售小金额；二是银行汇款模式，适用大金额。信用卡和 PayPal 目前使用比较广泛，其他支付方式可当作收款的辅助手段，尤其是 WebMoney、Qiwiwallet、CashU 对于俄罗斯、中东、北非等地区的贸易有不可或缺的作用。

## 2.1 国际电汇

### 一、国际电汇当事人

电汇有四个当事人：汇款人、收款人、汇出行和汇入行。

（1）汇款人（Remitter），或称债务人，即付款人，通常是国际贸易中的进口商。

（2）收款人（Payee），或称债权人，在国际贸易中通常为出口商。

（3）汇出行（Remitting Bank），是受汇款人委托汇出汇款的银行，在国际贸易中通常是进口方所在地银行。

（4）汇入行（Receiving Bank），又称解付行，是受汇出行委托，解付汇款的银行。在国际贸易中，汇入行通常为出口地银行。

根据汇款过程中所使用的支付工具的不同，汇款结算方式可以分为电汇、信汇和票汇三种。

## 二、国际电汇流程

国际电汇（Telegraphic Transfer，T/T）是汇出行应汇款人的申请，拍发加押电报或电传给在另一国家的分行或代理行（汇入行），指示其解付一定金额给收款人的一种汇款方式。国际电汇的特点是电汇方式收款较快，但手续费较高，因此只有在金额较大时或比较紧急的情况下，才使用电汇。电汇是汇款人将一定款项交存汇款银行，汇款银行通过电报或电传给目的地的分行或代理行（汇入行），指示汇入行向收款人支付一定金额的一种汇款方式（见图 6-1）。

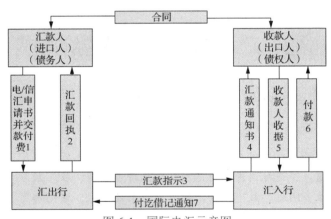

图 6-1　国际电汇示意图

在实际的跨境电商进出口中，T/T 分为预付、即期和远期。现在用得比较多的是 30% 预付和 70% 即期。T/T 付款有以下三种方式。前 T/T：先收款，后发货，在发货前预付货款，对买方来说风险较大；后 T/T：先发货，后收款，全部发货后付款，对卖方来说风险较大；先订金，再余款。外贸业务中，出口商对一般熟悉的客户会采用 T/T 付款，经常是发货前预付部分货款，余款在到货后付清。通常情况下，电汇常用的是预付 30% 货款作为订金，另外 70% 的余额见提单付款。订金的比例越大，出口商的风险越小。

┃小知识┃

### 中国银行电汇的特点

1. 汇款网络覆盖广

中国银行拥有 619 家境外机构，在纽约、伦敦、法兰克福、东京等货币中心设有国际清算中心，与全球 179 个国家和地区的 1600 余家机构建立代理行关系，使汇款路径最大化，令客户的汇款全球畅通无阻。

2. 汇款币种丰富

中国银行提供多达14种货币的电汇和票汇服务。电子渠道已推出9种主要货币的电汇服务。

3. 汇款安全便捷

电汇新增"全额到账服务"，事先锁定并预收中转费，确保汇款本金全额汇达收款人，目前已推出美元、欧元两款；支持常用汇款模板跨渠道使用，客户可通过柜台、网银或自助终端渠道办理汇款业务并保存为常用模板，在任一渠道再次汇款时直接调用，无须重复填单。

目前全球大多数国家的银行都使用 SWIFT 系统，SWIFT（Society for Worldwide International Financial Telecommunications）即环球同业银行金融电信协会，是国际银行同业间的国际合作组织，成立于1973年。SWIFT 系统的使用为银行的结算提供了安全、可靠、快捷、标准化、自动化的通信服务，从而大大提高了银行的结算速度。

▌小知识▐

### 电汇（T/T Telegraphic Transfer）

电汇是卖家在实际外贸中运用最多的支付方式，大额的交易基本上选择电汇方式。但实际上，低于1万美元高于1000美元的交易选择电汇方式也是一种不错的支付方式。

电汇银行手续费一般分三部分，第一部分是付款人付款银行产生的手续费，可以由付款人单独支付，也可以在付款金额中扣除；第二部分为中转行的手续费，一般在汇款金额中扣除；第三部分为收款人收款行的手续费，从汇款金额中扣除。

当然，电汇的到账时间是商家最关心的问题，目前一般都是要在水单到以后，由财务确定钱到账，再做其他后续的操作，如发货。而电汇时间，根据各个银行不同区别很大，从三个工作日到一周不等。至于汇款路线，有的中间经过的银行少就快，多则慢些。最重要的是卖家一定要等客户水单到后确认到账再安排约定事项。

## 2.2 西联汇款

### 1. 西联汇款的定义

西联汇款是西联国际汇款公司（Western Union）的简称，是世界领先的特快汇款公司，迄今已有150年的历史，它拥有全球最大最先进的电子汇兑金融网络，代理网点遍布全球近200个国家和地区。

### 2. 西联汇款的付款流程

西联汇款分为现金即时汇款和直接到账汇款两类。现金即时汇款有三种方式：西联网点、网上银行（目前支持光大银行和农业银行）和银联在线。西联汇款的付款流程为：

（1）在网点填妥"西联汇款申请书"和"境外汇款申请书"；

（2）递交填妥的表格、汇款本金、汇款手续费及个人有效身份证件，可以持外币汇款也可以以人民币购汇汇款；

（3）汇款完成后，汇款人会收到一张印有汇款监控号码（MTCN）的收据，汇款人须准确通知收款人有关汇款人姓名、汇款金额、汇款监控号码及发出汇款国家等信息，为确保汇款安全，勿将监控号码泄露给除收款人之外的其他人；

（4）数分钟后，收款人可于收款国家的代理西联汇款业务网店提取汇款。

（5）每笔汇出汇款都要填写"境外汇款申请书"进行国际收支申报。

### 3. 西联汇款的收款流程

作为出口商，当客户汇款过来后，要了解在银行取款的流程，具体的流程如下。

（1）确保汇款由境外已获授权的代理西联网点发出，并与汇款人核实汇款人姓名、汇款金额、汇款监控号码及发出汇款国家；

（2）收到汇款人通知后，到就近代理西联汇款业务的银行网点兑付汇款；

（3）提交填妥的"收汇申请书"，出示有效身份证件；

（4）提取汇款及取回收据；

（5）境外个人的每笔汇款及境内个人等值 2000 美元以上（不含）的汇款，还需填写"涉外收入申报单"进行国际收支申报。

### 4. 签名并接收收据

在确认收据上的所有信息均无误之后，收款人需要签收一张收据。收据所打印的内容之一是汇款监控号码（MTCN），以及可使用 MTCN 联机（在网上）跟踪汇款的状态。确认汇款已经到位后，收款人随时可以取款。在前往西联合作网点之前，收款人应确保汇款已经可以提取，可以直接联系汇款人确认，也可在网上跟踪汇款状态，还可以拨打中国地区热线 8008208668 进行咨询。

如果你第一次使用直接汇款至中国的银行卡账户的服务，收汇人应在中国时间 8 点至 20 点之间拨打中国服务热线 80082008050 核实如下信息：收汇人的中文名字；汇款监控号码（MTCN）；收汇人的有效身份证号码；收汇银行的名称和银行卡账号。

同一收汇人此后通过同一银行卡账户使用直接到账汇款服务，就不需要再拨打中国服务热线核实必要信息。但如果收汇人的必要信息有所改变，则需要拨打中国服务热线，核实其必要信息。

## 2.3 信用卡支付通道

在欧美发达国家，信用卡的使用频率非常高，发行量也很大。常见的信用卡组织有 VISA、MasterCard、American Express、Discover、Jcb、中国银联等。因此，在跨境支付中，信用卡支付通道也成为一种较为常见的支付方式。

### 1. 信用卡的基本知识

信用卡由卡号、CVV 码、有效期、发卡行信息组成。卡号是由 16 位数字组成，4 开头的是 VISA 卡，5 开头的是 Master 卡，第 16 位数字根据前数位数字规则推算而成，大家一般是根据前六、后四位数字来查看交易记录。VISA 卡为 CVV 码，Master 卡为 CVC 码，其号码在信用卡的背面。有效期是指信用卡能有效使用的期限，即 Valid Month/Year。发卡行是签发信用卡的银行。

### 2. 信用卡支付网关

国际信用卡支付网关是指专业提供国际信用卡收款的银行支付接口，通常也称信用卡支付通道，包括 3D 通道、非 3D 通道和 VIP 通道（延时通道）。信用卡支付网关涉及的对象有：发卡行、持卡人、卡组织、收单行、第三方支付平台。

（1）第三方支付公司。

第三方支付公司是指与具有信用卡支付网关的银行合作，为商家提供信用卡支付服务，具备一定实力和信誉保障的第三方独立机构提供的交易支持平台。目前国内有环迅（IPS）、网银在线，以及能同时承接公司和个人业务的 Yourspay（优仕支付）、Ecpss（E汇通）、95epay（双乾）、首信易等。

（2）3D通道。

3D通道是指持卡人付款时，需要到发卡行进行认证（3D数字认证或身份认证）的信用卡支付通道。为什么叫3D通道？因为涉及发卡行、收单行以及卡组织3个领域（Domain），所以叫作3D通道。3D通道是涉及发卡行、收单行、卡组织、持卡人、第三方支付平台以及身份验证的一种安全认证通道。3D通道主要适用地区为亚洲，但3D通道也有以下不便之处：3D通道以人民币为交易符号，持卡人（买家）在商家网站上付款时可能会因为不了解汇率而终止付款，付款时还需去银行页面再填写一次信息，比较烦琐。例如，买家客户群体小，不符合国外消费习惯，则成功率比较低。

（3）非3D通道。

无须3D认证，持卡人只需要输入简单的信息，即可进行支付，这符合国外买家的消费习惯；优仕支付通过数据交易系统和风控系统，实时接收数据进行结算，使收款更迅速。非3D通道的优点在于实时到账，商家能在后台实时查询交易情况；符合国外消费者购物习惯；支持VISA、Master卡等交易卡种；交易直接显示国外货币符号，成功率高。

（4）实时通道和延时通道比较。

实时通道是商户在后台实时查询支付结果是支付成功或失败，是否到账等的收款通道。实时通道的优点在于便于商户备货、发货；便于商户更好地服务买家；避免不必要的重复支付；增强买家购物体验。实时通道的缺点在于未授权交易不易察觉，容易被系统屏蔽，影响交易成功率。

延时通道是订单由银行系统与人工审核相结合进行审单，一般在24小时内反馈在线支付结果的收款通道。支付状态显示为"待处理"。延时确认一般白天会在3小时左右反馈出支付结果，晚上一般会在8小时左右反馈出支付结果。延时通道的优点在于银行系统与人工审单相结合，提高交易成功率；确认交易后，商户可安心发货，无须担心交易风险；提高商户信誉，增加订单。延时通道的缺点在于确认时间较长，无法实时查询支付信息；交易呈待处理状态，发货速度会受到影响。

▌小知识▐

### 信用卡收款

其实在欧洲和美国，主流的付款方式还是信用卡，在欧洲和美国，信用卡是连接个人信用资料的。所以信用卡也是非常安全的付款方式。现在，跨境电子商务平台与VISA和MasterCard合作，都可以使用信用卡支付。

信用卡付款的风险核心点就是客户的退单和有小部分的信用卡诈骗行为。例如，消费者退单或者悔单，因为国际小额贸易前期物流等其他费用投入，对卖家来说往往损失不少。一般支付公司在提供支付服务时都提供了比较安全的各种验证加密措施，如跟卡组织的黑卡库等信息共享，一旦碰到黑卡或者盗卡，则系统会拒绝其付款，导致定单失败。

## 2.4 PayPal支付与结算

### 1．PayPal介绍

PayPal（在中国大陆称为贝宝），是美国 eBay 公司的全资子公司，1998 年 12 月由 Peter Thiel 及 Max Levchin 建立，是一个总部在美国加利福尼亚州圣荷西市的因特网服务商，允许在使用电子邮件来标识身份的用户之间转移资金，避免了传统的邮寄支票或者汇款。PayPal 也和一些电子商务网站合作，成为它们的货款支付方式之一；但是用这种支付方式转账时，PayPal 会收取一定数额的手续费。

### 2．PayPal的类型

PayPal 账户分三种类型：个人账户、高级账户和企业账户。用户可根据实际情况进行注册，个人账户可以升级为高级账户进而升级为企业账户，反之企业账户也可以降为高级账户或者个人账户。

（1）个人账户。

适用于在线购物的买家用户，主要用于付款，可以收款，但比起高级账户或企业账户少了一些商家必备的功能和特点，如查看历史交易记录的多种筛选功能、商家费率、网站集成、快速结账等集成工具，因此不建议卖家选择。

（2）高级账户。

适用于在线购物或在线销售的个人商户，可以付款、收款，并可享受商家费率、网站付款标准、快速结账等集成工具以及集中付款功能，帮助商家拓展海外销售渠道，提升销售额，推荐进行跨国交易的个人卖家使用。

（3）企业账户。

适用于以企业或团体名义经营的商家用户，特别是使用公司银行账户提现的商家用户。企业账户拥有高级账户的所有商家功能，可以设立多个子账户，适合大型商家使用，每个部门设立子账户进行收款。另外，企业账户需要添加以企业名开办的电汇银行账户进行转账，添加个人名字开办的电汇银行账户可能导致转账失败。

### 3．PayPal的优势

PayPal 的优势表现在以下几个方面（见表 6-1）。

表 6-1　　　　　　　　　　　PayPal 对买卖双方的优势

| PayPal 对买家的优势 | PayPal 对卖家的优势 |
| --- | --- |
| **安全：**<br>付款时无需向商家提供任何敏感金融信息，享有 PayPal 买家保护政策 | **高效：**<br>实现网上自动化支付清算，可有效提高运营效率，拥有多种功能强大的商家工具 |
| **简单：**<br>集多种支付途径为一体，无须任何服务费，两分钟即可完成账户注册，具备多国语言操作界面 | **保障：**<br>PayPal 成熟的风险控制体系，内置有防欺诈模式，个人财务资料不会被披露 |
| **便捷：**<br>支持包括国际信用卡在内的多种付款方式，数万网站支持 PayPal，一个账户买遍全球 | **节省：**<br>只有产生交易才需付费，没有任何开户费及年费，集成 PayPal 即集成所有常见国际支付网关 |

（1）全球用户广。PayPal 在全球 190 个国家和地区有超过 2.2 亿用户，已实现在 24 种外币间进行交易。

（2）品牌效益强。PayPal 在欧美普及率极高，是全球在线支付的代名词，强大的品牌优势，能使网站轻松吸引众多海外客户。

（3）资金周转快。PayPal 独有的即时支付、即时到账的特点，能够实时收到海外客户发送的款项。最短仅需 3 天，它即可将账户内款项转账至国内的银行账户，及时高效地开拓海外市场。

（4）安全保障高。完善的安全保障体系，丰富的防欺诈经验，业界最低的风险损失率（仅 0.27%，是传统交易方式的 1/6），这些均可确保交易顺利进行。

（5）使用成本低。无注册费用、无年费，手续费仅为传统收款方式的 1/2。

（6）数据加密技术。注册或登录 PayPal 的站点时，PayPal 会验证登录者的网络浏览器是否正在运行安全套接字层 3.0（SSL）或更高版本。传送过程中，信息受到加密密钥长度达 168 位（市场上的最高级别）的 SSL 保护。

（7）循环结账。定期为客户开具账单、支付会员费或提供租用服务和分期付款计划。

### 4. PayPal支付流程

通过 PayPal，付款人支付一笔款项给商家或收款人的支付流程，可以分为以下几个步骤。

（1）只要有一个电子邮件地址，付款人就可以注册 PayPal 账户，通过验证成为其用户，并提供信用卡或者相关银行资料，增加账户金额，将一定数额的款项从其开户时登记的账户转移至 PayPal 账户下。

（2）当付款人启动向第三人付款流程时，必须先进入 PayPal 账户，指定特定的汇出金额，并提供收款人的电子邮件账号给 PayPal。

（3）接着 PayPal 向商家或者收款人发出电子邮件，通知其有等待领取或转账的款项。

（4）如商家或者收款人也是 PayPal 用户，其决定接受后，付款人所指定之款项即移转给收款人。

（5）若商家或者收款人没有 PayPal 账户，商家或收款人依 PayPal 电子邮件内容指示联网进入网页注册，取得一个 PayPal 账户，收款人可以选择将取得的款项转换成支票寄到指定的处所、转入其个人的信用卡账户或转入另一个银行账户。

从以上流程可以看出，如果商家或收款人已经是 PayPal 的用户，那么该笔款项就汇入他拥有的 PayPal 账户，若商家或收款人没有 PayPal 账户，网站就会发出一封电子邮件通知，引导商家或收款人至 PayPal 网站注册一个新的账户。所以，也有人称 PayPal 的这种销售模式是一种"邮件病毒式"的商业拓展方式，它使 PayPal 越来越多地占有市场。

▌知识拓展▐

#### PayPal

PayPal 是目前小额支付的首选。PayPal 在线付款方便快捷，还可以解除买家付款收不到货的担忧，国外买家使用率达 80%以上。其买家在欧美地区覆盖广，只需要一个邮箱便能注册，开户免费。而其作为一个第三方工具，像支付宝一样，PayPal 买家有什么问题是可以向 PayPal 投诉的。

跟其他支付手段相比较，PayPal 的优点是：第一，资金安全；第二，快速，基本上跟国内支付宝一样，买家付款后，立刻显示 PayPal 余额；第三，方便，可以使用各种工具管理交易提高效率；第四，支持全球 190 个市场和 6 种货币使用，是小额跨境贸易工具中最主流的付款方式。

关于 PayPal 还有一个问题需要大家注意，就是 PayPal 和贝宝的区别，其实类似于支付宝的国内版和国际版，PayPal 国际站允许向 55 个国家和地区发送和接受付款。贝宝是它的中国版，只能向中国用户发送和接受付款。

## 2.5 国际支付宝

### 1. 国际支付宝介绍

阿里巴巴国际支付宝（Escrow）由阿里巴巴与支付宝联合开发，是旨在保护国际在线交易中买卖双方的交易安全所设的一种第三方支付担保服务，全称为 Escrow Service。国际支付宝的服务模式与国内支付宝类似：交易过程中先由买家将货款打到国际支付宝账户中，然后国际支付宝通知卖家发货，买家收到商品后做确认，之后国际支付宝将货款放给卖家，至此完成一笔网络交易。

### 2. 国际支付宝账号申请

如果卖家已经拥有了国内支付宝账号，无须再另外申请国际支付宝账户。只要卖家是全球速卖通的用户，就可以直接登录"My Alibaba"后台（中国供应商会员）或"我的速买通"后台（普通会员），管理收款账户，绑定国内的支付宝账户即可。如果卖家还没有国内支付宝账号，可以先登录支付宝网站申请国内的支付宝账号，再绑定即可。

绑定国内支付宝账户后，卖家就可以通过支付宝账户收取人民币。国际支付宝会按照买家支付当天的汇率将美金转换成人民币支付到卖家的国内支付宝或银行账户中。卖家还可以通过设置美金收款账户的方式来直接收取美元。

### 3. 支付宝国际账户使用

支付宝国际账户 alipay account 是支付宝为从事跨境交易的国内卖家建立的资金账户管理平台，包括对交易的收款、退款、提现等主要功能。支付宝国际账户是多币种账户，包含美元账户和人民币账户。目前，只有 AliExpress（速卖通）与阿里巴巴国际站会员才能使用。

支付宝系统上线后，提现功能较之前有了一些改变，用户提现不再限制在 100 笔交易金额之内，而是可根据自身需要对账户中"可提现金额"做全部或者部分提现，大大降低了用户的提现成本。

### 4. 国际支付宝与国内支付宝的区别

国际支付宝的第三方担保服务是由阿里巴巴国际站同国内支付宝联合提供支持的。全球速卖通平台只是在买家端将国内支付宝改名为国际支付宝。这是因为根据对买家调研的数据发现，买家群体更加喜欢和信赖 Escrow 一词，认为 Escrow 可以保护买家的交易安全。而在卖家端，全球速卖通平台依然沿用国际支付宝一词，只是国际支付宝相应的英文变成了"Escrow"。

在使用上，卖家只要有国内支付宝账号，无需再另外申请国际支付宝账户。卖家登录"My Alibaba"后台（中国供应商会员）或"我的速买通"后台（普通会员），就可以绑定国内支付宝账号来收取货款。

# 项目实训

## PayPal账户注册

1. 打开 PayPal 网址，然后单击"注册"按钮，如图 6-2 所示。

图 6-2　注册页面

2. 选择用户类型，如图 6-3 所示。

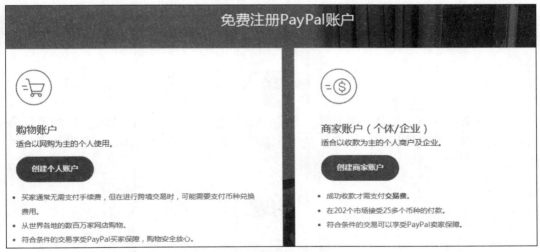

图 6-3　选择用户类型

3. 创建个人账户或者商家账户，如果选择个人账户，填写如图 6-4 所示信息。

4. 输入银行卡号、使用期限和 CSV 码，输入手机号获取的验证码，就可以成功绑定银行卡，然后通过邮箱激活账号，PayPal 个人账户就注册成功了。

实训：尝试用新注册的 PayPal 账户进行支付。

图 6-4　创建个人账户

# 项目小结

本项目重点介绍了跨境电商的支付概念和支付方式，要求掌握跨境支付的不同方式的特点和流程，重点掌握国际电汇、西联汇款、国际信用卡、PayPal 和国际支付宝的支付方式。

# 习题

**一、判断题**

1. 从支付资金的流向来看，跨境电商出口业务涉及跨境支付购汇，购汇途径一般有第三方购汇支付、境外电商接受人民币支付、通过国内银行购汇汇出等。　　　　　（　　）

2. 跨境支付有两大类：一是网上支付，包括电子账户支付和国际信用卡支付，适用大金额；二是银行汇款模式，适用零售小金额。　　　　　（　　）

3. 低于 1 万美元高于 1000 美元的交易选择电汇方式也是一种不错的支付方式。

（　　）

4. 目前,西联汇款在欧洲和美国客户中接受度比较高,一般是小额美元汇款比较方便。

（　　）

5. PayPal 就是我们通常说的"贝宝国际",它是针对具有国际收付款需求用户设计的账户类型,是目前全球使用最为广泛的网上交易工具。　　　　　　　　　（　　）

## 二、简答题

1. 请列举并比较国内外各大网上银行的跨境支付方式,同时比较跨境银行转账与第三方平台跨境转账的异同,并分析我国跨境银行转账的优劣有哪些?

2. PayPal 提现方式有哪几种?

3. eBay 卖家应该注册哪种账户?

4. 西联汇款适合哪些业务使用?

5. 使用西联汇款时需要注意些什么?

## 三、案例分析题

### 银行争相布局跨境电商支付

在传统业务面临挑战的环境下,银行加速互联网金融布局。其中,迅速崛起的跨境电商也被银行视为新的掘金蓝海,各银行纷纷推出配套金融服务方案,作为银行互联网金融战略的一部分。有银行业内人士坦言,此举意在增强银行获客能力。

2015 年 12 月 2 日,浦发银行发布跨境电商金融服务方案。方案显示,银行将同第三方支付机构合作,整合跨境电商的资金流、信息流、货物流,形成"基金+个性化"的综合解决方案。

而在此前,中国银行、中信银行、工商银行、民生银行等均在跨境电商金融服务中有所布局。国内逐年火爆的"黑色星期五"跨境电商大促销背后,银行间的跨境支付布局也如火如荼。

事实上,在跨境外汇收付业务中,第三方支付机构主导的在线支付也发展迅速。面对竞合关系的第三方支付机构,传统银行为突出自身优势,往往在所发布方案中表示将提供综合式服务。

除了浦发银行外,中国银行也表示,将网络金融服务有机嵌入整个跨境电商链路中,实现了针对跨境电商平台、海关、物流、海外供应商、国内消费者的一站式综合服务。

银行通过一站式服务,不仅提供支付、结汇等服务,还能够嫁接传统业务。例如,根据跨境电商短期、快速的融资需求特点,为商户提供配套的供应链上下游融资。

在银行传统业务收入呈下滑趋势的大背景下,银行布局跨境电商支付背后也另有深意。浦发银行贸易与现金管理部总经理杨斌表示,跨境电商支付业务或可获得企业客户的沉淀资金、低成本负债;此外,还能积累电商平台上的支付数据,成为今后银行贷款业务风险管控的数据来源和基础。在他看来,跨境电商将会是重要的获客平台,而一旦引入流量,银行便能从中获得赚钱机会。

事实上,跨境支付业务已经让银行有所斩获。2015 年 1 月～10 月,浦发银行个人结售汇业务同比增长了 50.2 亿元,其中 12.8%来自跨境支付业务。

## 跨境电商支付结算中国银行抢下首发

2015 年 11 月 18 日，中国银行在广州举办跨境电商商品发布会暨"中国银行广东省分行·广新国通达"跨境电商合作启动仪式，并在仪式期间首发跨境电商支付结算商品。

该商品将填补银行业内跨境电商支付结算领域的金融商品空白。其对于跨境海淘的个人消费者，可提供便捷的网上支付服务；对于跨境电商进口企业和第三方支付公司，可提供在线人民币支付、跨境资金分账与清算、国际收支申报、反洗钱等方面的一揽子服务；对于开展跨境电商进口业务的海关，可实时向海关传输资金支付和国内个人消费者信息，实现企业便捷通关，也有效解决了海关对于跨境电子商务的监管需求。该商品推出不久，即迎来了第一家合作电商平台广新国通达，中国银行将与广新集团共同打造跨境电商综合服务生态圈。

作为中国国际化程度最高的银行，中国银行拥有完备而领先的传统跨境贸易金融服务商品体系，并积累了百余年的跨境业务经验，不仅在人才和商品上具备专业优势，对于海外监管要求、税收政策、法律法规、社会文化等软环境方面也有着深刻的理解。中国银行顺应跨境电子商务蓬勃发展的趋势，把握"互联网+外贸"的政策机遇期，充分发挥跨境金融服务优势，积极开展金融创新，推出了集线上便捷支付、网上收单、跨境资金清算、反洗钱、国际收支申报等功能在内的跨境电商"一站式"解决方案，助力我国跨境电商业态健康快速发展。

中国银行今后将不断发挥跨境服务优势，紧跟"走出去""互联网+"等国家战略，通过互联网金融服务的创新，加快推动跨境电商产业合作。继 2015 年 9 月在上海与英国投资贸易署成功举办"中英跨境电商合作圆桌会议"后，11 月，中国银行还在奥克兰联合新西兰贸易发展局举办"中新跨境贸易投资发展论坛"，为双边、多边国际贸易和跨境电商构建金融基础设施。未来，中国银行将陆续拓展澳大利亚、加拿大、新加坡等国家的跨境电商业务，为国内电商平台与消费者引入更多安全可靠的境外商品，并在这个过程中提供更加丰富便捷的金融服务。

问题：试分析跨境电商支付对中国各大银行的影响。

**四、实训题**

随着阿里巴巴进军国际市场，以及国内电子商务的不断壮大，我国跨境电子商务正在开拓更广大的市场，而 B2B 和 B2C 都是跨境电子商务最重要的形式，B2B 需要对建立伙伴关系更有耐心、需要更加扎实地研发全流程服务能力；而 B2C 则更注重迅速的市场反应和更灵活的供应链管理。运用得当，两者都是开拓海外市场的利器，但是随着各方要素的整合，在跨境贸易和支付中，B2B 和 B2C 哪一项更具有发展前景？

# 项目七

# 跨境电商物流

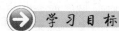

学习目标

【知识目标】

掌握跨境电商不同的物流方式；

掌握不同跨境电商物流方式的优劣势；

了解不同跨境电商物流方式的时效性；

了解不同跨境电商物流方式在使用时的注意事项。

【能力目标】

能够掌握跨境电商常用的物流方式；

能够根据货物的性质和目的区域选择合适的跨境电商物流方式；

能够根据订单的详情设置运费模板并计算运费。

## 任务一 跨境电商物流概述

任务引入

### 探索电商+物流——顺丰未来与京东模式殊途同归

中国商业正在面临着新一轮的转型升级，按照马云的定义，新零售就是线上、线下与物流结合在一起形成的一种新模式。在这种情况下，自建物流俨然已经成为电商破局新零售的新策略。多年来，凭借运送优势，顺丰曾多次尝试电商业务，从"顺丰E商圈"、顺丰优选、嘿店，到丰趣海淘等，尽管仍存在不少争议，但"物流＋电商"的概念在行业资深人士看来，最后可能和京东殊途同归。

（来源：《每日经济新闻》2017.06.05）

 **相关知识**

在世界经济一体化和中国电商全球化的大趋势下，跨境电子商务不仅为国内外贸导向型企业扩大了海外营销渠道，还为这些企业建设了一条通向全球市场的"高速公路"。然而，在我国跨境电子商务快速发展的过程中，物流配送却成了影响电商快速发展的重要制约要素。和发达国家相比，我国跨境电商物流的成本高、时效慢、基础设施和运作水平较为滞后，这不仅制约了我国跨境电商的快速发展，也阻碍了我国从"贸易大国"变成"贸易强国"的进程。物流作为连通买卖双方的桥梁，在电子商务交易中发挥着重要的作用，与国内电子商务活动相比，跨境电子商务存在时间跨度长、空间距离远、覆盖面广等特点。因此，实现跨境电子商务中商品的有效流通，发展科学、合理的跨境电商物流就显得尤为重要。

## 1.1 跨境电商物流的定义

物流作为供应链的重要组成部分，是对商品、服务以及相关信息从产地到消费地的高效、低成本流动和储存进行的规划、实施与控制的过程，目的是为了满足消费者的需求。电子商务物流又称网上物流，是利用互联网技术，尽可能地把世界范围内有物流需求的货主企业和提供物流服务的物流公司联系在一起，提供中立、诚信、自由的网上物流交易市场，促进供需双方高效达成交易。而跨境电商物流的不同之处在于交易的主体分属于不同关境，商品要跨越不同的国界才能够从生产者或供应商到达消费者。

在整个跨境电商交易中，有一条"链子"至关重要，即跨境电商物流。跨境电商物流是指采用现代物流技术，利用国际化的物流网络，选择最佳的方式与路径，以最低的费用和最小的风险，实现货物在国际间的流动与交换。

（1）国际物流服务水平是跨境电商发展的保证，跨境电商运作过程中涉及信息流、商流、资金流和物流，信息流、商流和资金流均可通过计算机和网络通信设备在虚拟环境下实现，但物流环节是不能在虚拟环境下实现的。国际物流系统包括仓储、运输、配送、流通加工、包装、装卸搬运和信息处理7个子系统，国际物流系统高效率、高质量、低成本的运作是促进跨境电商发展的保证。

（2）跨境电商效率与效益的提升对跨境电商物流服务提出了更高要求。跨境电商的发展对国际物流服务提出了更高的要求，国际物流企业需要不断更新信息技术和物流技术，增强国际供应链响应能力，降低国际物流成本，提高智能化管理水平，提升客户服务水平，从而促进跨境电商效益的提升。

现阶段采用较多的跨境物流方式主要有邮政物流、商业快递、专线物流、海外仓储等。

## 1.2 跨境电商物流的方式

当收到来自海外的订单后，作为跨境电商的卖家，接下来需要考虑的首要问题是物流，即选择何种物流方式将订单商品运送到海外客户手中。跨境电商物流配送分为三个阶段，即揽收/集货、通关、境内/外配送。目前，行业中比较常用的跨境电商物流方式主要有：邮政物流、商业快递、专线物流及海外仓储（简称海外仓）等方式。

邮政物流是目前跨境电商使用的主要物流方式。我国跨境电商出口业务中 70%的包裹都是通过邮政系统投递的，其中中国邮政占据了 50%左右的份额，新加坡邮政等也是我国跨境电商卖家常用的物流方式，这与当前跨境电商主要的商品结构有关。在我国跨境电商中，食品、纺织品和服装、电子商品占主导地位，这些商品体积小、重量轻，使用邮政业务就非常方便，但由于商品量小，导致部分地区配送成本较高、时间长、退换货麻烦。时效性对电子商务的影响较大，部分跨境邮政业务的周期长达一个月左右，这大大降低了顾客购买的欲望。另外，随着电子商务业务规模的扩大，邮政业务的处理能力也有待提高。

商业快递业务具有速度快、服务好、丢包率低的特点，尤其是发往欧美等发达国家非常方便。传统 B2C 模式下，一般消费者购买的商品数量少，且要求商品的价格低，因此商家的物流成本必须低。对商业快递来说，其流程本身决定了收费价格较高，因此难以在 B2C 模式中普及。商业快递业务近年来发展迅速，但仍然只是邮政业务的补充。对我国物流企业来说，要想在国际市场上站稳脚跟，必须在各国或各区域走本土化的道路，不仅企业管理需要本土化，企业人才、市场、企业文化等也都需要本土化，只有如此，才能更好地降低企业运营成本，才能更为迅速地融入国际市场。另外，商业快递国际市场与国内市场有所不同，在计费依据、计费标准、服务时限、售后服务等方面存在很大差异，这些都在一定程度上提高了国际快递业务的成本。商业快递目前主要有 DHL、TNT、FedEx、UPS、Toll 和中国本土的顺丰快递。

专线物流主要有燕文专线、中俄航空专线、中外运安迈世（国内也称"中东专线"）、芬兰邮政以及中俄快递-SPSR。一些需要航空包舱的商品通常都选用专线物流，通过专线物流运输的商品到达国外后，物流中介公司将会完成剩下的配送工作。

大物流时代，很多物流企业开始大规模建立海外仓。这主要由三方面原因促成：第一，海外仓扩大了运输品类，降低了物流费用。邮政大小包和国际专线物流对运输物品的重量、体积、价值等有一定限制，导致很多大件物品和贵重物品只能通过国际快递运送。海外仓的出现不仅突破了物品重量、体积、价值等方面的限制，而且费用比国际快递要便宜。第二，海外仓直接从本地发货，大大缩短了配送时间，而且使用本地物流一般都能在线查询货物配送状态，从而实现了包裹的全程跟踪。海外仓的头程采用传统的外贸物流方式，按照正常清关流程进口，大大降低了清关障碍。第三，海外仓可以为卖家提高附加值。基于大数据分析，卖家可对供应链进行全程监控，降低海外仓的使用成本，从卖家被动等待物流公司配送转变为卖家远程操控货物仓储物流配送全流程，主动掌控物流管理链。从目前的物流链来看，告别传统的快递模式，走海外仓储物流配送模式，能从现有的交易规模中，通过缩减成本，大幅度提升卖家赢利水平。简单地说，海外仓不是让卖家花钱，而是让卖家在原来的跨境物流模式下挣到钱。成本即利润，海外仓属于外贸电商产业链中典型的管理性赢利，是通过成本管理、流程优化而提升利润。但是，海外建仓的复杂性和挑战往往会在看不到的地方显现。卖家拥有一个海外仓储系统，无论租赁还是自建，往往都需要克服运维成本、库存周转、配送售后等一系列问题，此外还有库存和消化问题。除卖家依靠以往销售经验进行评估外，真正决定物流服务水平差异的，或者说一套完善的跨境物流整体解决方案在实际中通常遭遇的问题，恰恰容易出现在"最后一公里"。也就是说，在实际中，问题更多出现在配送端和客服端。在有些跨境物流公司，丢包事件时常发生，卖家申请退款赔偿的周期十分漫长。还有一些物流公司的海外仓，货物转仓越仓后信息登记不及时，客户查看不便，客服应答敷衍。客户寻求解决方案时，在问题申报与方案解决之间，物流公司为自保利益，不断要求客户支付解决成本，导致客户解决问题的支出越摊越大。此外，还有虚假发货、买家地址发错、仓库与客服信息衔接不畅等一系列问题，物流公司出现的服务事故之多，解决之麻烦，已经严重影响了海外仓这种物流模式在客户心目中的选择价值。

## 1.3 跨境电商物流的特征

目前，跨境电商物流存在以下特点。

（1）物流周期长。运往俄罗斯、巴西等新兴市场的物流时间往往有十几天甚至一个月之久。

（2）成本占比高，蚕食卖家利润。中国邮政小包恢复全价对卖家造成巨大影响，很多卖家不得已被迫改换其他渠道；但是专线等其他渠道往往难以保证清关的稳定性，从而对电商的物流绩效和买家的客户体验造成了很多不利影响。

（3）流程复杂，涉及国内头程交货、缴费、海关清关及当地派送。如果是海外仓形式的物流渠道还涉及海外仓库操作和分拣等。

# 任务二　邮政物流

 **任务引入**

### 菜鸟网络合作秘鲁邮政，欲建南美最大物流网

2017 年 1 月 11 日，菜鸟网络与秘鲁邮政在杭州签署备忘录，双方将在多项领域展开合作，以提升当地的物流服务与效率，从而大幅提升秘鲁及整个南美的电商购物体验。

自 2010 年进入拉美市场伊始，阿里巴巴旗下的速卖通就获得了当地消费者的青睐，在与菜鸟合作开通 AliExpress 无忧物流南美专线后，速卖通迅速成为秘鲁、智利等拉美国家排名第一的跨境电子商务平台，这些国家的居民每年都会通过该平台购买大量的中国商品。

通过与秘鲁邮政的合作，菜鸟将与对方建立电子数据交换系统，并进行物流面单格式和信息的规范，实现对包裹信息的监控与跟踪，从而提升海关清关、包裹投递的效率。此外，双方还将建立新的物流专线，以此提高中国到秘鲁的物流服务和效率。

（来源：中国经济网　2017.01.12）

 **相关知识**

邮政网络覆盖全球，中国卖家 60% 以上的包裹是通过邮政网络发出的。出于对物流成本的控制，卖家邮寄饰品、配件等重量轻、体积小的非紧急物品时，选择邮政包裹是最佳选择。对于一些偏远小国、岛国，走邮政小包运费最低。

## 2.1　邮政物流介绍

邮政物流包括各国邮政局的邮政航空大包、小包，以及中国邮政速递物流分公司的EMS、国际 e 邮宝等。

## 2.2　邮政物流类别及收费标准

国际小包分为普通小包（非挂号）和挂号小包两种，以克为单位进行收费。在全球范围内，我国的邮政小包以及国外的新加坡邮政小包、瑞士小包、瑞典小包等是较为常用的国际小包。目前邮政网络覆盖全球 220 个国家和地区，只要设置有邮局的国家和地区，都可以通邮，比任何物流渠道网络覆盖都要广泛，几乎可寄送到全球所有国家和地区。这种物流模式得益于万国邮政联盟和卡哈拉邮政组织。多个国家和地区成立的万国邮政联盟UPU，会员之间低成本结算，海关清关便利，产生关税或者退回的比例相对较小。卡哈拉邮政组织对成员要求更为严格，要求投递准确度达到 98% 上，否则负责投递的公司须给客户赔偿损失。下面主要介绍一下中国邮政小包和国际 e 邮宝。

### 一、中国邮政小包

国际小包在万国邮联的分类中属于国际函件，除了禁止寄递和超过规定限量寄递的各类小件物品外，其他物品都可以通过国际小包寄递。常见的邮寄商品有电子商品、饰品、配件、服装等。国际小包可以采用航空、水陆路和空运水陆路三种运输方式，但由于跨境电商的海外消费者对商品时效有着较高要求，所以国际小包往往通过航空邮路优先发运的方式运输。国际小包分为平邮小包和挂号小包两种。平邮小包不收取挂号费用也不接受查询，挂号小包在投递时需要收件人签收，并接受用户网上全程跟踪查询服务。

#### 1.　中邮小包基本知识（见表7-1）

表 7-1　　　　　　　　　　　　　　　中邮小包知识

| 中邮小包资费标准 | 可参照中国邮政网站 |
| --- | --- |
| 中邮小包参考时效 | 中国邮政并未对中邮小包寄递时限进行承诺，卖家可通过查询社会公司的网站统计对寄递时效进行了解 |
| 中邮小包跟踪查询网站 | 平邮小包不受理查询<br>挂号小包查询网站为中国邮政官方网站<br>也可登录一些社会网站进行查询 |
| 中邮小包体积质量限制 | 国际小包寄递的物品限重 2 千克（阿富汗为 1 千克）<br>外包装长宽高三边之和小于 0.9 米，其中最长一边小于 0.6 米 |

#### 2.　中邮小包的优缺点

中邮小包具有以下几个明显的优点。

（1）运费比较便宜，这是最大的优点。它运达大部分国家的时间并不长，因此属于性价比较高的物流方式。

（2）邮政的包裹在海关操作方面比快递简单很多，享用"绿色通道"，因此小包的清关能力很强，而且中国邮政是"万国邮联"的成员，因此其派送网络世界各地都有，覆盖面非常广。

（3）中邮小包本质上属于民用包裹，并不属于商业快递，因此该方式能邮寄的物品比较多。

但是中邮小包也存在着一些固有的缺点。

（1）限制质量2千克，阿富汗限重1千克，这就导致如果包裹质量超出2千克，就要分成多个包裹寄递，甚至只能选择其他物流方式。

（2）有些国家的运送时间总体比较长，如俄罗斯、巴西这些国家超过40天才显示买家签收都是正常现象。

（3）还存在许多国家不支持全程跟踪，而且中国邮政官方的183网站也只能跟踪国内部分，国外部分不能实现全程跟踪，因此卖家需要借助社会公司的网站或登录到寄达国的查询网站进行跟踪，查询显得不方便。

总的来说，中邮小包属于性价比较高的物流方式，适合寄递质量较轻、数量大、价格要求实惠而且对于时限和查询要求不高的商品。

### 3. 中邮小包通关的注意事项

（1）由于中邮小包只是一种民用包裹，并不属于商业快递，海关对个人邮递物品的验放原则是"自用合理数量"，"自用合理数量"原则即是以亲友之间相互馈赠自用的正常需要量为限。因此，为了顺利通关，它并不适于寄递太多数量的商品。

（2）限值规定：海关规定，对寄自或寄往境外的个人物品，每次允许进出境的限值分别为人民币800元和1000元；对超出限值部分，属于单一不可分割且确属个人正常需要的，可从宽验放。

## 二、国际e邮宝

国际e邮宝主要寄递的商品是价值在15美元至50美元，单件质量在2千克以内的3C、首饰、服装类别商品。该类邮件寄递时限一般为7至10个工作日，主要节点可跟踪查询。国际e邮宝业务已经开通美国、澳大利亚、英国、加拿大、法国、俄罗斯路向，其主要优点是在国内采用EMS快递网揽收、分拣和投递，在国外进入邮政轻小件网络，通关便捷，时效较快、邮费较低。

### 1. 开办范围和时限标准（见表7-2、表7-3）

表7-2　　　　　　　国际e邮宝主要开办国家及全程时限标准参考

| | 开办国家 | 时限标准 |
|---|---|---|
| e邮宝 | 美国、澳大利亚、英国、加拿大、法国、俄罗斯 | 7~10个工作日 |
| e快递 | 日本、韩国、新加坡 | 2~4个工作日 |
| | 英国、法国、加拿大、澳大利亚、西班牙、荷兰 | 5~7个工作日 |
| | 俄罗斯、巴西、乌克兰、白俄罗斯 | 7~10个工作日 |

表7-3　　　　　　　国际e邮宝主要开办地区及全程时限标准参考

| | 开办地区 | 时限标准 |
|---|---|---|
| e快递 | 中国香港、中国台湾 | 2~4个工作日 |

2. 资费标准（见表7-4～表7-6）

表 7-4　　　　　　　　　　　　　　e邮宝业务资费标准

| 路向 | 资费 | 最大收寄重量 | 备注 |
|---|---|---|---|
| 美国 | 国内一区：7 元/件 + 0.08 元/克<br>国内二区：9 元/件 + 0.09 元/克<br>国内三区：10 元/件 + 0.1 元/克 | 2 千克 | 起重 60 克，不足 60 克按 60 克收取<br>单次交寄 5 件及以上免收揽收服务费，5 件以下每件收取 5 元<br>客户自送免收 |
| 英国 | 25 元/件 + 0.07 元/克 | 2 千克 | 单次交寄 5 件及以上免收揽收服务费，5 件以下每件收取 5 元；客户自送免收 |
| 澳大利亚 | 25 元/件 + 0.08 元/克 | 2 千克 | 单次交寄 5 件及以上免收揽收服务费，5 件以下每件收取 5 元；客户自送免收 |
| 加拿大 | 25 元/件 + 0.07 元/克 | 2 千克 | 单次交寄 5 件及以上免收揽收服务费，5 件以下每件收取 5 元；客户自送免收 |

表 7-5　　　　　　　　　　e快递业务主要开办国家资费标准（1）

| 路向 | 首重 50 克（元） | 续重 50 克（元） |
|---|---|---|
| 俄罗斯 | 60 | 4 |
| 澳大利亚 | 69 | 3 |
| 日本（促销价） | 81（35） | 1.2（1.5） |
| 韩国（促销价） | 60（35） | 0.9（1.2） |
| 新加坡 | 70 | 1.2 |
| 英国 | 70 | 2 |
| 法国 | 105 | 2 |
| 巴西 | 115 | 4 |
| 西班牙 | 85 | 2.2 |
| 荷兰 | 91 | 2 |
| 加拿大 | 105 | 3 |
| 乌克兰 | 120 | 2.5 |
| 白俄罗斯 | 120 | 2.5 |

表 7-6　　　　　　　　　　e快递业务主要开办地区资费标准（2）

| 路向 | 首重 50 克（元） | 续重 50 克（元） |
|---|---|---|
| 中国台湾 | 16 | 0.6 |
| 中国香港 | 48 | 0.5 |

# 任务三　商业快递

 任务引入

## 俄罗斯紧急叫停商业快递，EMS和速邮宝受益

　　由于俄罗斯海关政策调整，导致商业快递公司在俄罗斯送货流程更加复杂，俄罗斯

商业快递联盟决定，暂停旗下快递公司在俄罗斯的个人包裹业务。

亿邦动力网获悉，日前，阿里巴巴旗下外贸电商平台——全球速卖通已针对商业快递公司停止俄罗斯业务的消息，向平台卖家发布了相关公告，表示包括 DHL、DPD、TNT、FedEx、Pony、UPS 在内的物流方式对应的线上发货下单入口已关闭。

速卖通称，目前线上发货选择 EMS 服务和速邮宝发货至俄罗斯的还可以正常使用，选择 DHL、DPD、TNT、FedEx、Pony、UPS 发货至其他国家和地区（仅限上述物流方式线上服务所支持的国家和地区）也正常。为了避免发生不必要的纠纷，平台卖家需及时对运费模板进行调整。

据亿邦动力网了解，俄罗斯海关政策出台后，俄罗斯开始对用于个人使用的进口商品加强检查。因此，DHL、FedEx 等国际快递巨头均已停止向俄罗斯普通居民发送快递，UPS 则表示向俄罗斯居民的交货时间将会被推迟。

（来源：亿邦动力网　2014.02.19）

---

 **相关知识**

商业快递是指由实力雄厚的 UPS、Fedex、DHL、TNT 四个国际物流运营商提供的配送模式。这四家快递公司成立较早，物流运输网络遍布全球各地，而且其完善的物流配送系统让门到门配送服务真正成为现实，使顾客拥有极佳的购物体验，因此具有服务质量高、送货快捷的优点，但同时优质的服务也意味着非常高昂的运输费用，因此一般中小型 B2C 商家只有在发货相对紧急时才会选择使用商业快递，并且会向客户收取额外的服务费用。

## 3.1　商业快递介绍

商业快递的特点是自建的网络可覆盖全世界，并且拥有强大的 IT 系统和遍及全球的本地化服务，给消费者带来了很好的物流体验，但商业快递价格昂贵，商家使用时需要考虑商品的体积、重量，偏远地区需付额外费用。商业快递的时效基本在 3～5 个工作日，最快可在 48 个小时内送达。良好的物流服务往往与高昂的成本密切相关，商业快递收费标准以 500 克为一个收费单位。我国本土快递公司，如顺丰、申通等，也在布局跨境物流，拓展业务范围。

## 3.2　商业快递类别及收费标准

### 一、TNT介绍

#### 1．TNT简介

TNT 集团总部设于荷兰，是全球领先的快递服务供应商，为企业和个人客户提供全方位的快递服务。TNT 快递在欧洲、南美、亚太和中东地区拥有航空和公路运输网络。TNT 的相关知识介绍如表 7-7 所示。

表 7-7                                TNT 基本知识介绍

| TNT 资费标准 | 运费包括基本运费和燃油附加费两部分，其中燃油附加费每个月都会变动，以 TNT 网站公布的数据为准 |
|---|---|
| TNT 参考时效 | 一般货物在发货次日即可实现网上追踪，全程时效为 3～5 天，TNT 经济型时效为 5～7 天 |
| TNT 跟踪查询网站 | TNT 官方网站 |
| TNT 体积重量限制 | 单件包裹不能超过 70 千克<br>单件包裹三条边（长、宽、高）分别不能超过 2.40 米、1.50 米、1.20 米 |

### 2. TNT操作的注意事项

（1）TNT 快递运费不包含货物到达目的地海关可能产生的关税、海关罚款、仓储费等费用。因货物原因无法完成目的地海关清关手续或收件人不配合清关，导致货物被退回发件地（此时无法销毁），所产生的一切费用，如收件人拒付，则需由卖家承担。

（2）若因货物原因导致包裹被滞留，不能继续转运，其退回费用或相关责任由发件人自负。

（3）卖家若授权货代公司代为申报，如因申报原因发生扣关或延误，货代公司大多不承担责任。

（4）如果 TNT 包裹需要申请索赔，则需在包裹上网后 21 天内提出申请，逾期 TNT 不受理。

（5）一票多件计算方式：计算包裹的实重之和与体积重量之和，取其中重量大的。

（6）TNT 不接收仿牌货物，扣关不负责。

## 二、UPS介绍

### 1. UPS简介

UPS 全称是 United Parcel service，即联合包裹服务公司，其 1907 年作为一家信使公司成立于美国华盛顿州西雅图，其总部位于美国佐治亚州亚特兰大市，是一家全球性的快递承运商与包裹递送公司，同时也是运输、物流、资本与电子商务服务的领导型的提供者。UPS 的基本知识如表 7-8、表 7-9 所示。

表 7-8                              UPS 基本知识介绍（1）

| UPS Worldwide Express Plus | 全球特快加急，资费最高 | 红色标记 |
|---|---|---|
| UPS Worldwide Express | 全球特快 | 红色标记 |
| UPS Worldwide Saver | 全球速快 | 红色标记，俗称"红单" |
| UPS Worldwide Expedited | 全球快捷，速度最慢，资费最低 | 蓝色标记，俗称"蓝单" |

一票多件货物的总计费重量依据运单内每个包裹的实际重量和体积重量中较大者计算，并且不足 0.5 千克的按照 0.5 千克计，超 0.5 千克的计 1 千克。每票包裹的计费重量为每件包裹的计费重量之和。

表 7-9                              UPS 基本知识介绍（2）

| UPS 资费标准 | 以 UPS 网站公布的信息或者以 UPS 的服务热线信息为准 |
|---|---|
| UPS 参考时效 | ◆ UPS 国际快递参考派送时间：2～4 个工作日<br>◆ 派送时效为从已上网到收件人收到此快件为止<br>◆ 如遇到海关查验等不可抗拒的因素，派送时效就要以海关放行为准 |

| UPS 跟踪查询网站 | UPS 官方网站 |
|---|---|
| UPS 体积重量限制 | 单件包裹最大重量为 70 千克<br>单件包裹最大长度为 270 厘米<br>单件包裹最大尺寸：长+周长=[（2×宽）+（2×高）]=330 厘米<br>若包裹超过以上尺寸，将对每个包裹收取超重超长 378 元人民币的附加费，且最多收取一次超重超长费 |

### 2. UPS的优缺点（见表7-10）

表 7-10　　　　　　　　　　UPS 优缺点介绍

| UPS 优点 | UPS 缺点 |
|---|---|
| 速度快，服务好 | 运费较贵，要计算商品包装后的体积重量，适合发 6 千克～21 千克，或者 100 千克以上的货物 |
| 强项在美洲线路和日本线路，特别是美国/加拿大、南美、英国，适宜发快件 | 对托运物品的限制比较严格 |
| 一般 2～4 个工作日可送达。由中国运至美国，差不多 48 个小时能到达 | 中国香港 UPS 代理停发澳大利亚件，中国内地 UPS 可以发 |
| 货物可送达全球 200 多个国家和地区；可以在线发货，全国 109 个城市可上门取货 | 中国香港 UPS 大货尽量不要使用香港地址发货（包含发票也不要使用香港地址和公司）；在目的地清关一定需要使用香港地址的情况下就找正规的货代公司发货 |
| 查询网站信息更新快，遇到问题解决及时 | |

## 三、FedEx介绍

### 1. FedEx简介

FedEx 全称是 Federal Express，即联邦快递，分为中国联邦快递优先型服务（International Priority，IP）和中国联邦快递经济型服务（International Economy，IE）。FedEx 成立于 1973 年 4 月，公司的亚太区总部设在中国香港，同时在上海、东京等城市设有区域性总部。FedEx 相关知识如表 7-11、表 7-12 所示。

表 7-11　　　　　　　　　FedEx IP 和 FedEx IE 的主要区别

| FedEx IP<br>（中国联邦快递优先型服务） | ◆　时效快。递送的时效为 2～5 个工作日<br>◆　清关能力强<br>◆　为全球超过 20 个国家及地区提供快捷、可靠的快递服务 |
|---|---|
| FedEx IE<br>（中国联邦快递经济型服务） | ◆　价格更优惠，相对于中国联邦快递优先型服务的价格更有优势<br>◆　时效比较快，递送的时效一般为 4～6 个工作日，时效比中国联邦快递优先型服务通常慢 1～3 个工作日<br>◆　清关能力强，中国联邦快递经济型服务同中国联邦快递优先型服务用同样的团队进行清关处理<br>◆　为全球超过 90 个国家及地区提供快捷、可靠的快递服务，中国联邦快递经济型服务同中国联邦快递优先型服务享受同样的派送网络，只有很少部分国家的运输路线不同 |

| 表 7-12 | FedEx 基础知识 |
| --- | --- |
| **FedEx 资费标准** | 联邦快递的资费标准以其官网公布的信息为准 |
| **FedEx 参考时效** | 优先型服务派送正常时效为 2～5 个工作日（此时效为快件上网至收件人收到此快件为止），需要根据目的地海关通关速递决定<br>经济型服务派送正常时效为 4～6 个工作日（此时效为从快件上网至收件人收到此快件为止），需要根据目的地海关通关速递决定 |
| **FedEx 跟踪查询网站** | FedEx 官方网站 |
| **FedEx 体积重量限制** | 单票的总重量不能超过 300 千克，超过 300 千克的请提前预约；单件或者一票多件中的单件包裹如超过 68 千克，需要提前预约<br>单件最长边不能超过 24 厘米，最长边+其他两边的长度的 2 倍不能超过 330 厘米<br>注：体积重量计算公式：长（厘米）×宽（厘米）×高（厘米）/体积重量计算常数。如果货物体积重量大于实际重量，则按体积重量计费。 |

### 2. FedEx的优缺点（见表7-13）

| 表 7-13 | FedEx 优缺点 |
| --- | --- |
| **FedEx 优点** | **FedEx 缺点** |
| 适宜走 21 千克以上的大件，到南美洲的价格较有竞争力 | 价格较贵，需要考虑商品体积重量 |
| 一般 2～6 个工作日可送达 | 对托运物品限制比较严格 |
| 网站信息更新快，网络覆盖全，查询响应快 | |

## 四、DHL介绍

### 1. DHL简介

DHL 是全球著名的邮递和物流集团，业务遍及全球 220 个国家及地区，涵盖超过 120000 个目的地（主要邮递区码地区）的网络，向企业及私人顾客提供专递及速递服务。DHL 相关知识如表 7-14 所示。

| 表 7-14 | DHL 基本知识 |
| --- | --- |
| **DHL 资费标准** | DHL 的标准资费详见官网 |
| **DHL 参考时效** | 上网时效：参考时效从客户交货之后第二天开始计算，1～2 个工作日会有上网信息<br>妥投时效：参考妥投时效为 3～7 个工作日（不包括清关时间，特殊情况除外） |
| **DHL 跟踪查询网站** | DHL 官方网站 |
| **DHL 体积重量限制** | 单件包裹的重量不超过 70 千克<br>单件包裹的最长边不超过 1.2 米<br>注：部分国家的要求不同，具体以 DHL 官网公布的信息为准<br>体积重量计算公式为：长（厘米）×宽（厘米）×高（厘米）/体积重量计算常数，货物的实际重量和体积重量相比，二者中取大者计费 |

### 2. DHL的操作注意事项

（1）物品描述。报品名时需要填写实际品名和数量。不接受礼物或样品申报。

（2）申报价值。DHL 对申报价值是没有要求的，客户可以自己决定填写的金额，建议按货物的实际价值申报，以免产生高额关税及罚金。

（3）收件人地址。DHL 在部分国家不接受邮政邮箱地址，发件人必须要提供收件人电话。以上资料应该用英文填写，其他的语种不行。

### 3. DHL的优缺点（见表7-15）

表 7-15　　　　　　　　　　　DHL 优缺点

| DHL 优点 | DHL 缺点 |
| --- | --- |
| 由中国运至西欧、北美有优势；适宜走小件；可送达的国家网点比较多 | 走小货价格较贵不划算，DHL 适合发 5.5 千克以上，或者介于 21 千克和 100 千克之间的货物 |
| 一般 2～4 个工作日可送达；由中国运至欧洲一般 3 个工作日，到东南亚一般 2 个工作日 | 对托运物品的限制比较严格，拒收许多特殊商品，部分国家不提供 DHL 包裹寄递服务 |
| 查询网站的货物状态更新比较及时，遇到问题解决速度快 | |

## 五、TOLL介绍

### 1. Toll简介

Toll 即环球快递（又名拓领快递），是 Toll Global Express 公司旗下的一项快递业务。Toll 由中国运至澳大利亚以及泰国、越南等亚洲地区的价格较有优势。Toll 相关知识如表7-16 所示。

表 7-16　　　　　　　　　　　Toll 基本知识

| Toll 资费标准 | 其运费包括基本运费和燃油附加费两部分，其中燃油附加费每月变动，以 Toll Global Express 网站公布的数据为准。 | |
| --- | --- | --- |
| Toll 参考时效 | 东南亚 | 3～5 个工作日 |
| | 美国/加拿大 | 6～10 个工作日 |
| | 澳大利亚 | 3～5 个工作日 |
| | 欧洲 | 6～10 个工作日 |
| | 南美 | 8～15 个工作日 |
| | 中东 | 8～15 个工作日 |
| Toll 跟踪查询网站 | Toll 官方网站 | |
| Toll 体积重量限制 | 单件包裹的重量不超过 15 千克<br>单件包裹最长边超过 1.2 米，需另外加收每票 200 元人民币的操作费<br>首重、续重均为 0.5 千克<br>注：体积重量超过实际重量时按照体积重量计费。体积重量的算法为：长（厘米）×宽（厘米）×高（厘米）/体积重量计算常数 | |

### 2. Toll的操作注意事项

（1）Toll 运费不包含货物到达目的地海关可能产生的关税、海关罚款、仓储费、清关费等费用，或因货物原因无法完成目的地海关清关手续或收件人不配合清关，导致货物被退回发件地（此时无法销毁）所产生的一切费用，如收件人拒付，则需由发件人承担。

（2）若因货物原因导致包裹被滞留在中国香港，不能继续转运，其退回费用或相关责任由发件人自负。

（3）如货物因地址不详等原因在当地派送不成功，需更改地址派送，Toll 快递会收取每票 50 元人民币的操作费。

（4）如因货物信息申报不实、谎报等原因导致无法清关，或者海关罚款等，一切费用由发件人承担，Toll 快递会另外收取每票 75 元人民币的清关操作费。

（5）Toll 在当地会有两次派送服务，如两次派送均不成功，要求第三次派送会收取 75 元人民币的派送费。

（6）货物不能用金属或木箱包装，也不能用严重不规范的包装，否则 Toll 快递会收取 200 元人民币的操作费。

（7）Toll 快递由中国运至澳大利亚、缅甸、马来西亚、尼泊尔可能有偏远地区附加费，具体地区及收费标准根据运送国家的不同而有所不同，最终以官网公布的数据为准。

## 六、顺丰速运介绍

### 1. 顺丰速运简介

顺丰速运 1993 年诞生于广东顺德。近年来，顺丰积极拓展国际件服务，目前已开通美国、日本、韩国、新加坡、马来西亚、泰国、越南、澳大利亚等国家的快递服务。顺丰速运相关知识如表 7-17 所示。

表 7-17 　　　　　　　　　　　　　　　　顺丰速运基本知识

| | | |
|---|---|---|
| 顺丰速运资费标准 | 对于 20 千克以下的快件，以 0.5 千克为计算单位；不足 0.5 千克者，小数位部分会进位到下一个 0.5 千克为计算标准；20 千克以上的快件，以 1 千克为计算单位；不足 1 千克者，小数位部分会进位到下一个 1 千克为计算标准。（目前暂未收取燃油附加费，以其官网公布的信息为准） | |
| 顺丰速运参考时效 | 东南亚 | 3～5 个工作日 |
| | 美国/加拿大 | 6～10 个工作日 |
| | 澳大利亚 | 3～5 个工作日 |
| | 欧洲 | 6～10 个工作日 |
| | 南美 | 8～15 个工作日 |
| | 中东 | 8～15 个工作日 |
| 顺丰速运跟踪查询网站 | 顺丰速运官方网站 | |
| 顺丰速运体积重量限制 | 重量未限制<br>单件包裹尺寸不超过 200 厘米×80 厘米×70 厘米<br>对于体积大、重量轻的货物，参考国际航空运输协会（IATA）的规定，根据体积重量和实际重量中较重的一种收费<br>注：体积重量算法为：体积重量（千克）=长（厘米）×宽（厘米）×高（厘米）/体积重量计算常数 | |

### 2. 顺丰速运的优劣势

顺丰速运的优势主要体现为国内服务网点分布广，收派人员服务意识强，服务队伍庞大，价格有一定的竞争力。而劣势主要表现在开通的国家线路少，卖家可选的国家少，而且顺丰的业务种类繁多，导致顺丰的揽收人员对于国际快递的专业知识了解不够全面。

## 3.3 四大商业快递优缺点对比（见表7-18）

表7-18 四大商业快递优缺点对比

| 国际商业快递 | DHL（总部：德国） | TNT（总部：荷兰） | FedEx（总部：美国） | UPS（总部：美国） |
|---|---|---|---|---|
| 优点 | （1）由中国运至西欧、北美有优势，适宜走小件；可送达国家网点比较多。<br>（2）一般2～4个工作日可送达；由中国运至欧洲一般3个工作日，到东南亚一般2个工作日。<br>（3）查询网站的货物状态更新比较及时，遇到问题解决速度快 | （1）速度快，通关能力强，提供报关代理服务。<br>（2）可免费、及时、准确追踪、查询货物。<br>（3）在欧洲和西亚、中东及政治、军事不稳定的国家有绝对优势。<br>（4）送达全球时效为2～4个工作日，特别是到西欧大概3个工作日，可送达国家比较多。<br>（5）网络覆盖比较全、查询网站信息更新快、遇到问题响应及时。<br>（6）纺织品类大货到西欧、澳大利亚、新西兰有优势 | （1）适宜寄送21千克以上的大件，到南美洲的价格较有竞争力。<br>（2）一般2～4个工作日可送达。<br>（3）网站信息更新快，网络覆盖全，查询响应快 | （1）速度快，服务好。<br>（2）强项在美洲线路和日本线路，特别是美国/加拿大、南美、英国，适宜发快件。<br>（3）一般2～4个工作日可送达。由中国运至美国，差不多48个小时能送达。<br>（4）货物可送达全球200多个国家和地区；可以在线发货、全国109个城市可上门取货。<br>（5）查询网站信息更新快，遇到问题解决及时 |
| 缺点 | （1）寄送小货价格较贵不划算，DHL适合寄送5.5千克以上，或者介于21千克和100千克之间的货物。<br>（2）对托运物品的限制比较严格，拒收许多特殊商品，部分国家不提供DHL包裹寄递服务 | （1）要算抛重，对所运货物限制也比较多。<br>（2）价格相对较高 | （1）价格较贵，需要考虑商品体积重量。<br>（2）对托运物品限制也比较严格 | （1）运费较贵，要计算商品包装后的体积重量，适合寄送6千克～21千克，或者100千克以上的货物。<br>（2）对托运物品的限制比较严格。<br>（3）中国香港UPS代理停发澳大利亚件；中国内地UPS可以发 |

# 任务四　专线物流

 任务引入

阿里巴巴推出对俄B2B专线物流，15～25天可达。

阿里巴巴针对B2B卖家的对俄专线物流服务"中俄通"9月26日正式上线。阿里巴巴方面表示，"中俄通"由阿里巴巴物贸平台整合专业俄罗斯渠道服务商，为卖家提供从样品单到大宗订单，从包裹到整箱的解决方案，以及一站式含税双清物流服务（包括中俄跨境物流、清关、退税等）。"中俄通"自8月初开始试运营，目前已能保证15～25天货物送达俄罗斯100多个主要城市。

（来源：亿邦动力网 2013.09.26）

**相关知识**

　　跨境专线物流一般通过航空包舱方式将货物运输到国外，再通过合作公司进行目的国的派送。专线物流的优势在于它能够集中大批量到某一特定国家或地区的货物，通过规模效应降低成本。因此，其价格一般比商业快递低。在时效上，专线物流稍慢于商业快递，但比邮政包裹快很多。市面上最普遍的专线物流商品是美国专线、欧洲专线、澳洲专线、俄罗斯专线等，也有不少物流公司推出了中东专线、南美专线、南非专线等。

## 4.1　专线物流介绍

　　专线物流是专门针对某一国家或地区的物流运输方式。按照服务对象的不同，专线物流可以分为跨境电商平台企业专线物流和国际物流企业专线物流，其中跨境电商平台企业专线物流是大型电商平台专门为电商平台内上线销售商品的中小企业开发的物流项目，通过在国内设立仓库实现提供简单易行且成本较低的物流服务的目的。例如，敦煌网的在线发货 e-ulink 专线物流服务就属于这一类型，专线物流的运费大大低于邮政小包对相同重量货物的运费。而国际物流企业专线物流则是专门往返于某一国家或地区的物流运输线路，如专业从事中俄两国物流的 XRU——俄速通。为了提升运输效率，专线物流商会在目的地国家设置海外仓，所有的寄送物品都在海外仓中完成分拣、装配等工作，然后再统一派送。但专线物流覆盖范围比较狭窄，而且不提供退换货服务。

## 4.2　专线物流类别及收费标准

### 一、Special Line-YW介绍

　　Special Line-YW 即航空专线—燕文，俗称燕文专线，是北京燕文物流公司旗下的一项国际物流业务。线上燕文专线目前已开通南美专线和俄罗斯专线。

　　燕文南美专线小包：通过调整航班资源一程直飞欧洲，再发挥欧洲到南美航班货量少的特点，快速中转，避免旺季爆仓，大大缩短投递时间。

　　燕文俄罗斯专线小包：与俄罗斯合作伙伴实现系统内部互联，一单到底，全程无缝可视化跟踪。国内快速预分拣，快速通关，快速分拨派送。在正常情况下俄罗斯全境派送时间不超过 25 天，人口 50 万以上的城市派送时间低于 17 天。

#### 1. 燕文专线的相关知识（见表7-19）

表 7-19　　　　　　　　　　　　　　　　燕文专线基本知识

| 燕文专线资费标准 | 资费标准请参考燕文专线网站<br>计算方法：1克起重，每个单件包裹限重 2 千克 |
| --- | --- |
| 燕文专线参考时效 | 正常情况下，16～35 天到达目的地<br>特殊情况下，35～60 天到达目的地。特殊情况包括节假日、特殊天气、政策调整、偏远地区等 |
| 燕文专线跟踪查询网站 | 燕文专线官网 |

| | 包裹形状 | 重量限制 | 最大体积限制 | 最小体积限制 |
|---|---|---|---|---|
| 燕文专线体积重量限制 | 方形包裹 | 小于 2 千克（不包含） | 长、宽、厚之和<90厘米，最长一边长度<60厘米 | 至少有一面的长度>14厘米，宽度>9厘米 |
| | 圆柱形包裹 | | 2 倍直径及长度之和<104厘米，长度<90厘米 | 2 倍直径及长度之和>17厘米，长度>10厘米 |

### 2. 燕文专线的操作注意事项

包装材料及尺寸应按照所寄物品的性质、大小、轻重选择适当的包装袋或纸箱。邮寄物品外面需加套符合尺寸的包装袋或纸箱，包装袋或纸箱上不能有文字、图片、广告等信息。

由于寄送路程较远、冬天寒冷等原因，需选用适当的结实抗寒的包装材料进行包装，以防以下情况发生。

① 封皮破裂，内件露出，封口胶开裂，内件丢失。

② 伤害处理人员。

③ 污染或损坏其他包裹或分拣设备。

④ 因寄送途中碰撞、摩擦、震荡或受压力、气候影响而发生损坏。

## 二、Russian Air介绍

Russian Air 即中俄航空专线，是通过国内快速集货、航空干线直飞、在俄罗斯通过俄罗斯邮政或当地落地配送公司进行快速配送的物流专线的合称。现在中俄航空专线下已有 Ruston 专线（后续会上线更多的中俄航空专线）。

Ruston 俗称俄速通，是由黑龙江俄速通国际物流有限公司提供的中俄航空小包专线服务，是针对跨境电商客户物流需求的小包航空专线服务，渠道时效快速稳定，全程物流可跟踪。

### 1. Ruston的相关知识（见表7-20）

表 7-20　　　　　　　　　　　　　Ruston 基本知识

| Ruston 资费标准 | 85 元/千克+8 元挂号费，体积重量限制参照中邮小包的资费标准 |
|---|---|
| Ruston 参考时效 | 正常情况，15~25 天到达俄罗斯目的地<br>特殊情况，30 天到达俄罗斯目的地 |
| Ruston 跟踪查询网站 | Ruston 官方网站 |

### 2. Ruston的优点

（1）经济实惠。Ruston 以克为单位进行精确计费，无起重费，为卖家将运费定到最低。

（2）可邮寄范围广。Ruston 是联合俄罗斯邮政推出的服务商品，境外递送环节全权由俄罗斯邮政承接，因此递送范围覆盖俄罗斯全境。

（3）运送时效快。Ruston 开通了"哈尔滨——叶卡捷琳堡"中俄航空专线货运包机，大大提高了配送时效，使中俄跨境电商物流平均时间从过去的近两个月缩短到 13 天。80%以上的包裹 25 天内可到达。

（4）全程可追踪。货物信息 48 小时内上网，货物全程可视化追踪。

## 三、Aramex介绍

Aramex 快递即中外运安迈世，创建于 1982 年，在国内也称"中东专线"，是发往中东地区的国际快递的重要渠道，强大的联盟网络覆盖全球。Aramex 的总部位于迪拜，是中东地区的国际快递巨头，具有在中东地区清关速度快、时效快、覆盖面广、经济实惠的特点。Aramex 的缺点是快递主要优势在于中东地区，在别的国家或地区则不存在这些优势，区域性很强，对货物的限制也较高。

### 1. Aramex的相关知识（见表7-21）

表 7-21　　　　　　　　　　　　　　　Aramex 基本知识

| Aramex 资费标准 | 包括基本运费和燃油附加费两部分，其中燃油附加费每个月变化，具体费用以 Aramex 网站公布的数据为准 |
|---|---|
| Aramex 参考时效 | 收件后两天内上网，中东地区派送时效为 3～8 个工作日 |
| Aramex 跟踪查询网站 | Aramex 官方网站 |
| Aramex 体积重量限制 | Aramex 的价格计算方式为：（首重价格+续重价格×续重数量）×燃油附加费×折扣；超过 15 千克的按重单价 1 千克计费，然后外加燃油附加费，再乘以折扣 Aramex 的体积重量的算法为：长（厘米）×宽（厘米）×高（厘米）/体积重量计算常数。对于 Aramex 国际件的实际重量和体积重量，两者取较大值收取费用 |

### 2. Aramex的操作注意事项

（1）运单上必须用英文填写清晰的收件人名字、地址、电话、邮编、国家、货品信息、申报价值、件数及重量等详细资料。

（2）必须在运单报关联填写清晰的货物详情、名称、件数、重量及申报价值；单票货物申报不得超过 50000 美元，寄件人信息统一打印。

（3）Aramex 收件地址不可以是邮政的邮箱地址。

### 3. Aramex的优势

（1）运费价格优势：寄往中东、北非、南亚等国家，价格具有显著的优势，是 DHL 的 60%左右。

（2）时效优势：时效有保障，包裹寄出后大部分在 3～5 天可以投递，大大缩短了世界各国间的商业距离。

（3）无偏远费用：抵达全球各国和地区都无须附加偏远费用。

（4）包裹可在 Aramex 官网跟踪查询，状态实时更新，寄件人每时每刻都能跟踪到包裹的最新动态信息。

## 四、速优宝—芬兰邮政介绍

速优宝—芬兰邮政是由速卖通和芬兰邮政（Post Finland）针对 2 千克以下小件物品推出的香港口岸出口的特快物流服务，分为挂号小包和经济小包，运送范围为俄罗斯及白俄罗斯全境邮局可到达区域。速优宝—芬兰邮政具有在俄罗斯和白俄罗斯清关速度快、时效快、经济实惠的特点。

### 1. 速优宝—芬兰邮政的相关知识（见表7-22）

表 7-22　　　　　　　　　　　　　速优宝—芬兰邮政基本知识

| 速优宝—芬兰邮政 资费标准 | 速优宝—芬兰邮政挂号小包与中邮挂号小包一样，包括配送服务费和挂号服务费。速优宝—芬兰邮政经济小包则只有配送服务费，没有挂号服务费。<br>速优宝—芬兰邮政挂号小包的价格计算方式为：运费=配送服务费×邮包实际重量+挂号服务费；速优宝—芬兰邮政经济小包的价格计算方式为：运费=配送服务费×邮包实际重量。速优宝—芬兰邮政起重为 1 克，运费会根据每月初的最新汇率进行调整 |
|---|---|

| | | | | |
|---|---|---|---|---|
| 速优宝—芬兰邮政参考时效 | 对于速优宝—芬兰邮政挂号小包，物流商承诺包裹入库后 35 天内必达（不可抗力除外） | | | |
| 速优宝—芬兰邮政跟踪查询网站 | 挂号包裹到达俄罗斯邮政后，可在俄罗斯邮政官网查询相关物流信息 | | | |
| 速优宝—芬兰邮政体积重量限制 | 包裹形状 | 重量限制 | 最大体积限制 | 最小体积限制 |
| | 方形包裹 | 小于 2 千克（不包含） | 长+宽+高≤90 厘米，单边长度≤60 厘米 | 至少有一面的长度≥14 厘米，宽度≥9 厘米 |
| | 圆柱形包裹 | | 2 倍直径及长度之和≤104 厘米，单边长度≤90 厘米 | 2 倍直径及长度之和≥17 厘米，单边长度≥10 厘米 |

注：不能寄送电子商品，如手机、平板电脑等带电池的物品或纯电池（含纽扣电池）

### 2. 速优宝—芬兰邮政的优势

（1）运费价格优势：寄往俄罗斯和白俄罗斯的价格较其他专线具有显著的优势。

（2）时效优势：时效有保障，包裹寄出后大部分在 35 天可以投递，挂号包裹因物流商原因在承诺时间内未妥投而引起的速卖通平台限时达纠纷赔款，由物流商承担。经济小包跟传统的平邮小包相比，直到包裹离开芬兰前均有物流轨迹，离开芬兰前包裹丢失、破损以及时效延误而延期的速卖通平台限时达纠纷赔款，由物流商承担。

## 五、中俄快递-SPSR介绍

中俄快递-SPSR 服务商 SPSR Express 是俄罗斯最优秀的商业物流公司，也是俄罗斯跨境电子商务行业的领军企业。中俄快递-SPSR 面向速卖通卖家提供经北京、香港、上海等地出境的多条快递线路，运送范围为俄罗斯全境。中俄快递-SPSR 的相关知识如表 7-23 所示。

表 7-23　　　　　　　　　　　　　　中俄快递-SPSR 基本知识

| | |
|---|---|
| 中俄快递-SPSR 资费标准 | 资费计算项目与中邮挂号小包一致，包括配送服务费和挂号服务费两部分。运费根据包裹重量按每 100 克计费，不满 100 克的按 100 克计，每个单件包裹限重在 15 千克以内，包裹尺寸限制在 60（厘米）×60（厘米）×60（厘米）以内 |
| 中俄快递-SPSR 参考时效 | 出库后最短 14 天、最长 32 天内必达（不可抗力除外） |
| 中俄快递-SPSR 跟踪查询网站 | 挂号包裹到达俄罗斯邮政后，可在 SPSR 官网查询相关物流信息 |
| 中俄快递-SPSR 体积重量限制 | 重量不超过 15 千克<br>体积不超过 $60×60×60$ 厘米$^3$（单边长度不大于 60 厘米） |

注：不能寄送电子商品，如手机、平板电脑等带电池的物品或纯电池（含纽扣电池）。任何可重复使用的充电电池，如锂电池、内置电池、笔记本电脑的长电池、蓄电池、高容量电池等，无法通过机场安检。但是插电商品，如摄像头、烘干机、卷发器等可以寄送，合金金属等也在可以寄送的范畴 （不含管制刀具等违禁品）

# 任务五　海外仓储

海外仓储一般简称海外仓，是由电商平台、物流运营商单独或共同在销售目的地建立的集储存、分拣、装配、配送等功能于一体的集成化管理仓库。通过对消费者购买喜好的预测，卖家提前在海外仓备货，一旦买家下单，商家就能及时发货，这在大大缩短客户下单后等待和发货时间的同时也有效降低了物流成本，还具有方便退换货的优点，为广大消费者提供了一种与在国内购物体验类似的便捷服务。因此，海外仓是目前解决跨境物流售后难、成本高、时间慢的有效途径。但是碍于租赁仓库和人工的较高成本，目前只有少数供应链和库存管理水平较高的电商巨头在使用这种运作模式。

 **任务引入**

### 鼓励跨境电商：支持企业建海外仓

我国政府将鼓励商业模式创新，扩大跨境电子商务试点，并支持企业建设一批出口商品海外仓，以促进外贸综合服务企业的发展。

除此之外，我国政府还将推进贸易便利化，全面推广国际贸易"单一窗口"，以降低出口商品查验率。而与此同时，我国政府也将鼓励贸易结构优化，开展服务贸易创新发展试点，增加服务外包示范城市，加快发展文化对外贸易，进一步整合优化海关特殊监管区域，促进加工贸易向中西部地区转移、向产业链中高端延伸。

（来源：亿邦动力网　2016.03.07）

 **相关知识**

对于跨境出口卖家来说，他们所面临的巨大挑战，就是如何掌控难以控制的物流，确保货物能够及时完好到达，及如何实现便捷的退换货流程，并提供堪比实体零售的售后服务，使消费者获得满意的购物体验。国内卖家大多采用传统物流快递方式将货物运送至海外市场出售，这种方式的缺点是显而易见的，费用较高，物流周期长，退换货麻烦，还可能会出现海关查扣、快递拒收等难以预计的情况，因此严重影响客户体验，对于卖家扩张商品销售品类也会产生不小的影响。

针对传统物流成本高、花费时间长等问题的有效解决方案，就是建立海外仓。卖家提前将货物运送并存储到当地的仓库，当海外客户有消费需求时，货物的分拣、包装和配送全都直接在当地仓库进行，这样可以有效缩短物流时间，从而提高客户购物体验。

## 5.1　海外仓的定义

所谓海外仓就是商家在经营出口贸易时需要在境外设置仓库，将商品通过各种运输方式运输到境外仓库中，接到客户的订单后，商家直接把境外仓的商品发送给客户即可。当然商家也可以直接与境外的物流中介公司联系，通过国际物流中介公司完成海外仓库的管理运输等工作。这种方式的投资成本和操作成本都比较高。

## 5.2　海外仓的功能

### 1. 代收货款功能

由于跨境交易的风险较大，同时跨境交易的特殊性也会导致资金结算不便、不及时等问题的出现，因此，海外仓可以在合同规定的时限和佣金费率下，在收到货物的同时，提供代收货款的增值业务，从而有效规避跨境交易风险。

**2. 拆包拼装功能**

大部分跨境电商的订单数量相对都较少、订单金额相对也较低，而订单频率较高，普遍具有距离长、数量少、批次多的特点。因此，为了有效提高运输的效率，节省资源，海外仓可将这些较零散的货物拼装为整箱合并运输，货物到达之后，再由海外仓将整箱货物进行拆分。同时也可以根据客户的订单要求，为所处地域较集中的客户提供拼装服务，进行整箱运输或配送，从而提高运送效率，降低物流成本。

**3. 保税功能**

有些海外仓可以经海关批准成为保税仓库，这样其功能和用途范围会更为广泛，如可以简化海关通关流程和相关手续。同时，商家在保税仓库还可进行中转贸易，以海外仓所在地为中转地，连接生产地和消费地。一些简单的加工、管理等增值服务在保税海外仓内也可以实现，这无疑可以大大丰富仓库功能，从而提升企业竞争力。

## 5.3 我国海外仓的建设模式

我国目前的海外仓建设主要有三种模式，表 7-24 对三种海外仓模式进行了详细描述。

表 7-24　　　　　　　　　　三种海外仓介绍

| 模式 | 定义 | 分类 | 特点 |
|---|---|---|---|
| 自建模式 | 是由大卖家自己在海外市场建设仓库 | 卖家自建 | 便于物流管理，提高库存周转率，控制长期成本，利于树立品牌形象 |
| | 是由规模比较大的、有自营海外仓的电商企业转型而来 | 电商转型 | |
| 与第三方合作模式 | 是指跨境电商企业与第三方公司合作，由外部公司提供海外仓储服务的建设模式 | 租用 | 可降低电商企业运营风险和资产投入，第三方物流更具专业性，解决了跨境电商企业的后顾之忧 |
| | | 合作建设 | |
| "一站式"配套服务模式 | 是以海外仓为基础，为电商企业提供跨境物流整体解决方案服务的模式 | | 有更好的服务体验，提供完善的跨境电商供应链，对跨境物流具有引领作用 |

# 项目实训

在学习了跨境物流的相关基础知识后，作为卖家，你该如何根据订单选择合适的物流方式呢？下面以敦煌网为例，介绍选择跨境物流的操作步骤。

- 步骤一：请买家自己选择习惯的物流方式，如买家无具体要求，可按照经验，依据步骤二操作；最好选择买家下单时选用的运输方式，不要因为运费贵而随便更换运输方式，除非是卖家本人联系买家提出要求才可以更换。
- 步骤二：从买家的角度出发，为买家所购买的货物做全方面的考量，包括运费、安全度、运送速度、是否有关税等；尽量在满足物品安全性和速度的情况下，为买家选择运费低廉的服务。

┃注意┃

1. 请选择平台认可的物流方式，否则发货后无法向平台回填物流信息；
2. 请重点关注不同运输方式在运费、派送时间、清关能力的区别。

- 步骤三：进入运费模板管理页面。

方式一：进入"商品"管理，单击"模板管理"按钮，即可进入运费模板管理页面，如图 7-1 所示。

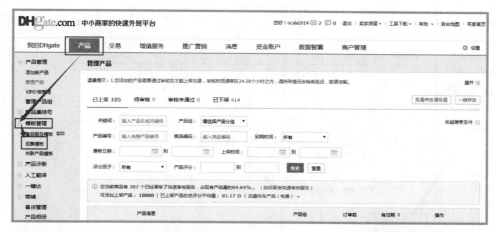

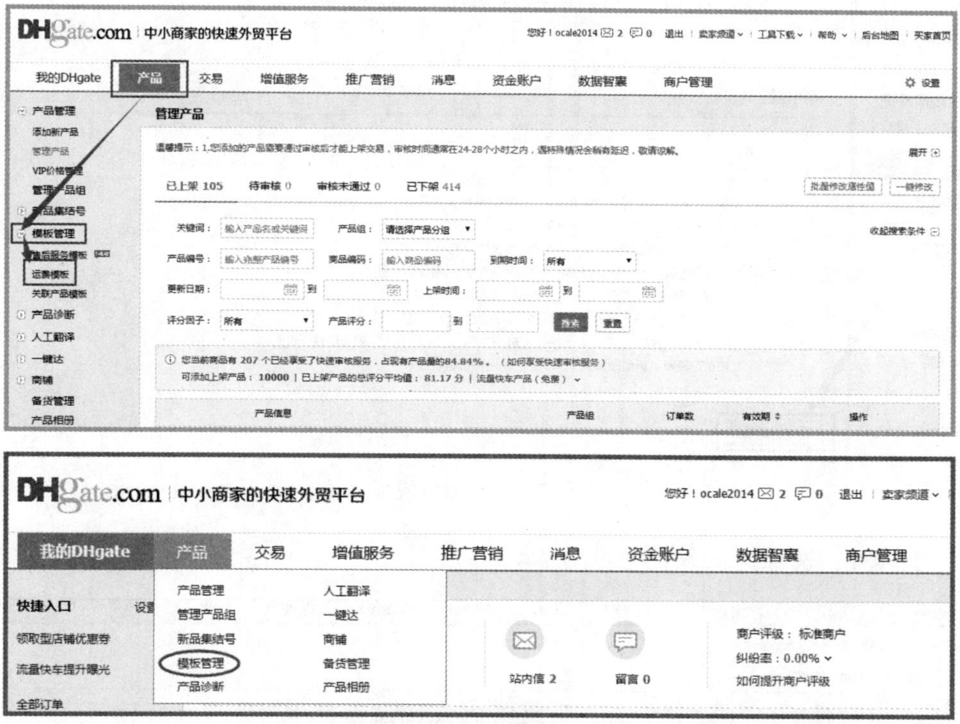

图 7-1　打开运费模板管理页面

方式二：在"添加新商品"页面，单击"管理运费模板"按钮，进入运费模板管理页面，商品添加页面仍然保留，添加成功的新模板在商品添加页面可即时使用，如图 7-2 所示。

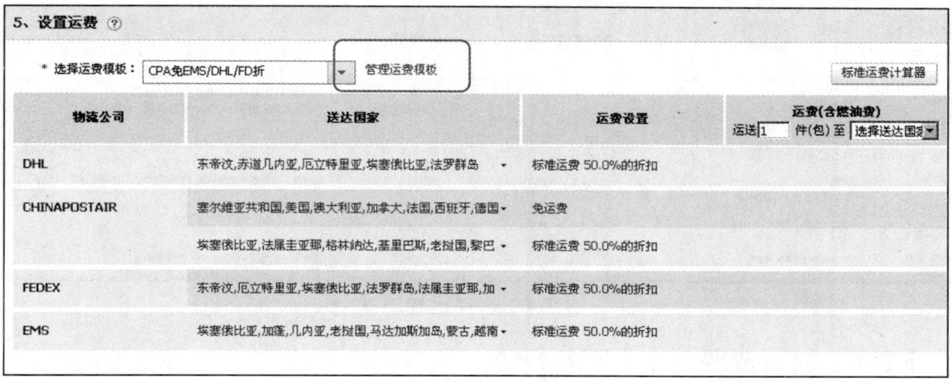

图 7-2　进入运费模板管理页面

- 步骤四：添加新的运费模板（见图 7-3 ）。

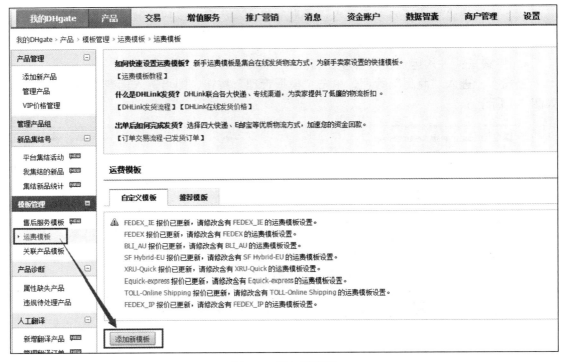

图 7-3　添加新模板

- 步骤五：选择运输方式（见图 7-4 ）。

图 7-4　选择运输方式

- 步骤六：选择收费方式（见图 7-5 ）。

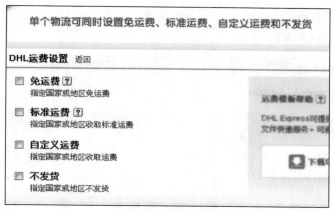

图 7-5　选择收费方式

- 步骤七：选择国家、地区。

方式一：按区域选择（见图 7-6）。

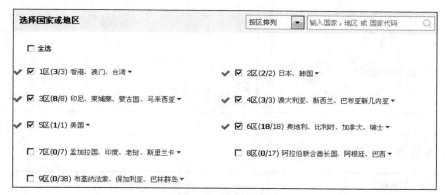

图 7-6　选择区域

方式二：按国家或地区选择（见图 7-7）。

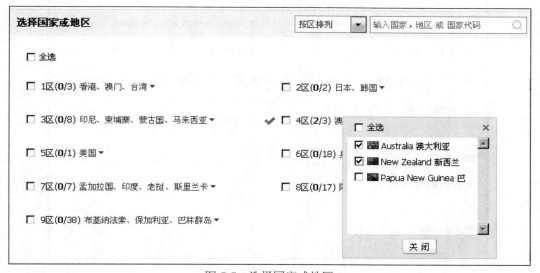

图 7-7　选择国家或地区

- 步骤八：运费设置。

### 1. 免运费（见图7-8）

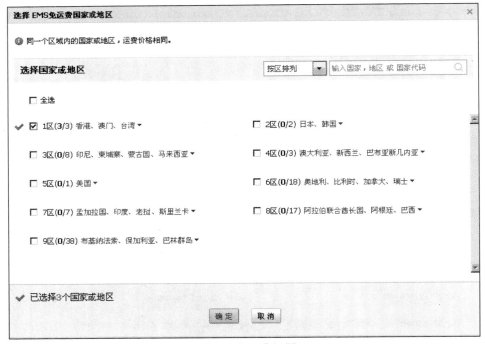

图 7-8　免运费设置

### 2. 标准运费（见图7-9和图7-10）

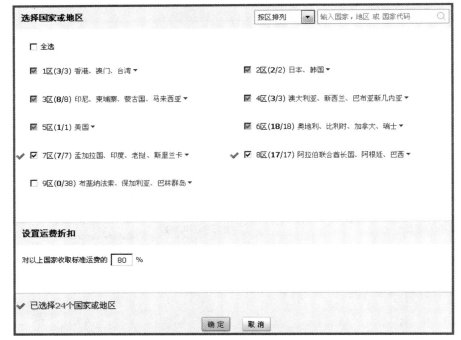

图 7-9　标准运费设置（1）

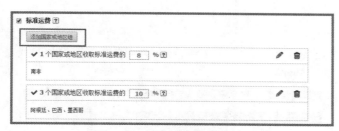

图 7-10　标准运费设置（2）

### 3. 不发货（见图7-11）

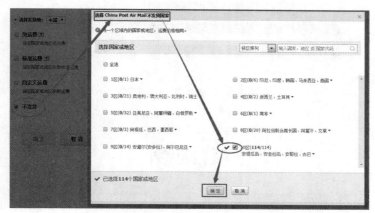

图 7-11　不发货设置

- 步骤九：保存运费模板。
- 步骤十：使用运费模板。

在添加商品页面可使用之前所添加的运费模板。

实训：

1. 请按上述操作提示，进入敦煌网进行物流设置。

2. 请完成以下标准运算折扣的计算。

**题 1**

一件商品包装后的实际重量是 240 克，使用中国邮政小包发往美国，其国际运费是多少？

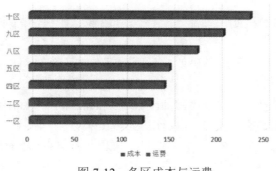

图 7-12　各区成本与运费

题 2

假设货物重量是 240 克，前五区包邮，那么八区的运费折扣应当是多少？

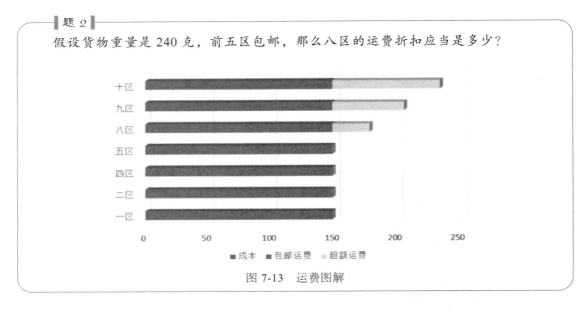

图 7-13　运费图解

# 项目小结

本项目对跨境物流的相关知识分五个任务进行了讲解，分别详细阐述了五大物流类型的相关基础知识、优劣势以及操作注意事项，方便卖家针对货物的性质、重量、体积以及目的区域，选择适合的物流途径。

# 习题

## 一、判断题

1. 行业中比较常用的跨境物流方式主要有邮政物流、商业快递及专线物流。

（　　　）

2. 出于对物流成本的控制，饰品、配件等重量轻、体积小的非紧急物品，商业快递是最佳选择。（　　　）

3. 平邮小包提供的物流跟踪条码能实时跟踪邮包在大部分目的地国家的实时状态。

（　　　）

4. 海外仓是由电商平台、物流运营商单独或共同在销售目标地建立的集储存、分拣、装配、配送等功能于一体的集成化管理仓库。（　　　）

5. 商业快递的时效基本在 3～5 个工作日，最快可在 48 个小时内送达。　　（　　　）

## 二、简答题

1. 简述跨境电商物流的几种分类。
2. 阐述邮政小包的优劣势。
3. 简述常用的几种商业快递。
4. 简述海外仓储的主要功能。

## 三、案例分析题

### 航母上的包裹

收快递是一件令人欣喜之事，尤其是拆包裹的时候更为兴奋。相信大部分人都觉得，生活在航母上的官兵根本就没有收快递之说，因为航母经常在海上执行任务，真的是这样吗？

2013 年 10 月 5 日，从山东省邮政公司获悉，我国首个"航母邮局"（见图 7-14）在山东青岛市黄岛区揭牌成立，它将主要为"辽宁舰"上的官兵提供邮政服务。了解完我国航母邮局的情况，我们去看看美国的航母是如何收发快递的，话说美国海军收发快递比起我国海军来可是疯狂多了（见图 7-15）。

图 7-14　航母邮局

图 7-15　美国海军收发快递

美国的尼米兹号核动力航母就是一个典型的例子，由于该航母上生活了五六千人，航母上虽然有超市，但是并不能满足士兵们的全部需求。美国当地邮局表示，每一年单单处理一艘航母上的快递重量就超过 90 万千克，特别是圣诞节等节日的快件几近爆仓。美国海军士兵能收到来自全世界各国寄来的信件、圣诞节礼物、烟、打火机、卫生纸、衣服、各种体育器材等，几乎包括你能想到的所有日用品和各种商品。

**思考：**

结合上述案例，分析各种跨境物流方式的优缺点，指出邮政物流在跨境电商交易中的独特优势。

## 四、实训题

1. 今年以来，指尖陀螺"横扫"欧美玩具市场，成为中国卖家在各大跨境电商平台上的畅销品。作为速卖通平台的指尖陀螺卖家之一，你最近有一单 30 件的货物销往美国，请你综合考虑各种因素，选择一种合适的物流方式，要求写出选择的理由。

2. 根据以下要求设置商品重量为 100 克、300 克、1 千克的运费模板。

- 中国邮政航空挂号邮件：1～5 区免运费，6～9 区标准运费并给予正确的运费折扣，10 区不发货；
- EMS：1～8 区国家按照标准运费 6 折收取运费，9 区不发货；
- DHL：1～9 区国家按照标准运费 5.5 折收取运费；
- 国际 e 邮宝：澳大利亚、加拿大、法国、以色列、挪威、沙特阿拉伯、英国、美国包邮；对其他国家和地区不发货。

项目八

# 跨境电商客户服务

 学习目标

**【知识目标】**

掌握跨境电商客服工作的范畴；

理解跨境电商客服工作的思路；

掌握跨境电商客服工作的技巧；

掌握客户关系管理的相关理论知识。

**【能力目标】**

能够履行客服的职责与义务；

能够为客户提供恰当的服务；

能够化解客服工作中的问题；

能够对客户关系管理形成正确与深刻的见解。

# 任务一 客服的工作范畴

 任务引入

　　客户在境外店铺购买商品，会遇到各种问题，如购前对商品的疑惑、对店铺相关活动的疑问；付款后对物流状态的追踪；收货后对商品质量及使用的相关问题等。这一系列问题都需要客户与店铺沟通后进行解决。

就店铺而言，其需要专门的人员替店铺做推广与答疑，并且在销售一线汇总客户的问题与反应，同时监控商品物流信息等；需要专门的客服人员作为"中介"，整合店铺对内与对外的业务需要，联通客户与店铺的沟通与处理双方的诉求。

 **相关知识**

客服人员的任务是帮助与服务买家完成整个购买流程，并在此过程中提供周到的服务，以及辅助店铺完成购买追踪与汇总客户信息。因此客服的工作范畴包括"解答客户咨询""解决售后问题""促进销售完成"以及"管理监控职能"四个方面。

订单小单化、碎片化以及订单数量增长迅速，是目前跨境电商的两大特点。由于跨境电商业的客户服务工作所面临的环节多、情况复杂，涉及多种跨境运输渠道，以及不同国别在语言、文化、商品标准与规范上的各种差异，非专业化的客服工作方式已经不能适应行业的发展与客户的需求。

因此，本项目就从梳理跨境电商客服工作的基础——"客服的工作范畴"入手，来明确跨境电商客服人员"应该对店铺外部做什么"及"应该对店铺内部做什么"这两个基本的问题，进而为本项目之后探讨客服工作如何组织、开展、落地等内容进行铺垫。

本项目将客服的服务工作归纳为，对外解答客户咨询、解决售后问题、促进销售等；对内履行管理监控职能。

## 1.1 解答客户咨询

与在实体店铺购物不同，在线购物时，客户会对店铺提出大量关于"商品"和"服务"的咨询。

### 一、解答关于商品的咨询

纵观目前中国跨境电商行业，商品具有如下特点。

（1）商品种类庞杂。从早期的 3C、玩具，到后期卖家集中发力的服装、配饰、家居用品等，跨境电商涉及的行业不断丰富，基本已经覆盖国内外所有常见的日用消费品。

（2）单个店铺经营的专业品类多。不同于国内电商单个店铺往往只销售一到两个专业品类的特点，在跨境电商交易中，国外客户对"店铺"的概念非常薄弱。这是因为早期建立的国外电商平台大多没有"店铺"的概念，而只有松散的"商品链接"，如美国亚马逊。因此，跨境电商的店铺同时兼营的商品经常涉及多个行业、种类，这就使得客服的工作变得更加复杂。

（3）商品规格上国内外存在巨大的差异。例如，令许多卖家头疼的服装尺码问题，欧洲尺码标准、美国尺码标准与国内商品存在差异。又如，电器设备的标规问题，欧洲、日本、美国电器商品的电压都与国内标规不同，即使是诸如电源插头这样一个小细节，各国也都有巨大的差异，中国卖家卖出的电器能适用于澳大利亚的电源插座，但是到了英国就不匹配了。

跨境电商商品的特点增加了客服人员在解答客户商品咨询时的难度，而客服人员第一重要的工作任务就是，当客户提出任何关于商品的问题时，无论多么复杂，都要为客户做出专业的解答，提出可行的解决方案。这对广大中国卖家来讲，是一个不小的挑战。

## 二、解答关于服务的咨询

跨境电商的另一个特点在于服务实现的复杂性。当面临运输方式、海关申报清关、运输时间以及商品安全性等问题时，跨境电商往往比国内电商需要处理更多、更复杂的问题。而当商品到达国外客户手中后，解答商品在使用中遇到的问题也需要我们的客服人员具备更高的售后服务技巧，这样客服人员才有可能用较低的售后成本为国外客户妥善地解决问题。

很多商品信息在购买页面都可以被读取，但售后牵涉更多的是服务问题。一旦商品售出，客服人员所面临的都是相关商品的一系列服务问题，而且相对于商品咨询，服务问题更是千差万别。商品是稳定、不变的，而服务的标准与内容，差别很大，客服人员在把握时难度更高。

## 1.2 解决售后问题

### 一、跨境电商售后问题产生的原因

跨境电商行业有一个非常有趣的特点，即在正常情况下，客户下单之前很少与卖家进行沟通，这就是行业内经常提到的"静默下单"。卖家首先要做的事情是在商品的描述页上使用图片、视频、文字等多种方式充分且明白地说明正在销售的商品特点，以及所能够提供的售前、售后服务。一旦这些内容落实到商品页面上，就成为卖家做出的不可改变、不可撤销的承诺。

在大家所熟悉的国内电商行业中，绝大部分客户在下单前都会与客服人员就"是否有库存""可否提供折扣或赠品"等内容进行多次沟通。而在跨境电商行业中，客户往往在下单前不与店铺的客服人员进行任何形式的联系。客户静默下单，即时付款，对卖家来讲，这不得不说是减少了工作量。

另一方面，在跨境电商行业中，当客户联系店铺卖家时，往往是客户在商品、物流运输或者其他服务方面遇到了问题，而这些问题是客户依靠自己的力量无法解决的。绝大部分情况下，一旦客户联系店铺客服人员，就会对售后环节提出疑问与不满。

统计数据说明，许多跨境电商卖家每天收到的邮件中有将近七成都是关于商品和服务的投诉。也就是说，店铺客服人员在日常工作中处理的最主要问题就是各种售后问题。

### 二、客服人员解决售后问题所需的知识与技能

#### 1. 客户关系管理的能力

帮助客户客观地认识问题，稳定他们的情绪，进而控制整个业务谈判的方向，是客服人员必须具备的一项素质。

#### 2. 成本核算与规避损失的能力

无论是何种商业模式，客服人员在面对客户的投诉时可以采取多种方案解决，然而这些方案往往会涉及一些售后成本。跨境电商不同于国内电商，由于距离远、运输时间长、运输成本高，当商品或服务出现问题时，售后处理的方案往往会比国内电商的处理方案成本高。

最常见的例子是牵涉到退换货的问题。例如，当一件售价 20 美元的服装出现尺码严重

不符，以致客人无法穿着的情况时，国内电商处理此类问题的方式往往是安排客户退回商品，卖家再重新发送一件尺码合适的服装，而其中的售后成本仅是退货与再次发货的运费，这一费用很低，往往低于商品本身的价值，卖家和买家还可以协商由谁来承担这个费用。但是在跨境电商交易中，情况就完全不同。同样一件 20 美元的夏季服装，卖家发货的国际运费大约为 4 美元，但由于国外的跨国邮政运费远远高于中国的国际邮政包裹运费，如果需要买家退回商品，可能要为退回商品支付超过十多美元的运费（以美国客户为例，使用 USPS 可跟踪服务退货回中国，0.5 千克内的包裹大概需要花费 15 美元～20 美元）。退货运费往往超过了商品本身的价值，在这种情况下，无论是买家还是卖家，都不愿承担这样的高额退货运费。因此，"退货—换货"的模式就不再适用。

上述例子中，根据跨境电商的现实情况，售后的处理方法与国内电商是完全不同的，最常见的处理方式就是免费重发或者退款等。而这些处理方法需要卖家支付的成本也是不同的。优秀的客服人员就需要在多种处理方法中引导客户选择对卖家而言成本最低的处理方案。

### 3. 全面了解店铺商品与各岗位工作流程

正如前文中提到的，解决客户的问题时，客服人员首先必须是跨境电商的行业专家，必须对诸如商品、采购、物流、通关等各方面的工作流程都有一个全面而正确的认识。只有如此，客服人员才能够准确地发现问题所在，客户遇到的麻烦才能够得到完美的解决。

除此之外，客服人员还需要熟悉平台规则，了解店铺后台，把握店铺整体评论、评分以及商品星级评分和评论内容，熟悉公司商品，包括商品的功能、特色、成本、物流及供货周期等，了解公司文化和品牌理念以及掌握客服相关问题。

### 4. 良好的沟通能力

客服人员每天的业务操作都离不开沟通，所以沟通技巧是跨境电商客服人员需要具备的重要能力之一。客服人员熟练掌握沟通的技巧，就能使面临的许多问题迎刃而解。良好的沟通可以可以使交流双方的思想、观念、观点达成一致，让店铺赢得更多的订单和买家，也能避免不必要的中差评出现。同时，客服人员应具备良好的英语听说读写能力，回复邮件速度达到 50～100 封/天。

## 1.3 促进销售

销售与促销往往被认为只是业务销售人员的工作。但实际上，在跨境电商领域中，客服人员如果能够充分发挥主观能动性，也能够为企业和团队创造巨大的销售业绩。

因此，客服人员需要在与客户的首次以及后续交易中发挥主观能动性，尽可能促进后续交易的稳定进行。

### 一、客服促进再次交易的途径与方法

#### 1. 客服促进再次交易的两种途径

（1）顺理成章。跨境电商的客服人员除了解答客户的问题外，还有一个非常重要的职责，就是促成潜在大额客户（之前的小额订单客户）的大额批发订单成交，这一工作范畴本身就是促成客户再次交易的一种途径和目标。跨境电商中，许多大额客户的购买模式往往是挑选几家中国卖家的店铺做小额的样品采购，在确认样品的质量、款式以及卖家的服务水平之后，这些客户经常会试探性地增大单笔订单的数量和金额，之后逐渐发展为稳定

的"采购—大额供应"关系。根据以往经验，美国客户、澳大利亚客户和俄罗斯客户等是跨境大额的主要人群。

（2）转危为安。除了促成大额订单外，客服人员通过自己的努力，也完全可以有效地帮助零散客户再次与店铺进行交易。正如之前提到的，在普遍"静默下单"的情况下，店铺的国外客户很少与跨境电商零售团队进行深入交流，也就很难成为具有黏性的老客户。因而，客服人员在遇到客户的投诉问题时，不要感到麻烦与烦躁，应当将这种沟通作为展示自己团队服务水平的机会，促成客户再次交易。

### 2. 客服实现再次交易的方法

（1）卖家对问题的完美解决会在使自身买家心中大大加分——形成客户黏性

很多在店铺几十次下单的老客户往往是在最初几次交易中遇到过问题的人。而当客服人员帮他们完美地解决问题后，客户对卖家的信任会显著增强。特别是当客服人员专业的服务态度能够感动国外的客户时，两者的信任关系迅速增进，这种人与人之间的相互信任关系可以促使客户稳定下单。

（2）从大量售前咨询中发掘潜在大客户——促成大额交易

跨境零售电商行业中（特别是在阿里巴巴速卖通平台上）有大量的国外买家主要的目的是搜寻合适的中国供应商。无论是售前还是售后的咨询，这种客户更关注的是卖家在商品种类的丰富程度、商品线的开发拓展速度、物流与清关的服务水平和大额订单的折扣力度与供货能力等。一旦发现这种客户，客服人员需要积极跟进，不断地解决客户的所有疑问与顾虑，最终促成订单的成交。

（3）巧妙使用邮件群发工具形成客户社群——增加回头客

在跨境电商的营销过程中，通过与营销业务人员的配合，客服人员也可以扮演非常重要的营销角色。相对于国内买家，国外零售电商的买家更容易接受"客户俱乐部制"等客户社群方式。因此，有效且精准的营销邮件群发，一方面可以增强客户的黏性，另一方面也可以发放优惠券，促使客户参与店铺的各种促销活动，促进他们回店再次下单。

## 二、客服促进销售所需的知识与品质

### 1. 发现潜在大客户的敏锐性

大额客户往往是通过零售客户转化而来的，但并不是说所有的零售客户都是店铺的潜在大额客户群。这就需要客服人员具有发现潜在大客户的敏锐性。这个技能是无法在短期内形成的，但有些常用的技巧可供参考。例如，潜在的大额客户会比普通的客户更重视卖家的商品丰富度、商品线的备货供应情况，以及当购买数量提升时，是否能够得到相应的折扣等。

大额客户所重视的是与中国的卖家合作之后，是否能够得到更大的利润空间，以及稳定的商品供应和丰富的某个类目下的商品种类。越是供货稳定，批发折扣力度大，运输方案灵活的具有丰富经验的卖家，越容易博得大额客户的青睐。依据这样的思路，客服人员通过与客户的积极沟通交流，对客户进行观察与总结，可逐渐培养发现潜在大客户的敏锐性。

### 2. 对成本、物流、市场情况的全面了解

类似于传统外贸中的"询盘—报价"模式，店铺的客服人员在工作中也经常会涉及物流费用、商品成本以及销售利润预算的问题。这就需要客服人员充分掌握本团队所经营商

品的成本情况、运输方式的选择以及各项费用的预算。

**3. 持续跟进的耐力**

新手卖家之所以很少有人能够谈成大额订单的一个重要原因，就是他们在客服工作方面，欠缺对重点客户的持续跟进。大额客户在跨境电商平台上的询盘往往是同时向多个中国卖家批量发出的，在收到多个卖家的第一轮报价后，客户往往会对所有的报价以及相应的运输服务进行横向比较，这也是为什么更多情况下我们发出的大额报价总是石沉大海。实际上，在第一轮报价之后，客服人员应该定期与买家进行联系，明确他们现在的情况与问题，及时调整价格、运输方式、交货时间或者清关方式，这些都是大额客户在收到多个报价后所主要考虑的。

采用推己及人的思路来考虑这种情况。当买家进行跨国批量采购时，涉及的金额比较大，运输、付款等各项风险也相对较高。因此，国外的大额客户在进行采购时并不只是考虑报价的高低，更多地要考虑合作的稳定性与卖家的服务、处理能力。

因此，持续、定期地与买家沟通，解决买家的顾虑或疑惑，与买家一起研究，提供最安全、稳妥的物流和供应方案，是最终将大额订单敲定的关键。另外，当与买家第一次达成大额订单后，卖家后续的客户服务要更加主动。因为根据以往经验，跨境电商平台上产生的大额订单再次回购的稳定性非常好。跨境电商平台上的大额客户主要是在欧美国家于线下开展零售业务的小店铺业主。由于他们的资金有限，很难像传统进口商一般，开展以集装箱为单位的大额进口贸易。但是小店铺业主的经营是非常灵活的，所以他们的订单往往兼具了金额小、下单频率高且稳定的特点。

对跨境电商的卖家而言，与一位客户达成第一笔大额订单只是后续多次合作的开始，其店铺的客服人员要定期联系过往的客户，为他们提供更加周到的售后服务，同时向他们推荐店铺最新的相关商品。这种回访的模式往往会带来更高的下单率和更加稳定的长期客户。

## 1.4 管理监控职能

跨境电商由于其跨国交易、订单零碎的属性，往往容易出现日常团队管理混乱的情况。无论是在商品开发、采购、包装、仓储、物流还是海关清关等环节，其出现问题的概率都比境内电商大。

在某个环节出现问题并不可怕，可怕的是出现问题之后由于涉及环节非常多，责任无法确认到位，导致问题进一步扩张与恶化。如果整个团队工作流程中的缺陷在导致几次问题之后仍然不能被有效地发现和解决，那么对这个团队来说无异于有了一个长期的定时炸弹。环节上的缺陷随时有可能爆发，并引起更加严重的损失。因此，对任何一个团队来说，团队的管理者都必须建立一套完整的问题发现与问责机制，在问题出现后，及时弥补导致问题的流程性缺陷。而在跨境电商行业中有一个岗位先天就适合充当这一角色，这就是店铺的客服岗位。

首先需要明确的是，客服人员并不一定直接参与到团队的管理中，但是作为整个团队中每天直接面对所有客户的一个岗位，客服人员需要聆听并解决所有客户提出的问题。"春江水暖鸭先知"，客服人员作为广大客户的直接接触者，是团队中最先意识到问题的人。

因此，客服人员必须充分发挥管理监控职能，定期将遇到的所有客户问题进行分类归纳，并及时反馈到销售主管、采购主管、仓储主管、物流主管以及总经理等各部门决策者。

为这些部门的决策者对岗位的调整和工作流程的优化提供第一手重要的参考信息。

在跨境电商中要让客服人员做好管理监控管理者需要做到以下几点。

### 一、建立及时发现与统计问题的工作制度

客服人员发现问题和反馈问题不能简单地被理解为"一事一报"，而是要建立完整的"统计—反馈"制度。客服人员通过客户的投诉，从而完成发现—归纳—汇总问题的步骤，此后，需要将问题所涉及的部门进行分类，同时统计所涉及的损失。具体的操作方法管理者可以通过建立固定的"统计—分责"机制，通过 Excel 表格形式，将客服人员所遇到的所有问题分门别类地进行统计。

统计的数据包括具体订单号码、清晰的问题描述、客服人员的处理方法、涉及的费用，以及相关的责任部门。当统计数据反馈到管理者手中时，管理者可以对表格进行筛选与统计，轻松准确地发现出现问题的关键所在，及时与相关的人员进行联系，有的放矢地解决流程中的漏洞。

### 二、做到发现问题后及时与相关部门沟通

问题的统计往往是定期的，如以一周或半个月为单位向管理者进行汇报，而管理者会对出现问题的环节进行修正。但是这种定期汇报的模式也有问题反馈不够及时的缺点，因此客服人员在发现重大问题、紧急问题或者自己无法解决的问题时，往往还需要及时与相关部门的同事进行"一事一议"的实时沟通。

例如，如果团队用来分配客户订单的软件系统出现问题，再次将客户的订单错发时，客服人员应当及时与 IT 部门进行沟通，要求 IT 部门的同事及时更正错误，防止类似错误的再次发生。再如，当某个商品与另外一个类似的商品经常性地被仓储部门负责包装的同事混淆时，客服人员应及时地与仓储部门进行沟通，防止类似错发的情况再次发生。

### 三、掌握与其他部门沟通的技巧

无论是及时地与出现问题的部门同事进行沟通，还是将问题分类统计，并发送给团队管理者，客服人员都扮演了重要的"管理信息提供者"的角色。但是客服人员本身往往并不是管理团队的一员，因此，管理者需要对客服人员进行相关培训，帮助他们处理好部门与部门之间的沟通。管理者一方面要及时解决问题，另一方面，又要让所有团队成员意识到客服所提供的问题反馈对整个团队健康发展的重要性。

## 任务二　客服的工作思路与技巧

 **任务引入**

客服面对客户的不同问题，在沟通与解决的时候，如果没有正确而统一的思路与技巧，不但无法解决客户的问题，还可能使问题放大。那么，客服就需要在开展工作之前对客户特征有所了解，同时对常见问题进行总结，并且掌握基本的思路与技巧，在实践工作中不断改进与积累。

相关知识

> 　　解决客户提出的问题，需要正确的思路与技巧，客服必须熟练掌握这些技巧，同时做到随机应变，对客户进行分类。具体的技巧包括：向客户提供专业服务、做谈判的主导、控制客户对事件的认知与情绪，解决方案由卖家积极提供、让买家有选择，坚持主动承担责任、第三方承担错误。

## 2.1　对客户进行分类

　　对客户进行分类是一种科学的分析方法，它把客户分成一些客户群，在每个客户群中，客户的需求或其他一些和需求相关的因素非常相似，而且每个客户群中的客户对于一些市场营销的手段的反应也非常相似，这样卖家就可以对每个客户分群采取相应的市场营销手段，提供符合这个客户分类群的商品或服务。这样更可以使卖家对不同客户分类群提供差异化的商品和服务，大大提高营销效率。更重要的是，这种对客户的细分能力可以成为卖家的核心竞争力，使店铺在激烈的市场竞争中立于不败之地。

　　客服人员与客户接触最紧密，可以收集最为与客户相关的一手资料，因此在进行客服工作时最首要的工作就是对客户进行分类，从而针对不同类型的客户提供有针对性的服务。根据电商平台客户的特点，客服人员可以对客户做出以下分类。

### 一、客户属性分类方法

　　与传统贸易相比，每个客户拍下订单都会有信息记录，包括拍下的时间、联系方式、当时购买的商品和价格、发货方式等。通常，客服人员可按客户的社会属性、行为属性和价值属性对客户进行分类，把有相似属性的客户归入一类，把自身商品和店铺定位根据客户作相应调整。

#### 1. 社会属性

　　社会属性的不同来源主要是因为地理位置的差异。地理位置是跨境电商与国内电商非常明显的区别，不同的国家拥有不同的文化背景和消费需求。订单批量导出后，客服人员以客户地址为基准，按照国家分类，可以直观地得出自身店铺的主要客户群体的地区分布情况。例如，一种销量较好的运动鞋，可能来自美国的买家对商品评价非常高，而来自巴西的买家对商品评价并不理想。那么我们可以分析原因并针对该商品进行调整，或是针对巴西买家在葡语页面进行详细介绍。

#### 2. 行为属性

　　每个客户的消费行为不尽相同，体现出的消费方式也不同。大部分客户喜欢购买打折商品和免运费，但也有些客户偏向选择高价的同类商品，或者能选择快递方式的商品，很多客户在没有特殊情况时，都会给予商品好评，但也存在容易给中差评或申请纠纷仲裁的客户。店铺在维护客户的过程中需要以不同的方式对待他们。选择高价的同类商品和选择快递方式的客户往往注重的是商品质量和服务的体验，这也是广大卖家期望的。那些容易给中差评或申请纠纷仲裁的客户，建议卖家不要轻易采用"列入黑名单"的方式来解决，而是诚恳地与客户沟通，了解客户真正的需求点在哪里，以便之后为其他客户提供更愉快的购物体验。当然，对于动机不纯的专业讹诈店铺的客户，以及恶意的同行竞争者，应另当别论。

### 3. 价值属性

每个客户在跨境电商平台交易过程中，平台有严谨的卖家等级制度，同时也规范了买家等级，买家等级制度是依据买家的购买行为、成交金额，以及评价情况等综合性地给每位客户做个标识，如积分、VIP 等级等。店铺对买家的积分等级有了充分认识后，就能很快给客户打上标签。

## 二、RFM模型分类方法

客户分类是为了方便卖家对买家的管理，差异化地对待客户，更有针对性地向客户营销。在众多客户细分的模型中，RFM 模型是在客户关系管理中被广泛运用的，也是非常直观简捷的工具，其主要思想是通过某个客户近期的购买行为、购买频率和消费金额三个指标来描述客户的价值状态。

R（Recency）指最近的一次消费，也就是客户上一次在店铺成交的时间和成交的商品。理论上，客户购买的时间越近，对店铺的记忆程度越高，在这期间，如果卖家能为这些客户提供相应的引导和服务，这些客户也很有可能回应，比起那些成交了 1 年的客户相对容易很多。

F（Frequency）指消费频率，即在单位时间内的消费次数。消费次数越多，说明客户的满意度越高，如果卖家始终保持优质的服务和商品，客户就非常容易产生黏性，对店铺的忠诚度也会越来越高。

M（Monetary）指消费金额比值，单位期间内的消费总额与平均消费额的比值。当店铺成长到一定阶段后，有限的资源使得其无法及时对所有的客户进行维护，店铺 80% 的利润往往来自 20% 的客户，店铺应当花 80% 的精力去维护那 20% 的客户，从而获得高效益。

## 2.2 常见问题与邮件回复模板

客服人员在回复客户所提出的问题时，有一些固定的回复模板，以下将从售前、售中及售后三方面介绍邮件回复模板。但是，客服人员并不可以完全照搬这些模板，他们需要在了解客户的真实需求后，对模板进行调整，并做出具有针对性的个性化回复。

### 一、售前

#### 1. 当买家光顾店铺，并询问商品信息时

> Hello, my dear friend. Thank you for your visiting my store, you can find the products you need from my store. If there is not what you need, please tell us, and we can help you find the source, please feel free to buy anything! Thanks again.

#### 2. 库存不多，催促下单时

> Dear X,
>
> Thank you for your inquiry.
>
> Yes, we have this item in stock. How many do you want? Right now, we only have lots

of the X color left. Since they are very popular, the product has a high risk of selling out soon. Please place your order as soon as possible. Thank you!

Best regards,

( name )

### 3. 回应买家砍价

Dear X,

Thank you for your interests in my item.I am sorry but we can't offer you that low price you asked for. We feel that the price listed is reasonable and has been carefully calculated and leaves me limited profit already.

However, we'd like to offer you some discounts on bulk purchases. If your order more than X pieces, we will give you a discount of xx% off.

Please let me know for any further questions. Thanks.

Sincerely

( name )

### 4. 断货（out of stock）

Dear X,

We are sorry to inform you that this item is out of stock at the moment. We will contact the factory to see when they will be available again. Also, we would like to recommend to you some other items which are the same style. We hope you like them as well. You can click on the following link to check them out.

http://www.×××××.com

Please let me know for any further questions. Thanks.

Sincerely

( name )

### 5. 推广新品

客户咨询期间客服人员可根据自己的经验，给买家推荐自己热销的商品。

Hi friend,

Right now Christmas is coming, and Christmas gift has a large potential market.Many buyers bought them for resale in their own store, Its high profit margin product, here is our Christmas gift link, Please click to check them, if you want to buy more than 10 pieces, we also can help you get a whole-sale price. Thanks.

Regards

( name )

## 二、售中

### 1. 关于支付

选择第三方支付方式（escrow），提醒折扣快结束了。

Hello X,

Thank you for the message. Please note that there are only 3 days left to get 10% off by making payments with Escrow ( credit card, Visa, Mastercard, money bookers or Western Union ). Please make the payment as soon as possible. I will also send you an additional gift to show our appreciation.

Please let me know for any further questions. Thanks.

Best regards,

( name )

### 2. 合并支付及修改价格的操作

Dear X,

If you would like to place one order for many items, please first click "add to cart", then "buy now", and check your address and order details carefully before clicking "submit". After that, please inform me, and I will cut down the price to US$XX. You can refresh the page to continue your payment. Thank you.

If you have any further questions, please feel free to contact me.

Best Regards,

(name)

### 3. 提醒买家尽快付款

Dear X,

We appreciated your purchase from us. However, we noticed you that you haven't made the payment yet. This is a friendly reminder to you to complete the payment transaction as soon as possible. Instant payments are very important ; the earlier you pay, the sooner you will get the item.

If you have any problems making the payment, or if you don't want to go through with the order, please let us know. We can help you to resolve the payment problems or cancel the order.

Thanks again! Looking forward to hearing from you soon.

Best Regards,

( Your name )

### 4. 海关税（customs tax）

Dear X,

Thank you for your inquiry and I am happy to contact you.

I understand that you are worried about any possible extra cost for this item. Based on past experience, import taxes falls into two situations.

First, in most countries, it did not involve any extra expense on the buyer side for similar small or low-cost items.

Second, in some individual cases, buyers might need to pay some import taxes or customs charges even when their purchase is small. As to specific rates, please control your local customs office.

I appreciate for your understanding!

Best Regards,

(Your name)

### 5. 客户买错商品

沟通技巧：建议保留原商品，给客户折扣使其重买正确的商品。

Dear X,

Thanks for your message. I am sorry to hear that you bought the wrong item.

Usually we don't accept item returns without any defects. However as you need one item#xxx( item number), I advice you to send us ×××(how much money), hope you can understand we did offer you a great discount. In this way, there is no need for you to return the previous wrong item and we will resend you a correct item.

As you know, if you return it back , you need to take it to the post office and pay for the postage and restocking fee. Once we received the return, we will arrange the reshipment. That will take about 2 weeks for you to get a new item or refund.

What do you think? If you agree, here is our account : ( correct PayPal account). Once you send the money please tell me here, and I will arrange the reshipment in time. If you don't agree, please let me know, i will offer you other solution.

Regards,

（Your Name）

### 6. 付款后发货前客户要求换货

沟通技巧：商品货值可能不一样，所以要客户补差价。

Dear X,

Thanks for your mail and please find the following item ID:×××××××.

If this is the item you want, please pay…as price difference. If you can accept that, I will send a money request to your email, please check it.

Once you have paid for it,please let me know,I will keep an eye on it.

Any problem please contact me freely,I will try my best to help you.

Best Regards.

(Your Name)

## 三、售后

### 1. 物流遇到问题

Dear X,

Thank you for your inquiry. I am happy to contact you.

We would like to confirm that we sent the package on 16 Jan, 2012. However we were informed package did not arrive due to shipping problems with the delivery company. We have resent your order by EMS; the new tracking number is:×××. It usually takes 7 days to arrive to your destination. We are very sorry for the inconvenience. Thank you for your patience.

If you have any further questions, please feel free to contact me.

Best Regards,

(Your name)

### 2. 退换货问题

Dear friend,

I'm sorry for the inconvenience. If you are not satisfied with the products, you can return the goods back to us.

When we receive the goods, we will give you a replacement or give you a full refund. We hope to do business with you for a long time.

We will give you a big discount in your next order.

Best regards,

(Your name)

### 3. 求好评

Dear friend,

If you are satisfied, we sincerely hope that you can take some of your precious minutes to leave us a positive comment and 5-star Detailed Seller Ratings, which are vital importance to the growth of our small company.

Besides, PLEASE DO NOT leaves us 1, 2, 3 or 4-star Detailed Seller Ratings because they are equal to negative feedback. Like what we said before, if you are not satisfied in any regard, please tell us.

Best regards,

(Your name)

### 4. 海关速度慢

Dear friend,

Yes, Actually we can send these items to Italy.However, there's only one problem.Due to the Spain and Italy Customs are much stricter than any other Europe Countries, the parcels to these two Countries often meet "Customs Inspection".

That make the shipping time is hard to control.As our former experience, normally it will take 25 to 45 days to arrive at your Country.On the other hand, due to near Xmas days, most of our customers are buying for Xmas gifts. But we can't ensure the parcels can arrive Italy in time.

Is that ok for you ?Waiting for your reply.

Sincerely,

(Your name)

## 2.3　客户沟通技巧

### 一、向客户提供专业服务

#### 1. 从专业的角度解决问题

客服人员需要从更专业的角度来帮助客户解决问题。一方面，在解释问题发生的原因时，客服人员需要清楚明了地向客户解释问题产生的真实原因；另一方面，无论是针对物流还是商品中涉及的一些专业术语或行业专用的概念，客服人员需要适当地简化，用通俗易懂的语言向客户进行说明；再者，客服人员在提出解决方案时，需要基于对问题产生的真实原因，提出负责而有效的解决方案，而不是拿搪塞的言辞来拖延问题的处理时间。

长远来看，客户就所遇到的问题提出投诉，对卖家是好事。而且问题能够顺利且彻底地解决，可以有效地增如客户对卖家的信任感，进而形成客户黏性。也就是说，在心态上，卖家应当把每一次客户反映的问题都当作展示自己专业能力的一个机会，用专业的方法与态度来解决问题，将偶然下单的客户转化为自己的长期客户。

#### 2. 提供可信赖的数据与证据

站在客户的角度思考，由于距离远、流程多，加之语言的不同与文化差异的障碍，客户在跨境购物过程中，必然容易对卖家产生诸多不信任与怀疑。所以，无论是回答客户的咨询提问，还是在售后中应对客户提出的投诉与问题，客服人员应当尽量提供可以让客户"看得见、摸得着"的数据与证据。

对商品来讲，可信赖的证据指的是商品的细节图片、详尽的使用说明或者是卖家为了说明商品的技术细节而为客户特别拍摄的短片视频等；对物流方面的问题而言，可信赖的数据与证据指的是可以追踪的包裹单号、追踪网址、最新的物流信息等。

向客户提供"数据与证据"时，客服人员需要注意以下事项。

（1）物流信息务必完整。针对物流这一问题，当回答买家所购商品的包裹邮寄咨询时，客服人员必须同时提供以下三个信息要点：可跟踪的包裹单号；可以追踪到包裹信息的网站；最新的追踪信息。

只有当这三点信息同时存在时，买家才可以找到对应的网站，并查询到真实、可靠的信息。这对增加买家的信任，让买家对日后的国际包裹运输时间持有信心是非常重要的。

（2）国外买家更信任来自本土网站提供的信息。在针对国际物流的相关信息中，"追踪网站"是非常重要的。特别是对国外买家而言，如果客服人员能够提供买家所在国的本土追踪网站，并且能够找到客户母语所展示的追踪信息，这对增加买家对卖家的信任有极大的帮助。

（3）需要提供对专业数据平实易懂的解释。无论是关于商品的技术细节，还是关于跨境电商物流中的各个环节，凡是涉及专业的数据或概念时，卖家的客服人员都应该在提供客观数据后，进一步对技术细节和专业数据进行通俗化的解释。这样做可以方便零售端的客户更清晰地理解卖家所提供的信息，增加对卖家的信任。

### 3. 采取多样化的回复方式

在跨境电商销售平台上，有许多优质的商品，无论是在组装、使用还是在后期的维护中，步骤都比较复杂。此时卖家一般会撰写大量的说明性文本供客服人员参考。当买家就相关的技术性问题进行咨询时，客服人员可以就各种技术参数、使用方法等进行大段描述与解释。

但是经过观察，对复杂的问题而言，客服人员说得多并不一定能彻底解决问题。所以，针对这些问题，用图片或视频进行沟通往往会取得更好的效果。例如，制作"安装流程图"或是拍摄简单的"使用演示录像"，并将这些资料放在网络空间中传递给买家。

## 二、控制客户对事件的认知与情绪

作为商务谈判的一种，跨境电商客服工作在开展伊始就需要将"疏导客户的情绪"作为一个重要的原则与技巧，设法引导客户的情绪，为后面的双向沟通与问题解决打好基础。

（1）淡化事件的严重性，保障问题顺利解决，先给买家吃定心丸

试想：当一个跨境零售电商的买家从一个并不怎么熟悉的国家购买了一件商品，经过少则一周、多则数周的等待，物流却不能及时妥投，或者收到的商品中出现了无法解决的问题，买家肯定会充满沮丧与不满。

在跨境电商中，买家作为不专业的一方，不熟悉复杂的国际物流，可能也很难清晰地理解卖家所写出的英文说明。因此，当出现问题时，买家普遍会感到问题很棘手，并容易出现焦躁心态。这是正常的。

针对这种情况，客服人员首先需要做到的就是在沟通的每一个环节，特别是在与买家第一次的接触中，就要想办法淡化事件的严重性，在第一时间向买家保证能够帮助他顺利解决问题。这就是所谓的"先给买家吃定心丸"的技巧。

（2）向买家展示永远感恩的态度

在欧美文化背景下，"感恩"一直是欧美社会普遍认可的一种美德。美国、加拿大、希腊、埃及等国的"感恩节"，就是这种社会认知的集中体现。卖家的销量、利润甚至事业，都来自买家，理应对买家心怀感恩。

在实际的客服工作中，客服人员在字里行间向买家呈现这样一种感恩的态度，对顺利解决投诉或其他问题，说服买家接受卖家提出的解决方案，甚至降低卖家解决问题的成本，都是非常有效的。

（3）最后一次的邮件回复一定来自卖方

在与客户的沟通过程中，绝大部分情况下，卖家都使用电子邮件、站内信或者订单留言的方式。从商务礼仪的角度讲，作为卖家，双方文字沟通过程中的最后一封邮件理应由卖家发出，这对增加买家对卖家的好感有一定的积极作用。

另外，从技术的角度讲，许多跨境电商平台在后台系统中都会有一个自动设置，来扫

描卖家所有站内信或订单留言的平均回复时间。平均回复时间越短，时效越高，这一个细微的侧面也能反映出卖家的服务水平。

但是在实际操作中，卖家往往会遇到这种情况：经过沟通后，卖家顺利帮助买家解决了问题，而买家往往会回复一封简单的"thanks"或"OK"的信息，这种邮件卖家可能就不做任何回复了。但正如刚才所讲，由于各个跨境电商平台的后台系统无法真正识别买家发出的信息内容是否需要回复，这些简短的买家信息如果没有得到及时回复，仍可能影响系统对"卖家回复信息时效"的判断。

因此，卖家应要求客服人员做到，无论在何种情况下，与客户进行的互动中，最后一封邮件一定出自卖家。这既是出于礼貌，也是出于技巧的考虑。

---

**┃案例 1┃**

2017 年 7 月 5 日，一种名为 Petya 的新型病毒袭击了俄罗斯、乌克兰等多个国家，全球物流商 TNT 的 IT 系统也遭受了攻击，导致 TNT 的国内、区域和洲际物流业务遭遇延迟，出口卖家的跨境电商包裹遭受影响。

一周之后，外媒报道 TNT 母公司 FedEx 已宣布了目前针对 TNT 的 IT 系统被攻击后的全球包裹的处理情况。FedEx 方面表示，TNT 正在继续实施应急计划，来减轻该病毒袭击事件的影响。其在声明中指出，TNT 团队正在修复系统方面取得积极进展，并有条不紊地将业务中的关键系统和服务重新上线。TNT 欧洲内部的通路和航空线路也正常运营，可以继续提货和运输。

"联邦快递和 TNT 的网络正在努力将对客户的影响最小化，包括提供全套联邦快递服务作为替代方案，但客户在短期内可能还会遇到一些服务延误和限制。"TNT 声明中说道。此外，该声明还指出，虽然 TNT 操作和通信系统已经中断，但并没有发现数据泄露。 所有其他联邦快递公司的业务都不受影响。

而实际上，有外媒指出，目前 TNT 并未提供预计的恢复时间，也没有详细说明其 IT 环境受到影响的严重程度。对于本次病毒事件产生的 TNT 包裹延误，不同用户也发表了自己的看法。

"7 月 3 日了，我还在等待一个包裹。虽然我知道网络攻击的严重程度，但这延误影响了我的业务。"一位客户在 Facebook 上写道。

"我担心我的包裹漂浮到世界某个地方却完全没有追踪情况。"另一个因没有包裹追踪而担忧的快递用户说道。

"跟踪服务没有变化，巨大的运输延迟，也没有任何沟通和信息。"一位用户也说道。

据 TNT Express 方面统计，每天 TNT 在全球各地提供 100 万个包裹的运输服务。当中必然包括了很多中国出口卖家的跨境包裹。目前，延误和无法追踪的情况仍在延续，针对包裹延误的状况，卖家们也只能寄希望于该服务系统能尽快修复了。

问题：面对上述突发情况，客服人员应该如何向买家解释？

---

### 三、卖家积极提供有选择的解决方案

#### 1. 方案应由卖家主动提供，而不是买家提出

经过与大量的国内外客服工作人员的接触可发现，在遇到问题时，新手客服人员的工

作态度往往非常被动。最常见的情况就是，出了问题后，卖家不是主动为买家寻找解决方案，而是往往顺口就问一句"那您想怎么解决呢"？这是一种非常不专业的做法，会给买家留下满不在乎、缺乏专业素养的不良印象，为后面问题的解决增加了困难。另一方面，由于跨境电商中的买家对这个行业并不了解，缺乏必要的专业知识，因此，由买家提出的解决方案，往往对卖家而言都是执行困难且成本较高的。

因此，在出现问题的第一时间，卖家积极地提出解决方案，既能给买家留下专业、负责任的印象，又能够最大限度地降低处理问题的成本和难度。

### 2. 尽量提供多个方案（至少2个）供买家备选

在为买家提供解决方案时，建议一次性尽量提供两个或两个以上的解决方案。这样做的好处在于：一方面，多个方案给买家备选，让买家能够充分体会到卖家对他的尊重，使买家更有安全感；另一方面，提供两个主推解决方案，加上一个到两个备选方案，也可以防止在客户不接受卖家的主推方案时，单方面向平台提起纠纷或是给店铺留下差评。

## 四、坚持主动承担责任，第三方承担错误

### 1. 寻找合适的解释理由

面对买家的不满情绪或是投诉时，卖家需要为买家找到一个合理的能够接受的理由，并且这个理由最好是由第三方（卖家和买家之外）或者是不可抗力引起的。从照顾买家心理的角度出发，一个合理的理由可以让客户更容易接受卖家提出的解决方案，从而快速地解决纠纷和争议。

### 2. 真诚地承担责任

需要注意的是，为买家寻找一个合理的理由（无论这个理由是否真实），并不是说卖家不去承担责任，只是为了让买家能够更容易接受卖家提出的方案，其出发点一定是为了服务买家。也就是说，把错误合理地推诿到第三方身上，并表明"即使错误不在我们，我们仍然愿意为顾客解决问题"的态度，这样往往更能平息买家的怒气，使其更顺利地接受卖家提出的方案。

从长远来讲，只有卖家把买家当作自己的朋友，以诚意相待，以最快捷、最彻底的方式帮助买家解决问题，才有可能在一次次的实践中积累买家对卖家的信任。俗话说"不打不相识"，有了矛盾不要紧，只要卖家能够让买家感受到诚意，完美地为他们解决一个又一个的问题，这些买家就更容易成为店铺的长期客户，这种买卖双方的经历和感情更弥足珍贵。

---

**案例2**

由于北海道受台风和洪灾影响，导致该地土豆减产，同时也致使日本零食制造商卡乐比（Calbee）和湖池屋（Koike-Ya）的薯片原料短缺，这两个品牌也就不得不终止部分薯片品牌的供应。起初，为填补缺口，卡乐比曾加大从美国进口马铃薯的量，不过还是未能满足其需求，所以最后卡乐比决定集中资源生产人气较高的主打商品。

据悉，在日本遭受34年来最严重的"土豆荒"后，卡乐比和湖池屋将有49个相关商品停止生产。卡乐比将停售包括"法式沙拉薯片"在内的18款商品；另外，自4月22日起，该公司还将暂时停售"比萨薯片"等15种商品。而湖池屋将停售7个品牌的商品，另外还将暂时停售其他9个品牌。有数据显示，湖池屋70%～80%的土豆都来自

北海道，所以，北海道"土豆荒"对于该品牌的冲击可不小。

另外，在一些拍卖网站上，停售商品的价格被抬高了三四倍。其中，暂停销售的"比萨薯片"价格通常为 130～140 日元（为 8.2～8.8 元人民币），但在某跳蚤市场上，其价格超过了 500 日元（约 31.6 元人民币）。据了解，卡乐比拥有日本近半数的零食市场份额，4 月其股价跌幅超过 1% 至两月内最低点；而湖池屋是日本第二大零售制造商，4 月其股价下跌 3.5%。"土豆荒"对于卡乐比和湖池屋双方都造成了直接影响，不过对于后续的收益影响问题，双方都拒绝对此评论。

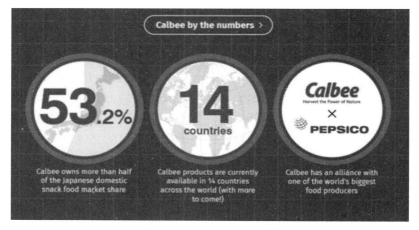

日本官方数据显示，自去年 10 月起，土豆的零售价格每月都上涨近 20%。例如，东京现在每千克土豆的价格是 402 日元（约 25.4 元人民币），而去年同期的价格则只有 336 日元（约 21.2 元人民币）。2017 年 5 月，在日本九州的土豆丰收后，这两个品牌便可暂缓土豆供应链缺口，不过这些停售品牌的再次起售时间还是未知数。

问题：面对这样的商品缺货情况，店铺客服人员应该如何处理？

### 五、注重回复邮件的技巧

#### 1. 基本功扎实，避免拼写与语法错误

虽然说跨境电商行业中，并不是每一个岗位都需要具备高超的外语技能，但是对客服岗位而言，熟练掌握最主要客户的语言却是必需的。即使在进入工作岗位后，客服人员也需不断加强对语言的学习，特别需要准确并熟练地掌握所售商品的专业词汇。

客服人员务求要扎实肯干、注重细节，尽量避免低级的拼写与语法错误，正确使用客户的母语，这一方面展示了卖家对客户的尊重，另一方面也可以有效地提高客户对卖家的信任感。

### 2．邮件中不要有成段的大写

某些卖家为了在较多的邮件文字中突出展示重点信息（如促销优惠信息等）而采用成段的大写字母，这样做虽然可以有效地突出重点，让客户一眼就看到卖家所要表达的核心内容，但也会产生一些副作用。

在英语世界，文本中成段的大写表达的往往是愤怒、暴躁等激动的情绪，是一种缺乏礼貌的书写方式。因此，客服人员需要在日常工作中注意这一细节。

### 3．尽量使用结构简单、用词平实的短句

在与客户的沟通过程中，考虑到方便绝大部分客户的阅读习惯，客服人员应当尽量使用结构简单、用词平实的短句。这样可以在最短的时间内让客户充分理解卖方所要表达的意思。

当前在阿里巴巴速卖通平台上使用最多的语种是英语，但客户来自全球220多个国家和地区，其中绝大部分国家的客户并没有使用英语作为自己的母语。很常见的情况是，许多客户仍需通过"谷歌翻译"等在线翻译工具来阅读店铺的商品页面与邮件。针对这种情况，卖家更需要为他们简化店铺的书面语言，提高沟通效率。

### 4．巧用分段与空行，让客户尽快找到想看到的重点

根据常人的阅读习惯，大部分人在阅读卖家邮件、促销信息等文字资料时，都会采取"跳读"（略读）。所谓跳读（略读），指快速阅读文章以了解其内容大意的阅读方法。换句话说，略读是读者有选择地进行阅读，可跳过某些细节，以求抓住文章的大概，从而加快阅读速度。

针对这种情况，客服人员撰写邮件时，需要特别注意按照文章的逻辑将整篇邮件进行自然分段，并在段与段之间添加空行，这样做有利于买家快速地浏览非重要的段落，快速跳至重点信息。

这一技巧一方面可以有效地节省买家的阅读时间，增加买家与卖家的沟通信心；另一方面，清晰地按逻辑进行分段，可以给买家以专业、有条理的印象，增加买家对卖家的信任感。

## 任务三　跨境电商客户关系管理

 任务引入

客服人员的工作不仅是机械地与客户进行联系，还要具备一定的客户关系管理理念，以理念指导实践。而且客户关系管理理念是从领导层到基层工作人员都应放在首位的店铺工作指导思想。

客服人员的工作不仅局限于服务客户，更关键的是要在客服工作中融入客户关系管理的思想，帮助店铺做好客户关系管理工作。

## 3.1 跨境电商客户关系管理基础

客户关系是现代企业商务活动的巨大信息资源，企业所有商务活动所需要的信息几乎都来自客户关系管理。21世纪是服务制胜的时代，谁真正了解客户、拥有客户并有效地服务于客户，谁就能赢得一切。而客户关系管理正是快捷、精准地实现这一任务最有效的手段。

### 一、客户关系管理的含义

客户关系管理（Customer Relationship Management，CRM）的定义是：企业为提高核心竞争力，利用相应的信息技术以及互联网技术来协调企业与顾客间在销售、营销和服务上的交互，从而提升其管理方式，向客户提供创新式的个性化的客户交互和服务的过程。其最终目标是吸引新客户、保留老客户以及将已有客户转为忠实客户，增加市场份额。

### 二、客户生命期阶段划分与特点

客户生命期是客户关系生命周期的简称，是指客户关系水平随时间变化的发展轨迹。从客户成为企业的潜在客户开始，客户的生命周期就开始了，该周期可划分为四个阶段，由前到后依次为潜在客户阶段、新客户阶段、老客户阶段、新业务的新客户阶段，客户服务的目的就是要使这个生命周期不断地延续下去，让这个客户成为忠诚的客户。

客户生命周期是从动态角度研究客户关系的重要工具，它将客户关系的发展过程划分为几个典型阶段，并对每一个阶段的客户特征进行描述，其各阶段特点如下。

#### 1. 潜在客户阶段的特点

当个人或组织在询问企业的业务时，其实就开始表现出对该业务的兴趣，成为该企业的潜在客户。在该阶段，客户会由于多种不同的需求（例如，主要功能、辅助功能以及兼容功能等功能需求，质量、品牌、外在包装等形式需求，性能价格比等价格需求，以及心理需求、服务需求、文化需求等外延需求），产生一定的购买意识。

当客户对某种商品或服务产生购买意识后，就会对有关这种商品或服务的信息感兴趣，会通过媒体广告、商品展示、他人推介、本人经历等多种途径去收集信息，为自己的购买决策提供依据。然后客户将收集到的各种信息进行处理，包括对不同企业生产或提供的同类商品或服务进行相互对比、分析和评估。有时这种对比、分析、评估会反复进行。

在该阶段客户最需要的是建立对企业商品的信心，潜在客户对商品的信任程度或认可度，决定了其上升为新客户的可能性，但也可能就此丧失信心，从而让企业失去这个客户。外界评价、客户的层次以及客户的所属行业等因素会对客户进入下一阶段产生影响。

### 2．新客户阶段的特点

当客户经过需求意识、信息收集、评估选择后，对企业业务已有所了解，或者在别人的推荐和介绍之下会将某种商品和服务的期望同属于自己的价值观念密切地联系在一起，客户决定使用或者购买某一企业的某个商品或服务时，其就由潜在客户上升到了新客户。

在这个阶段，客户还需要逐步培养对该企业业务和商品的信心和信任感，同时也为其继续使用该企业业务进而使用更多业务奠定基础。对新客户的呵护和培养，是让新用户继续消费商品的生命周期的前提。此时，客户的购买经历、使用体验以及客户对这次购买的价值评判产生了客户对质量的实际感受和认知（即客户对质量的感知）。客户对所支付的费用和所达到的实际收益的体验（即客户对价值的感知）将影响客户进入下一个阶段。

在该阶段，对客户进入下一阶段产生影响的主要因素包括客户对商品和服务质量的感知、客户对商品价值的感知、企业竞争者的资费信息以及客户需求的变化情况等。

### 3．老客户阶段的特点

在该阶段，客户使用该企业的业务已持续了一段时间，对企业产生了基本的信任，从而成为该企业的老客户，这时候，客户的满意度、忠诚度和信用度是企业关心的焦点，企业要想办法将此老客户发展成为忠诚客户，争取更多的客户资金份额，同时要让其在有或者还没有使用本企业新业务的需求之下，对新的业务感兴趣，通过交叉销售扩展客户营利性。企业服务情况、客户新需求以及竞争者情况等因素会对客户进入下一阶段产生影响。

### 4．新业务的新客户阶段的特点

这里的新业务的新客户，是指由原来的老客户发展而来的，即原有的老客户由于建立起对该企业业务的信任感，进而使用了该企业的新业务，这时的使用是建立在一种相互的信任上的，不同于一个纯粹新客户对新业务的接受。

影响新业务的新客户的因素主要包括老业务的运行情况、新业务的发展情况、客户的满意程度以及企业的发展状况。当客户进入该阶段时，客户生命周期就进入到循环阶段，客户潜力也发挥到了极致，延长了客户的生命周期，从而为企业保持了客户，节约了成本。

## 3.2　跨境电商老客户关系管理

不管在哪个行业里面，客户对卖家来说都是至关重要的，特别是一些老客户，他们会不断地给卖家带来新的客户，所以做好老客户的客户关系管理，防范老客户流失，让老客户带来或者成为新客户，显得尤为重要。在跨境电商领域，卖家要做好老客户关系管理，应重点关注下面几点。

### 一、实施全面质量营销

买家追求的是较高质量的商品和服务，如果卖家不能给买家提供优质的商品和服务，那么买家就不会对卖家满意，建立买家忠诚度就更无从谈起了，因此卖家应实施全面质量营销，在产品质量、服务质量等方面让客户满意。

另外，卖家在竞争中为防止竞争对手挖走自己的客户，战胜对手，吸引更多的客户，就必须向买家提供比竞争对手具有更多"顾客让渡价值"的商品，这样，才能提高客户满意度并加大买卖双方深入合作的可能性。为此，卖家可以从两个方面改进：一是通过改进商品、服务、人员和形象，提高商品的总价值；二是通过改善服务和促销手段，减少客户购买商品的时间、体力和精力的消耗，从而降低货币和非货币成本。

## 二、提高市场反应速度

### 1. 善于倾听客户的意见和建议

买家与卖家间是一种平等的交易关系，在双方获利的同时，卖家还应尊重买家，认真对待买家提出的各种意见及抱怨，并真正重视起来，才能得到有效改进。在买家抱怨时，卖家应认真倾听，扮好听众的角色，要让买家觉得自己和自己所提的意见受到了重视。仅听取还不够，卖家还应及时调查买家的反映是否属实，迅速将解决方法及结果反馈给买家，并提请其监督。

买家意见是卖家创新的源泉。通过倾听，卖家可以得到有效的信息，并可据此进行创新，促进卖家更好的发展，为买家创造更多的经营价值。当然，卖家也要能正确识别买家的要求，并进行正确的评估，以最快的速度生产或采购到最符合买家要求的商品，以满足买家的需求。

### 2. 减少老客户的流失

部分卖家会放任客户流失。因为这些卖家没有意识到，流失一个客户，自己的损失是巨大的。一个卖家如果每年降低 5%的客户流失率，利润每年可增加 25%～85%，因此对客户进行成本分析是必要的。

举个真实的例子。去年某卖家共有 35 个老客户（在他那购买过两次或两次以上），今年由于服务质量的问题，该公司丧失了 5%的客户，也就是损失了 7 个客户。平均每个客户每月可产生近 10 笔订单( 订单每笔金额平均在 150 美元左右 )，计算可得，其损失约 10500 美元，按 20%的利润来算，等于损失利润近 2100 美元，仅按照 6.3 的利率来算，就是 13000 多元人民币。即这个卖家一年损失了近 15 万元人民币。

所以分析客户流失的原因，对于店铺是非常必要的，"商品+服务"，这两方面卖家都要做到尽善尽美，管理好老客户，避免老客户的流失，就是一场巨大胜利。

### 3. 用平和心态来对待客户的投诉

当遇到买家投诉的时候，且先不计较结果如何，卖家首先应该让客户感觉到，卖家是抱着积极的态度来解决问题，而不是来让问题更加严重化的，所以当客户提出一些要求或者建议的时候，只要合理且在卖家接受的范围内，卖家就应该接受；但是，卖家同样要据理力争，对于客户提出的不合理要求，要坚决抵制。

## 三、与客户建立关联

卖家可通过为客户建立客户关系档案，及时了解客户的动态，建立客户关系资源库，维护和客户的客情关系。

### 1. 向买家灌输长远合作的意义

买家与卖家合作的过程经常会发生很多的短期行为，这就需要卖家对其客户灌输长期合作的好处，并对短期行为进行成本分析，指出短期行为不仅给自己带来很多的不利，而且还给客户本身带来资源和成本的浪费。卖家应该向老客户充分阐述自己的美好远景，使老客户认识到只有和卖家长期合作才能够获得长期的利益，这样才能使客户与自己同甘苦、共患难，不会被短期的高额利润所迷惑，而投奔竞争对手。

### 2. 优化客户关系

感情是维系客户关系的重要方式，日常的拜访、节日的真诚问候、婚庆喜事、过生日时的一句真诚祝福、一束鲜花，都会使客户深为感动。交易的结束并不意味着客户关系的结束，卖家在售后还须与客户保持联系，以确保他们的满意持续下去。

防范客户流失工作既是一门艺术，又是一门科学，它需要卖家不断地去创造、传递和沟通优质的买家价值，这样才能最终获得、保持和增加买家，锻造自己的核心竞争力，使自己拥有立足市场的资本。

# 项目实训

正值 2016 年圣诞节消费旺季，盯着消费者钱包的不仅是正在大肆搞促销的商家，还有一批网络诈骗分子。大量亚马逊用户在 Facebook、Twitter 等社交平台上发帖称，自己曾遭遇虚假亚马逊邮件诈骗，并且已有不少网友因此泄露了个人重要信息。

收到诈骗邮件的多为英国、美国、澳大利亚等地区的亚马逊用户，有些人被告知"订单无法发货"，且无法访问亚马逊账户和其他订单，需要通过单击邮件中的一个链接确认信息方能恢复使用。据了解，收件人被要求输入的个人信息包括姓名、手机号、地址和银行卡信息等。

值得一提的是，受骗人在输入个人信息并单击保存后，将会自动地跳转到亚马逊官方网站，这也使得越来越多的消费者很难意识到自己被骗。

另一种常见诈骗手法与之类似。诈骗人会向用户发送一封"订单确认"邮件，声称该用户的订单已确认，并附上订单详情以及预计的交货日期等。而用户如果未购买此商品，可通过图 8-1 中的链接取消订单。

除了以上两种常见的诈骗方式外，还有一种"领取礼品卡"的诈骗行为存在。

亚马逊法国用户 Guillaume Gaulup 在推特上发帖并@亚马逊官方账号称，其于今天收到了一封邮件，被告知获得了价值 110 欧元的礼品卡，并可通过点击邮件中提供的链接来激活。随后，亚马逊官方回复称这并非官方发送的邮件，并询问对方有无向客服人员反馈。

事实上，类似的诈骗行为早已有之，亚马逊也在官方网站上给出了解释。亚马逊方面称，亚马逊不会要求用户通过单击邮件中的链接来核实或确认账户信息，不会以订单确认或其他可疑请求为名，要求用户打开邮件中的附件，也不允许亚马逊商家向买家提出这种要求。对于消费者来说，其在节假日购物期间仍应加强防范，不能轻易泄露个人信息。

**思考：**

请问卖家遇到类似问题应安排客服人员做哪些处理工作？

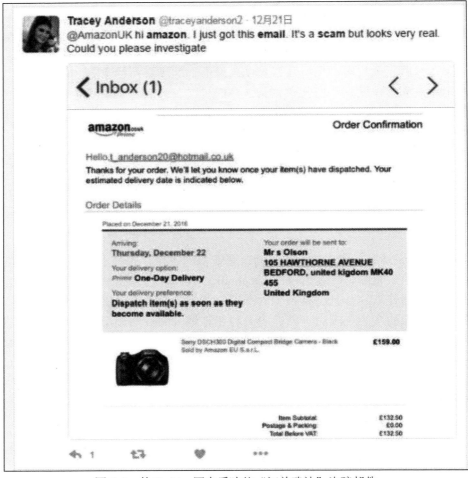

图 8-1　某 Twitter 网友反映的"订单确认"诈骗邮件

# 项目小结

本项目主要介绍了跨境电商客服的相关知识，包括客服的工作范畴、客服工作的思路与技巧以及客户关系管理相关内容。

# 习题

**一、判断题**

1. 跨境电商客服的工作范畴仅包含与客户进行沟通。　　　　　　　　　　　　　（　　　）

2. 跨境电商客户分类的维度要根据店铺特点而定。　　　　　　　　（　　　）

3. 跨境电商客服人员需要主动承担错误。　　　　　　　　　　　　（　　　）

4. 跨境电商客服人员需要尽力提供可信赖的数据。　　　　　　　　（　　　）

5. 跨境电商客服人员只需专心服务新客户，老客户会自动购物。　　（　　　）

## 二、简答题

1. 简述跨境电商客服人员的工作范畴。

2. 简述跨境电商客服人员的工作技巧。

3. 简述跨境电商客户关系管理的过程。

## 三、实训题

浏览亚马逊、速卖通、敦煌网三大跨境电商出口平台网站，向客服人员进行询问，分析其客户服务特色，并形成实训报告。

## 项目九

# 进口跨境电商

 学习目标

**【知识目标】**

了解进口跨境电商的生态圈；

理解进口跨境电商的价值链；

掌握进口跨境电商的分类。

**【能力目标】**

能够理解进口跨境电商的分类；

能够掌握进口跨境电商的流程。

进口类跨境电商业务是电商行业最后一块广阔的处女地，这是行业内人尽皆知的秘密。然而，这块荒蛮疆域的地形和散布其中的物种又是如此错综复杂，往往让身处其中的人心生迷惑。进口零售电商市场前景如何？存在哪些限制因素？面临什么风险？行业内有哪些不同的商业模式？不同的模式又面对着怎样的未来？

## 任务一 进口跨境电商的生态圈和价值链

 任务引入

自 2014 年下半年海关总署发布《56 号文》《57 号文》以来，众多企业借着政策的东风涌入进口跨境零售电商行业。经过一年多的发展，该行业逐渐壮大。根据艾瑞咨询数据可知，2015 年跨境进口零售电商行业交易规模达到 1184.3 亿元，较 2014 年同比增长 111.9%，在进口电商中的占比达 13.2%。未来几年，在政策保持利好的情况下，进口跨境零售电商市场仍将保持平稳增长。受国际经济和国内转型影响，2015 年中国进出口贸易下行，出口贸易下降 1.7%，进口贸易下降 13.2%。在疲软的大背景中，进口电商多年保持高于 30% 的增长率，2015 年同比 2014 年增长 38.5%（见图 9-1）。

自 2014 年 7 月海关总署发布《56 号文》《57 号文》，肯定了跨境电商的合法性以来，政府接连发布政策支持新兴业态，包括开放试点城市与综合试验区、给予税收优惠、提高通关效率等。尤其是保税进口税率按行邮税收取，使其税率明显低于一般贸易进口，对进口零售电商的发展产生了强有力的促进作用。另外，政府在遏制税收逃逸、把控商品质量方面不断加强监管力度。以"三单对接"信息化监管订单、支付、物流信息，严打刷单逃税；提高对进口食品、化妆品的监管标准，促进行业规范发展。

图 9-1　2012—2018 年中国进口电商市场交接规模

### 相关知识

2014 年是跨境电商的元年，海关总署《56 号文》和《57 号文》出台，从国家政策层面上承认了进口跨境电子商务。在此之前，跨境电商业态或者说海淘业态，呈现的是以代购、转运为主要特点的业务形态，基本是由海外代购、转运服务商等小微个体、中小企业主导；随着政策的明朗，电商平台、线下零售商、资本方、创业者、地方政府等多种力量开始角逐跨境电商市场。随着国内市场对海外商品的需求高涨，预计未来跨境电商进口的份额将有一定的扩大，但由于跨境电商进口受国家政策影响较大，跨境电商进口份额将会保持相对平稳缓慢的提升。

## 1.1 进口跨境电商的生态圈

进口跨境电商生态圈包括品牌商、一级代理商、贸易商、零售商和消费者，它通过线上和线下的途径，用代购和转运的手段，把商品送到消费者手里。

### 1. 海外品牌商

品牌商的职责是定位客户、做好商品、提升品牌价值，然后根据商品特点和品牌价值选择适合的分销模式和渠道。对于在中国已经有成熟的分销体系的海外品牌而言（通常都是一线品牌），经过多年的品牌和渠道经营，中国消费者对其品牌已经耳熟能详，其国内销售渠道也早已多元化和成熟化。而对于在中国没有分销体系的海外品牌商，只能由代购推动。当前品牌商在跨境电商生态圈中仅为供应商角色，离贸易商很近，离零售商甚远。

### 2. 中间交易商

一级代理商、贸易商、分销商、供应链金融服务商这个群体是真正卖货的，在品牌商缺位的情况下，他们是激活市场的重要力量，跨境电商的价值链都有他们的存在，他们通过给电商供货、给代购供货、给微商供货等方式形成当下的跨境供应链体系。

因为互联网和电商天然就是"去中间化"的，在国内电商圈，品牌商和电商直接对接，中间商的地位显得并不重要。而在跨境电商中，中间商的地位非常重要，是海外品牌商和零售商的贸易润滑剂。例如，海外品牌商不给买家账期或账期很短，而贸易商现金采购，并给跨境电商赊账。在这种情况下，贸易商承担了供应链金融的角色从而促成了交易。不了解中国市场的海外品牌商需要通过中间商去推动品牌影响力和销售业绩，甚至需要引领需求和创造需求。

### 3. 物流服务商

物流服务商群体大致包括海外仓/保税仓、空运/海运、国内快递/邮政、清关行、转运商和物流解决方案服务商，这些群体基本搭建起了跨境电商的物流服务体系。在这个体系中，清关是最重要的环节，清关的重点在于关税。跨境电商阳光清关模式基本上包括B2B2C、B2C、个人物品和邮政包裹。

### 4. 零售商

线上电商、O2O零售商统归为零售商，他们是真正接触消费者、促进消费者下单的群体。从零售商的规模或实力划分，零售商大致可以分为两类。

（1）零售巨头。

现有国内电商"巨头"旗下的跨境业务板块有天猫国际、京东、唯品会、考拉等。这些"巨头"代表现有电商格局，目标是凭借现有的用户规模、流量和资金优势继续维持乃至扩大其在电商市场的份额和地位。

（2）创业者。

这些创业者都是跨境电商政策放开前后拿到风投的创业公司，代表有小红书、达令、蜜芽、洋码头。面对市场的不确定性，零售巨头们可以凭借其母公司源源不断的现金流而生存下去，但创业者们首要的任务却是为生存而战。中国在线零售几乎格局已定，市场份额、用户规模、公司实力产生的规模效益，对零售这一最强调规模效应的商业模式而言，让新进入者门槛极高。创业者的毛利率很低，只有通过创新产生差异化，才能生存，机会可能出现在创新的差异化内。例如，深圳海豚村就掌握了众多的澳、欧、日韩海外零售商资源，且这些资源具有排他性；格格家以食品为主，食品是天然可以从线下获取流量的品类，用户好切入，民以食为天；豌豆公主拥有强大的日本商品供应链优势，等等。

## 1.2　进口跨境电商的价值链

按照商业模式、供应链形态和清关模式的不同，将跨境电商分为两个链条：其一是电商链、其二是代购链。

### 1. 电商链

电商链商业模式上多是线上电商、O2O电商；供应链形态不外乎B2B2C备货、海外仓备货和海外寄售模式；清关采用B2B2C/B2B、个人物品、邮政包裹等阳光清关方式。零售巨头和创业者基本都在这个链条上，这条链国家政策是鼓励的，但是竞争也非常激烈。其2016年的市场份额大概是400亿元，其中零售巨头大约占了300亿元，创业者大约占了100亿元。电商链总的市场太小，下游的服务商也显得供给过剩，好在中间商和物流服务商可以为不同的客户提供服务。

### 2. 代购链

代购链就是指代购和转运模式，供应链形态多采用店头扫货，清关多采用个人物品和邮政包裹等阳光清关方式。代购和转运业务根据不同国家不同的零售业特点、供应链特点而不同。

美国是现代品牌理论的发源地，有着全球最多的世界知名品牌，同时美国具备线上和线下都发达的零售体系，这使得美国成为国内海淘、代购的发源地；同时也使得美国代购具有线上和线下双繁荣的特色，既有遍地开发的收货点，也有数量众多的转运物流商。

在国内跨境电商新业态的大潮下，代购业态正在发生巨大的变化。这个变化主要体现在供应链的变化上：标类商品正在由代购店头扫货向供应商一件代发给代购转变；非标类商品由个体的店头扫货向买手或物流商批量扫货发展，批量扫货后再一件代发给代购。这些都代表供应链采购集中的趋势，在这个趋势逐步推进的过程中，代购者在价值链中会承担角色的演变。

## 1.3　进口跨境电商的驱动力

跨境电商终究是中国零售的一个领域，要思考跨境电商的未来，首先是思考当下中国零售的发展趋势，其次是跨境电商自身领域的一些关键因素。当下中国零售正在发生深刻的变革，这种变革不仅来自于需求端的重大变化，中产阶级消费升级、零售技术的重大变化等都对其有深远的影响，这些重大变化正在或将要驱动着中国零售的重大变革。

### 1. 中产阶层的形成和壮大促进了跨境电商的发展

我国的中产阶层逐步形成，因为我国人口基数大，这个群体数量也非常庞大，到2022年差不多有5亿人。中产阶层的价值观、消费观将影响我国经济和文化的方方面面。消费受到该阶层的影响也不例外。中产阶层的消费更注重商品的品牌、品质、品味、健康乃至精神上的满足，对进口商品的需求也在增加。

### 2. 移动互联网技术成为跨境电商规模化最强劲的驱动力

零售业态的不断演进发展一直伴随着先进技术的驱动，无论是线下沃尔玛还是线上亚马逊，都是零售业态新技术的倡导者和践行者。沃尔玛是第一家使用卫星的零售企业，现在正在美国实践 RFID；亚马逊的 FC 中心软件有太多的智能算法，现在该公司正采用机器人等最新技术用于提高订单履约效率。在我国，移动互联网是零售业态变革的最大技术驱动力。移动互联网硬件和软件快速的、几乎覆盖所有人群的普及率，让零售的方方面面或已经发生、或正在发生、或将要发生重大的变革。

（1）消费者的购买习惯发生变化，如开始抛弃 PC、全面用手机下单；消费者的支付方式也发生了变化，如越来越多的商家支持移动支付和消费者更喜欢使用手机支付。

（2）微信、微博等 SNS 平台让线上流量变得更为碎片化。通过微信、微博，人人都可以是信息的生产者和消费者；人人皆有成为"网红"的潜力。这让打破渠道垄断、让渠道多元化成为一种可能与现实；同时，品牌的推广和运营也多了一个新模式；小企业、小组织乃至个人都有可能创造小众品牌，消费者也有可能越来越倾向于小众品牌。

（3）购物场景的多元化。微信的每人都有、熟人关系等特质将使购物场景层出不穷。现在的代购、通过微信群团购商品、拼团购物等都是场景式购物，相信未来会有越来越多的场景式购物创新。

（4）线下融合线上零售 O2O 模式。移动互联网让线下的体验和服务优势与线上的便捷、用户无边界优势相结合成为可能。对于零售 O2O 模式，线上与线下信息的打通、运营的创新与供应链一体化能否真正让上述两种优势结合是成败的关键，这是典型的强运营商业模式。

### 3. 物流快递的全国性覆盖也驱动了跨境电商的发展

我国农村快递网点新增近 9.5 万个，乡镇网点覆盖率提高到 70% 以上，县乡村三级农村物流服务体系的邮政快递设施网络初步形成。2015 年全国农村地区收投快件量超过 50 亿件，带动农副商品进城和工业品下乡超过 3000 亿元。快递网络全国性覆盖的意义在于，不但让农村农副商品走进城市，也让城市工业商品流通到农村。

## 1.4 进口跨境电商未来的发展

### 1. 政策动向

母婴、食品、低价化妆品类保税税率提高，直邮与一般进口利好。一段时间以来，按行邮税征收的模式对国家税收造成一定流失，并对一般贸易进口和国内商品销售造成影响。有关消息称，我国将以新税制取代行邮税：取消 50 元以下免征政策，按增值税和消费税缴税，并减免 30%。这一政策如果发布，将对不同品类的税率造成不同影响。其中，母婴、食品、100 元以下化妆品等品类税率将提高，保税模式下的这些品类相对于直邮和一般贸易进口的优势将减少。而轻奢服饰、100 元以上化妆品等品类税率将降低，其优势将进一步扩大（见图 9-2）。

此外，我国也将针对直邮模式发布更为严厉的监管政策，在邮政这种漏税较多的物流方式中采取信息联网监管，以进一步减少税收逃逸。这一政策将使部分海外直邮模式的电商及代购的成本上升。

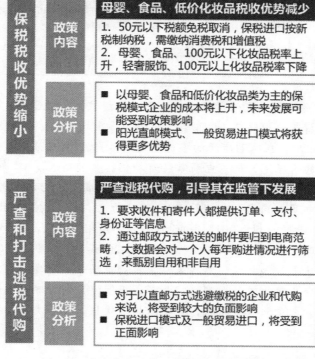

图 9-2 跨境进口零售电商未来重要政策动向

### 2. 物流发展

跨境物流将进一步信息化、多功能化和低成本化。未来，跨境物流将不断优化：流程方面，物流信息将更加全面地对接到系统，使电商平台、海关、用户实现物流信息共享，以便于海关监管并提升用户体验的效果；模式方面，与物流仓储相关的配套设施将逐渐健全，保税物流中心在仓储配送外，还将提供商品分拣、贴标、融资、质押监管、退换货等多项增值服务，并将联合商家开展保税商品线下展示体验，形成 O2O 闭环以促进用户购买；在成本方面，各电商企业将加大海外建仓力度，以大宗运输代替小包，促进跨境物流成本不断下降。

### 3. 品牌打造

用户需求升级，电商需要从智能选品、社交等方面培养用户的忠诚度。随着跨境网购逐渐被消费者熟悉，用户的需求也将逐步升级。更多用户从对低价的追求升级为对品质的追求，时间也逐渐成为比价格更敏感的因素。因此，跨境电商将在解决用户基础需求、完善跨境电商基本设施的基础上，逐步培养用户对电商品牌的黏性和忠诚度。其在选品上将更加精准和有特色，利用如大数据智能化选品等方式，进行更有针对性的选品。此外，电商还将更加关注转化率，通过如社区、社交等与电商结合的方式，提高用户对平台的信任度，促进下单转化、培养使用习惯，最终提高用户对电商品牌的黏性和忠诚度。

# 任务二　进口跨境电商的模式

 **任务引入**

2015 年电商市场规模爆发性增长，C2C 平台份额较大、B2C 增速较高，进口零售电商市场迎来爆发式增长，同比 2014 年增长 111.9%，市场规模达到 1184.3 亿元，在进口电商中的占比达 13.2%，在网购市场的渗透率达到 3.1%。艾瑞分析称，未来几年，在政策基本面保持利好的情况下，进口电商零售市场仍将平稳增长。

从 B2C 和 C2C 结构来看，目前 C2C 模式占比较高，B2C 模式增速更快。在 2014 年以前，进口零售电商以淘宝全球购等 C2C 网站为主。随着政策的放开，大量 B2C 网站在 2014 年下半年开始出现，2015 年市场规模达 544.2 亿元，同比增长超 3 倍，份额占比达到 46%。艾瑞分析称，进口零售电商中的 B2C 模式目前仍处于发展早期，未来有较大的发展空间。从平台和自营的结构来看，目前市场以平台类为主，自营类占比逐渐增大。由于平台类企业起步较早，且更容易形成规模，目前份额占比达 74.5%。艾瑞分析称，未来随着自营类企业数量增加，并逐渐扩大规模，自营类占比将有所增加。

 **相关知识**

跨境电子商务进口从交易对象角度上看，主要分为 B2B、B2C 和 C2C。从狭义上看，跨境电商进口主要是跨境零售，即 B2C 和 C2C，基本上针对消费者；从广义上看，跨境电商进口除了跨境零售外，还包括外贸电商 B2B。外贸电商是指分属在不同关境的交易主体，利用电子商务把传统进出口贸易中的洽谈、展示、成交环节变成电子化，使商品通过跨境物流进行送达、交易的一种国际商业活动。在这个过程中，界定电子商务的关键要素有三个：一是买卖双方在不同的关境；二是必须在网上完成下单和支付；三是通过国际物流完成从国外到国内的货物的运送，满足这三个要素，通常可被判定为跨境电子商务。现阶段的跨境电商进口商业活动中，交易和结算等环节都在线上完成的较少，保税区开展的 B2B2C 模式也属于跨境零售之列。

进口跨境电商的模式根据不同的标准，主要分为以下几类。

## 一、根据运营模式不同，可以分为海外代购模式、直发/直运平台模式、自营B2C模式、导购/返利模式、海外商品闪购模式

### 1. 海外代购模式

海外代购模式是消费者熟知的跨国网购概念，是身在海外的人或商户为有需求的境内消费者在境外采购所需商品并通过跨国物流将商品送达消费者手中的模式。海外代购平台的运营重点在尽可能多地吸引符合要求的第三方卖家入驻，平台并不会深度涉入采购、销

售以及跨境物流环节。入驻平台的卖家根据消费者订单集中采购特定商品，通过跨境物流将商品发至境内订单买家。海外代购平台走的是典型的跨境 C2C 平台路线，代购平台通过向入驻卖家收取入场费、交易费、增值服务费等获取利润，入驻平台的卖家通常要具有海外采购能力或者跨境贸易能力。海外代购模式的优势在于为消费者提供了较为丰富的海外商品品类选项且用户流量较大。其劣势是消费者对于入驻商户的真实资质持怀疑态度，交易信用环节可能是 C2C 海外代购平台目前面临的最棘手的难题。此外，海外代购模式对跨境供应链的涉入较浅，或难以建立充分的竞争优势。代表商家包括淘宝全球购、京东海外购、易趣全球集市、美国购物网等。

### 2. 直发/直运平台模式

直发/直运平台模式又被称为 drop shipping 模式。在这一模式下，电商平台通常不需要商品库存，而是把接收到的消费者订单信息发给批发商或厂商，后者按照订单信息以零售的形式对消费者发送货物。直发/直运平台的部分利润来自于商品零售价和批发价之间的差额。由于供货商是品牌商、批发商或厂商，因此直发/直运是一种典型的 B2C 模式。该模式一般对跨境供应链的涉入较深，后续发展潜力较大。直发/直运平台在寻找供货商时往往与可靠的海外供应商直接谈判签订跨境零售供货协议；在跨境物流环节通常可能会选择自建国际物流系统（如洋码头）或者和特定国家的邮政、物流系统达成战略合作关系（如天猫国际）。该模式也存在不容忽视的劣势，如招商缓慢，前期流量相对不足；前期所需资金体量较大；买家信息直接透露给供货商；环节涉及多方，贸易纠纷处理不便；货物品类受限，商品价值较高才能适用。代表商家包括天猫国际（综合）、洋码头（北美）、跨境通（上海自贸区）、苏宁全球购、海豚村（欧洲）、一帆海购网（日本）、走秀网（全球时尚百货）等。

### 3. 自营B2C模式

自营 B2C 模式分为综合型自营和垂直型自营两类。综合型自营跨境 B2C 平台的跨境供应链管理能力强，拥有强势的供应商管理和较为完善的跨境物流解决方案，大部分后备资金充裕。但自营 B2C 模式同样面临着业务发展受到行业政策变动影响显著的问题。代表商家有亚马逊和 1 号店的"1 号海购"。垂直型自营跨境 B2C 平台在选择自营品类时会集中于某个特定的范畴，如食品、奢侈品、化妆品、服饰等。供应商管理能力相对较强，但前期需要较大的资金支持。代表商家包括中粮我买网（食品）、蜜芽宝贝（母婴）、寺库网（奢侈品）、莎莎网（化妆品）、草莓网（化妆品）等。

### 4. 导购/返利模式

导购/返利模式是一种比较轻松的电商模式，我们可以将其分成两部分来理解：引流部分+商品交易部分。引流部分是指通过导购信息、商品比价、海购社区论坛、海购博客以及用户返利来吸引用户流量；商品交易部分是指消费者通过站内链接向海外 B2C 电商或者海外代购者提交订单实现跨境购物。为了提升商品品类的丰富度和货源的充裕度，这类平台通常会搭配海外 C2C 代购模式。因此，从交易关系来看，这种模式可以被理解为是海淘 B2C 模式+代购 C2C 模式的综合体。通常导购/返利平台会把自己的页面与海外 B2C 电商的商品销售页面进行对接，一旦产生销售，B2C 电商就会给予导购平台 5%～15%的返点。导购平台则把其所获返点中的一部分作为返利回馈给消费者。其优势在语言平台定位于对信息流的整合，模式较轻，较容易开展业务。引流部分可以在较短时期内为平台吸引到不少海购用户，可以比较好地理解消费者的前端需求。但长期而言，由于对跨境供应链把控较弱且进入门槛低，竞争优势建立困难，若无法尽快达到一定的可持续流量规模，其后续发展可能比较难以维持下去。代表商家有 55 海淘、一淘网、极客海淘网、海淘城、海淘居、海猫季等。

### 5. 海外商品闪购模式

除了以上进口零售电商模式外，海外商品闪购是一种相对独特的做法，我们将其单独列出。海外商品闪购模式是以互联网为媒介的 B2C 电子零售交易活动，以限时特卖的形式，定期定时推出国际知名品牌的商品，一般以原价 1 至 5 折的价格供专属会员限时抢购，每次特卖时间持续 5 到 10 天不等，先到先买，限时限量，售完即止。顾客在指定时间内（一般为 20 分钟）必须付款，否则商品会被重新放到待销售商品的列表里。

闪购平台一旦确立行业地位，将会形成流量集中、货源集中的平台网络优势。聚美优品的"聚美海外购"和唯品会的"全球特卖"频道纷纷高调亮相网站首页。两家公司都宣称对海外供应商把控能力强、绝对正品、全球包邮、一价全包。闪购模式对货源、物流的把控能力要求高；对前端用户引流、转化的能力要求高。其任何一个环节的能力有所欠缺都可能导致失败。代表商家包括蜜淘网、天猫国际的环球闪购、1 号店的进口食品闪购、聚美优品海外购、宝宝树旗下的杨桃派等。

## 二、根据履约模式不同，可以分为直购进口模式和保税进口模式

### 1. 直购进口模式

跨境零售根据履约模式不同分为直购进口模式和保税进口模式。直购进口模式是指国内个人购买者在指定的跨境电商网站订购境外商品，并进行网上申报和计税，商品由快件邮递等渠道直接从国外寄递进境，通过电商服务平台和通关管理系统实现交易的一种跨境电商进口模式。

### 2. 保税进口模式

保税进口模式是电商企业以货物申报进入海关特殊监管区域或保税场所，境内消费者网上交易后，区内货物以物品逐批分拨配送，按物品缴纳税费和监管的一种跨境电商进口模式。直购进口模式和保税进口货物模式最大的区别在于：前者是先下单再从境外发货，后者是先从境外发货再下单。

直邮、集货模式一直以来是以个人快件或邮政包裹递送，按个人行李物品清关，所以一直按行邮税纳税。保税模式下的进口商品虽然是按货物清关，但根据优惠的税收政策，也按行邮税率纳税。行邮税纳税规则为：税额少于 50 元时免征税，大于 50 元时根据品类对应的行邮税税率缴纳，多数品类为 10%。相比一般贸易进口需要缴纳的关税、16%的增值税和 30%的消费税（部分品类缴纳），行邮税有着明显的税费优惠（见图 9-3）。

国家的优惠税收政策确实使跨境电商企业降低了成本，从而有力地推动了行业的发展。

## 三、根据平台运营方不同，可以分为平台模式和自营模式

平台模式的运作模式较轻，重点在于售前的引流、招商、平台管理，售后方面在一定程度上介入物流和服务，以补充商家不足。其优势集中在 SKU（库存量单位）丰富，能够解决用户多元化、长期的需求，且选品灵活。劣势则是根据卖家不同，在商品质量、价格、物流、服务方面参差不齐。

| | 直邮进口 | 保税进口 | 一般贸易进口 |
|---|---|---|---|
| 征税对象 | ■ 入境人员携带的行李物品<br>■ 邮递物品 | 跨境进口零售企业的货物 | 企业间线下贸易的货物 |
| 报关概率 | 有的报关，有的不报关，抽查 | 全部报关 | 全部报关 |
| 应缴税费 | 不缴税，或仅缴纳行邮税 | | 需缴纳增值税和关税，奢侈品、化妆品需缴纳消费税 |
| 计算公式 | ■ 税额少于50元：免征税费<br>■ 税额大于50元：应征税额=完税价格×商品税率 | | ■ 进口关税=到岸价×关税税率<br>■ 消费税=（（到岸价+关税额）/（1-消费税率））×消费税率<br>■ 增值税=(到岸价+进口关税额+消费税额)×增值税率 |
| 税率 | 享受行邮税税率，按品类分为15%、30%、60%三档 | | ■ 不同品类实行不同税率<br>■ 增值税16%<br>■ 消费税30% |

图 9-3　直邮模式、保税模式、一般贸易进口现行税收政策对比

　　自营模式更类似于传统零售商，需要介入售前的选品、供应商管理、运营，并深入管理物流与服务。优势在于货源稳定、商品质量有一定保障、服务到位、用户体验较好；劣势是 SKU 有限，且品类、品种拓展难度较大（见图 9-4）。

平台模式 **VS** 自营模式

| | 平台模式 | 自营模式 |
|---|---|---|
| 选品 | 由众多卖家分别选品，商品能够较为灵活地根据用户需求调整 | 取决于电商自身的选品能力，部分选品能力强，能自造爆品；部分特色不足 |
| 商品品类 | SKU较多，能够解决用户的多元化、长尾的非标品需求 | SKU的数量上有一定限制，拓展SKU难度较大，在标品方面有优势 |
| 商品质量 | 大B商品质量相对有保障；对小B和C端卖家的商品质量，平台较难把控 | 货源多来自品牌商及较大型代理商，由平台把控，能获得部分消费者的信任 |
| 价格 | 大B价格有一定优势；小B和C端商家的货源偏末端，价格优势较小 | 价格有一定优势：<br>一是大批量采购成本较低；<br>二是部分平台补贴价格；<br>但垂直类平台品类单一，价格受政策影响较大 |
| 仓储物流 | 模式较轻，成本较低；用户体验参差不齐 | 模式较重，成本较高；对仓储物流各环节把控能力较强，用户体验较佳 |
| 服务 | 随卖家不同而参差不齐 | 服务由电商提供，较有保障，用户体验较好 |

图 9-4　平台类与自营类对比

# 任务三　进口跨境电商的流程

**任务引入**

进口跨境零售电商的物流模式主要分为直邮模式、保税模式、集货模式三种。其中，直邮模式和保税模式是最基本的两种。两者的主要差异在于下单顺序、清关方式。在流程上，保税模式先入境，用户下单后才清关。直邮模式用户下单后才开始递送，在入境时清关。集货模式相当于直邮模式的升级版，以集运代替零散的运输，以获得成本的节约。

**相关知识**

## 3.1　调研市场，选择商品

选品，即选品人员从供应市场中选择适合目标市场需求的商品。从这个角度看，选品人员必须一方面把握用户需求，另一方面，从众多供应市场中选出质量、价格等最符合目标市场需求的商品。成功的选品，是最终实现供应商、客户、平台多方共赢的关键。选品要结合以下因素来考虑。

一是公司的定位和网站定位。明确公司的整体定位和策略，是以建立品牌为主还是追求销量为主。选品人员要考虑网站平台的目标市场或目标消费群体，通过对网站整体定位的理解和把握，进行市场调研、同行分析等，选择适合的品类进行研究分析。

二是目标客户定位。选品人员从客户需求的角度出发，选品要满足客户对某种效用的需求，如带来生活方便、满足虚荣心、消除痛苦等心理或生理需求。近年来的《跨境网购调查报告》显示，在消费者进行跨境网购品类偏好方面，集中度比较高、消费者最热衷购买的商品是服饰、母婴商品、护肤美妆、食品/保健品、电子商品五大类消费品。

三是商品的毛利。选品人员要了解物品的重量和体积，外贸中商品价格和重量/体积比例数值越大越好。考虑到碎片化销售，运费在总成本中的占比不容忽视。选品人员在选品时应该尽量选择单件重量轻、体积小而价值高的商品，实现高单价、高毛利率、高复购率，如前述的消费者跨境网购集中的五大类消费品。由于需求和供应都处于不断变化之中，选品也是一个无休止的过程。

四是政策和法规。选品人员必须熟悉和了解国家法律法规。跨境零售商品应为个人生活消费品，国家禁止和限制进口的物品除外。

目前，试点保税进口模式的商品是部分品类，主要为民生日用消费品，如食品饮料、母婴用品、服装鞋帽、箱包、家用医疗保健、美容器材、厨卫用品及小家电、文具用品及玩具、体育用品等，其中酒类不包含其中。很多贸易商认为，品类越广越丰富，经营越容易成功。尽管品类丰富会方便客户一站式购物，商品间也可能产生关联销量，但是商品线过广的弊端也很多。首先，保障所有商品的库存充足很难，偶尔的拆补在所难免，但常常拆补可能造成经营混乱，一旦缺货，电商企业可能遭遇投诉、退单，影响客户体验。其次，商品太多，定价可能不够精准，缺乏竞争力。再次，非畅销商品滞销，临期过期产品难免被打折处理，影响利润率。最后，商品线过长，人力有限，对商品的熟悉和了解不够深入，可能造成商品描述缺乏吸引力、咨询解答不够及时准确等，从而影响销售。

商品线的选择不是一次性到位的，电商企业可以根据销售情况，不断调整优化。随着对商品情况、行业情况等的理解加深，电商企业会更了解竞争对手品类的动态和价格变化，更重要的是，能够通过行业和店铺的热销品牌、飙升品牌、货品的综合对比，分析布局商品线。

## 3.2　确定物流模式和选择支付方式

传统的国内跨境电子商务进口物流方式是中国境内贸易公司通过一般贸易方式将商品进口到中国境内之后，再通过自己的电商平台销售，或交由其他电商平台销售。这是在跨境贸易电子商务服务试点推行前，绝大多数合法商家都采取的方式。除此之外，还有其他五种物流模式，介绍如下。

（1）旅客行李：是指进出境旅客携带的全部行李物品。海关对行李物品的界定是自用合理数量，非以盈利为目的，因此并不适合跨境电子商务。

（2）个人邮递物品：指通过邮运渠道进出境的包裹、小包邮件以及印刷品等物品。通过邮运渠道到口岸邮局办事处监管清关的货品量较大，但处理时效和服务质量有待提高。

（3）快件：指进出境快件营运人，以向客户承诺的快速的商业运作方式承揽、承运的进出境的货物、物品。进出境快件监管一般都有信息化系统，因此处理能力和稳定性都比较好。

（4）跨境试点一般进口：2014年增列的海关监管方式，全称"跨境贸易电子商务"，适用于境内个人或电子商务企业通过电子商务交易平台实现交易（保税电商除外），并采用"清单核放、汇总审批"模式办理通关手续的电子商务零售进出口。此种方式清关费用比邮件低，处理能力比邮件稳定。

（5）跨境试点保税进口：不但因备货仓储在境内而运营成本较境外低，而且发货时效快，退换货操作方便，用户体验好，综合物流成本最低。

跨境电商进口的物流模式表现出多样化的特点，贸易商应根据各自的需要选择适合的物流方式。跨境电商进口的竞争正从商品的竞争向供应链和整体服务的竞争转移，因此跨境试点一般进口和保税进口代表着跨境电商进口的发展方向。

根据海关总署公告2014年第56号《关于跨境贸易电子商务进出境货物、物品有关监管事宜的公告》，电子商务企业或个人通过经海关认可并且与海关联网的电子商务交易平台实现跨境交易进出境货物、物品的，电子商务企业、监管场所经营企业、支付企业和物流企业应当按照规定向海关备案，并通过电子商务通关服务平台实时向电子商务通关管理平台传送交易、支付、仓储和物流等数据。企业开展跨境电商进口，通常需要具备自营或平台网站/网店，网站已完成ICP备案且正常运作，与海关、商检、电子口岸等完成对接。如果采用保税进口模式，根据海关总署《关于跨境电商服务试点网购保税进口模式问题通知》，参与试点的电商、物流等企业必须在境内注册，并按照先行海关管理规定进行企业注册登记，开展相关业务，并能实现与海关等管理部门的信息系统互联互通。

目前，各试点城市都推出了自己的跨境贸易电子商务平台，如上海的跨境通、宁波的跨境购等，而与海关签约且有保税仓库的企业也不少，以深圳为例，包括深圳保宏、前海电商供应链、捷利通达等。

此外，跨境电商在选择支付伙伴时，最好和已经获得政府主管部门准入的公司合作。目前可以开展跨境电商支付的有支付宝、中国银联、**PayPal**、易极付、快钱、中国工商银行、财付通等。

## 3.3　制定进口商品经营方案

企业在对进口商品价格趋势有一定的把握和预测、了解了供应商的资信以及明确了适合的物流模式后，就可以展开进口成本核算、制订进口商品经营方案了。进口商品的作价，应以平等互利的原则为基础，以国际市场价格水平为依据，结合企业的经营意图，制定进口商品的适当价格。

国内销售价格=进口价格+进口费用+进口利润

进口费用=国外运费+国外保费+进口关税+进口消费税+进口增值税+实缴增值税+国内费用

对于进口税，跨境零售目前实行不同于货物渠道的进口税，即不征收进口关税和进口环节税，而代之以行邮税。根据《海关法》的规定，个人携带进出境的行李物品、邮寄进出境的邮递物品，应当以自用合理数量为限。

行邮税=完税价格×税率

按照《中华人民共和国海关总署公告 2010 年第 43 号》规定，个人邮寄进境物品，海关依法征收进口税，但应征进口税税额在人民币 50 元（含 50 元）以下的，海关予以免征。个人寄自或寄往港、澳、台地区的物品，每次限值为 1000 元人民币。个人邮寄进出境物品超出规定限值的，应办理退运手续或者按照货物规定办理通关手续。但邮包内仅有一件物品且不可分割的，虽超出规定限值，经海关审核确属个人自用的，可以按照个人物品规定办理通关手续。

海关总署公告 2010 年第 54 号《关于进境旅客所携行李物品验放标准有关事宜》规定，进境居民旅客携带在境外获取的个人自用进境物品，总值在 5000 元人民币以内（含 5000 元）的，非居民旅客携带拟留在中国境内的个人自用进境物品，总值在 2000 元人民币以内（含 2000 元）的，海关予以免税放行，品种限自用，数量应合理，但烟草制品、酒精制品以及国家规定应当征税的 20 种商品等另按有关规定办理。进境居民旅客携带超出 5000 元人民币的个人自用进境物品，经海关审核确属自用的；进境非居民旅客携带拟留在中国境内的个人自用进境物品，超出人民币 2000 元的，海关仅对超出部分的个人自用进境物品征税，对不可分割的单件物品，全额征税。有关短期内多次来往旅客行李物品征免税规定、验放标准等事项另行规定。

应征行邮税的，海关总署公告 2012 年第 15 号规定，进境物品完税价格遵循以下原则规定：《完税价格表》已列明完税价格的物品，按照《完税价格表》确定；《完税价格表》未列明完税价格的物品，按照相同物品相同来源地最近时间的主要市场零售价格确定其完税价格；实际购买价格是《完税价格表》列明完税价格的 2 倍及以上，或是《完税价格表》列明完税价格的 1/2 及以下的物品，进境物品所有人应向海关提供销售方依法开具的真实交易的购物发票或收据，并承担相关责任。海关可以根据物品所有人提供的上述相关凭证，依法确定应税物品完税价格。

# 项目实训

消费升级，模式迭起，进口零售跨境电商行业谁主沉浮？谁能获得消费者的青睐，维护好消费者的体验？接下来我们将对 2015—2016 年新晋迭代的具有代表性的进口零售跨境电商模式进行案例分析及阐述。

## 一、网易考拉海购

网易考拉海购：媒体驱动型跨境电商

项目背景：网易旗下以跨境业务为主的综合型电商平台

上线时间：2015 年 1 月上线公测（见图 9-5）

经营模式：自营模式为主，入驻式模式为辅

配送模式：国内保税仓配送+第三方卖家配送

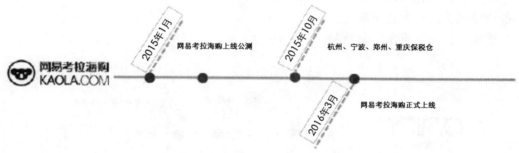

图 9-5　网易考拉海购发展线

网易考拉海购：平台型电商 分销流量辅助

用流量起家的网易，通过自营加进驻线上商城，打造全球的供应链合作，4 大保税仓（预计将拓展为 6 大）储存及出货，将原有媒体的信息流量充分利用起来，便流量转化为商城的销量。2015 年上线公测起，网易考拉海购凭借其网易主体背景，借助自有媒体（网易游戏、网易新闻客户端、网易云音乐、网易邮箱）（见图 9-6），迅速将自有流量转化为自有平台的经营流量，并在 B2C 市场上迅速获得一定的份额。

图 9-6　网易自有媒体

网易考拉海购：难以摆脱 B2C 平台的流量瓶颈

但作为平台型电商，网易考拉海购要获得应有的流量、转化率和销售量，不但需要大量的投入、广泛且有代表性的资源的支持，更要面临虎口夺食时的恶性竞争。网易考拉海购虽有网易做流量支撑，但也面临着流量补充及转化的问题。为了弥补流量缺乏的问题，网易考拉海购可选择的方式有二：烧钱铺广告买流量，利益出让招人引流。最终网易考拉海购选择了方式二。2016 年年末，网易考拉海购开启 CPS（销售返佣）方式（见图 9-7），进一步通过个人流量为平台带来增长，将零散流量转化为消费行为，从而为自营商城获得了更大的流量价值，同时也获得了平台流量收入。

图 9-7　网易考拉海购的销售返佣

## 二、洋葱海外仓

洋葱海外仓：供应链+渠道连锁型跨境电商

项目背景：传统贸易转型企业，拥有得天独厚的海外供应链体系及渠道加盟模式

上线时间：2015 年 9 月上线（见图 9-8）

经营模式：纯自营直采模式

配送模式：海外直采集货直邮

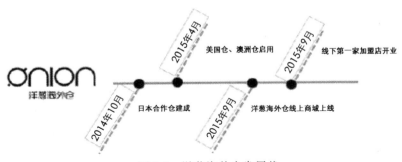

图 9-8　洋葱海外仓发展线

洋葱海外仓：进口品销售渠道拥有者

由传统贸易转型而创立的洋葱海外仓，深知分销渠道和聚合供应链的重要性。基于这样的出发点，在项目上线之前，它已经逐步搭建起自有的全球聚合供应链，将原产地采购、海外仓储物流、海外物流直达线等环节牢牢掌控在自己手上。其定位集中在纯进口品、纯自营商品的操作上。洋葱海外仓对海外直邮、自营商品的执着，非比寻常。

2015 年上线以来，洋葱海外仓把更多的销售机会放给了加盟渠道，通过代理商及店主加盟制进行海外商品分销销售。其实这也是一种传统的渠道加盟业态。在短短的一年多的时间，它已经积累了 5 万多的加盟店主，2000 多线下实体加盟店。

洋葱海外仓：渠道商为王

洋葱海外仓在全球海外供应链的支撑下，其优势也突显在成本控制及商品品质上。批量化的采购，品牌直出，量化的集货海外仓储及直发，获得了更大的商品综合优势。洋葱海外仓的商品销售者均为店主；商城系统销售者均为代理商。这就说明，店主和代理商与洋葱海外仓的利益紧密联系。在商品定价中，其也保证了店主和代理商的足够利润空间，让渠道商赚钱并保有其独立经营权，模式相对稳健及具备发展深度。而洋葱海外仓自身则侧重渠道品牌建设，通过持续的海外品牌引进及附加值输出，获得上游品牌的返利空间（见图9-9）。

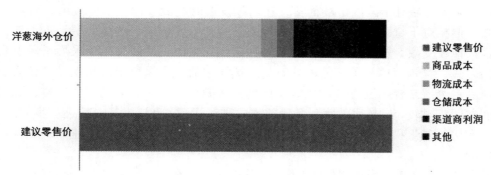

图9-9　洋葱海外仓商品定价

### 三、云集微店

云集微店：娱乐分享型电商

项目背景：淘宝电商营销背景，期望打造成为一个全球精品超市

上线时间：2015年5月上线（见图9-10）

经营模式：入驻式模式为主，国内品牌为核心

配送模式：内地仓配送+香港合作仓配送+进驻方配送

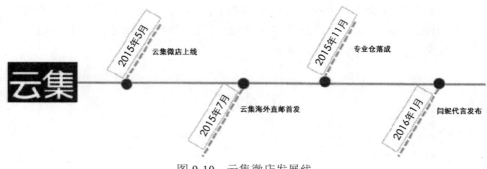

图9-10　云集微店发展线

云集微店：娱乐分享型电商

2014—2015年，传统的朋友圈微商由于都是以个人经营为主，没有能力获得最优价格的正品货源，也没有精力提供售前售后服务，假冒伪劣商品的横行，让微商信誉一度跌至谷底，难以为继。而云集微店正是从中发现商机，充分利用微商的方式，通过"自用省钱、分享赚钱"的理念，让活跃在各个社交平台的分享达人们纷纷参与到云集微店中来。云集微店由此借助社交圈病毒式传播的天然流量优势，来帮助商品迅速实现传播销售二合一，大大减少了营销成本。与此同时，其通过规模化的采购和集中式的运作同步缩减了人员管理费用和中间渠道成本，从而有更多的盈利空间可以分享给平台上开店的店主，最终形成了一种共赢的商业模式。

娱乐分享型定位就注定了需要有娱乐的入手点。而省钱、分享正是云集微店的入手点，在发展中同时也成为云集微店的一个标签。

云集微店：进口零售跨境电商中的国产商品主导者

基于省钱的定位，云集微店的商品结构为国产商品为主（80%），进口商品为辅（20%）。国产商品对于国内市场而言，在前期发展时，受众面和接受程度相对较高，推动力强。但相对于全球多元化的商品，国内品牌知名度偏低，选择面窄，对于长期发展而言，选择权受限，驱动力不足。为了弥补这些先天不足，云集微店采用了保税仓商家入驻的方式，有效地填补了部分海外商品的选择空缺。但保税仓商品主导权在第三方手上，商品定价需结合第三方浮动成本及市场价格制订。云集微店的省钱定位，决定了它的利润空间相对较小，必须以薄利多销的方式进行运营，也注定其必须进一步分享拓展，争取更大化的量化操作。不可否认，这样的低价商品定价，也确实迅速拓展了客户及消费群体的。

云集微店的销售基于加盟体系（店主、客户主管、客户经理）之上，通过三级加盟商，借用社交圈分享，进行客户拓展及商品推销。

思考：试分析三种进口跨境电商模式的特征，结合实际，说说它们的联系和区别。

# 项目小结

本项目介绍了进口跨境电子商务的生态圈和价值链，分析了进口跨境电子商务的模式以及不同模式的特点，并要求学生能熟练掌握进口跨境电子商务的流程，了解跨境电商当前存在的问题和未来的趋势。

# 习题

## 一、判断题

1. 进口跨境电商生态圈包括品牌商、一级代理商、贸易商、零售商、消费者，通过线上和线下的途径，以及代购和转运的手段，将商品送到消费者手里。　　　（　　）

2. 按照商业模式、供应链形态和清关模式的不同，我们可将跨境电商分为三个链条：其一是电商链，其二是代购链，其三是现货链。　　　（　　）

3. 未来跨境物流将进一步信息化、多功能化、低成本化。　　　（　　）

4. 海外代购模式是消费者熟知的跨国网购概念，是身在海外的人或商户为有需求的境内消费者在境外采购所需商品并通过跨国物流将商品送达消费者手中的模式。　　　（　　）

5. 跨境进口电商的物流模式主要分为直邮模式、保税模式、集货模式三种。其中，直邮模式和集货模式是最基本的两种。　　　（　　）

**二、简答题**

1. 简述进口跨境电子商务生态圈。

2. 简述进口跨境电子商务价值链。

3. 进口跨境电子商务的分类有哪些，各有什么特点？比较不同类型的进口跨境电商平台。

4. 以某一商品进口为例，简述进口跨境电子商务的流程。

**三、实训题**

以 PPT 的形式详细介绍某一种进口跨境电商平台。

[1] 徐建群. 基于电子商务环境下对跨境国际物流模式创新的探析[J]. 中国商论, 2016,（10）: 128-130.

[2] 潘意志. 海外仓建设与跨境电商物流新模式探索[J]. 物流技术与应用, 2015,（09）: 130-133.

[3] 冀芳, 张夏恒. 跨境电子商务物流模式及其演进方向[J]. 西部论坛, 2015,（04）: 102-108.

[4] 易传识网络科技. 跨境电商多平台运营[M]. 北京: 电子工业出版社, 2015.

[5] 李向阳. 促进跨境电子商务物流发展的路径[J]. 中国流通经济, 2014,（10）: 107-112.

[6] 张瑞夫. 跨境电子商务理论与实务[M]. 北京: 中国财政经济出版社, 2017.

[7] 王方. 跨境电商操作实务[M]. 北京: 中国人民大学出版社, 2017.

[8] 肖旭. 跨境电子商务实务[M]. 北京: 中国人民大学出版社, 2015.

[9] 广东名师微讲堂. 阿里巴巴催眠文案[Z]. 百度文库.

[10] 速卖通推广方法及推广效果比较[Z]. 百度经验.

[11] 跨境电商联谊之家. 看看这些知名品牌是如何做 YouTube 视频营销的[Z]. 搜狐网.

[12] 跨境电商出口"侵权"痛点何解？转型或是关键[Z]. 雨果网.

[13] 如何给你的跨境电商网站写一套品牌故事文案[Z]. 雨果网.

[14] 阿里巴巴商学院. 跨境电商基础、策略与实战[M]. 北京: 电子工业出版社. 2016.

[15] 王健. 跨境电子商务基础[M]. 北京: 中国商务出版社. 2015.

[16] 陈明, 许辉. 跨境电子商务操作实务[M]. 北京: 中国商务出版社. 2015.

[17] 李鹏博, 马峰. 进口跨境电商启示录[M]. 北京: 电子工业出版社. 2016.

[18] 冯潮前. 跨境电子商务支付与结算实验教程[M]. 杭州: 浙江大学出版社. 2016.